不合時宜的人民領袖

習近平研究

旅美中國問題專家

鄧聿文——著

獻給每一個關心中國前途命運的人

推薦序

文／黎安友
譯／鄭維

這本書顯示了為什麼經常在《紐約時報》、《金融時報》和其他主流媒體中文網上發表評論的鄧聿文，能成為世界上最受尊敬的中國大陸事務獨立分析家之一。他超越了對中國分析的人云亦云和陳詞濫調，提出了更客觀、更複雜、更真實的分析。

鄧聿文闡述了在胡錦濤時代，中國共產黨面臨危機之後，習近平面對當時已經變成泥足巨人，以至於無法保證其生存的共產黨，進行了強力集權的原因和過程。他深刻地分析了習的統治方式，對習要完全控制中國社會的做法提出了質疑。畢竟在現在的中國，人們仍然可以在社交媒體上表達他們的抱怨，而且與毛澤東時代相比，除了在Covid封鎖期間，政府對人們的私生活基本上不太介入。

西方將中國崛起稱為「中國威脅」，而鄧聿文給了它一個更客觀的視角。習近平尋求地區主導地位。因為沒有它，中國永遠無法免受它認為的來自美國的永久威脅。這種對地區主導地位的爭奪確實威脅到現狀。但中國要實現這一雄心面臨許多障礙。在亞洲之外，中國也在尋求更多的力量，但主要是為了市場准入和外交影響，而不是政治或軍事優勢。習近平並不尋求向其他社會傳播共產主義意識形態或中國模式。

即使中國的這些目標並不像許多美國人想像的那樣具有威脅性，但它們確實挑戰了美國在世界上的地位，美國自然會做出抵制。過去華盛頓遲遲沒有意識到中國實力不斷增強帶來的挑戰，而現在它終於開始反制。中美之間的競爭是真實的，但鄧聿文警告西方，無論是以冷戰還是熱戰，都不要將中國推向全面對抗。如果中美不能和平競爭，中共內部的改革勢力將別無選擇，只能支持習近平的民族主義專制統治。政治改革在很長一段時間內變成鏡花水月。

在這場爭取更大影響力的長期角力中，習近平意識到中國有很多弱點，而美國有很多優勢。這意味著中國必須採取「持久戰」的戰略。這個「戰」不一定是武裝衝突。它可能是一場曠日持久的冷戰。但鄧聿文認為武裝衝突依舊可能。臺灣是中國打破亞洲力量平衡的突破口，不僅出於歷史和戰略原因，臺灣本身對中國很重要。但如果中國在臺灣問題上與美國對抗，並成功威懾或挫敗美國的干預，那麼整個亞洲的力量對比就會發生變化，中國將一舉實現取代美國成為地區主導力量的目標。既然美國也明白這個邏輯，那麼臺灣就成為對雙方都利害攸關的問題。這就是武裝衝突難以避免的原因。鄧聿文不認同這場危機會像一些美國戰略家預測的那樣在短期內發生，但他認為習很可能會在他卸任之前攻打臺灣，特別是在二〇三五年。

鄧聿文也展示儘管習近平上任的頭十年取得了很多成就，但他並非沒有弱點。他有獨裁者的缺陷：他只靠自己，誇大自己的知識，不向他人問計，而一意孤行。不僅在社會上，甚至在執政黨內部，他都不容忍獨立勢力。這形成了一種扼殺社會創新和適應的情緒。

獨裁者容易鑄成大錯，而習已經犯了一些錯誤。他統治的中國比毛時代的中國發達得多，也更受普世價值觀的影響。他在黨內外都有敵人。他甚至不能信任自己在統治集團中的同僚。像習近平這樣的強勢領導人可能是欲擺脫江胡統治的弱點、挽救中共所必需的，但一人統治不可能永續。

這些都是讓鄧聿文認為，習近平的執政方式是過渡性的、最終會被其他執政方式替代的原因之一。這本書以一個深思熟慮的路線圖結尾，描述在中共領導下如何進行政治改革，不會造成社會動亂，並且達成真正的有制衡、獨立的司法機構和負責任的政府。中國的國家憲法其實為中國的民主做出了良好規制，但前提是全國人大必須刪除中國憲法中共產黨管制一切的序言。在序言之後，憲法的其餘部分描述了一個良好的民主制度，只要中國嚴格按照憲法的規定運作。

鄧聿文分析當代中國的眼光比其他論者都更深遠。他的分析基於對事實的深入瞭解，細緻入微、清晰明瞭。我很榮幸向臺灣和世界各地的讀者推薦他的大作。

黎安友

二〇二三年一月十三日於紐約

Foreword

This book shows why Deng Yuwen is one of the most respected independent analysts of mainland China affairs in the world, often publishing his work on the Chinese language websites of the New York Times, Financial Times, and other major media. He goes beyond the cliches about China to present an analysis that is more objective, more complex, and more true.

Deng explains why and how Xi consolidated great power after the crisis the party faced in the Hu Jintao era, when the party became so weak that its survival was not assured. He provides an insightful analysis of Xi's techniques of rule. Yet he challenges the view that Xi Jinping exerts complete control over Chinese society. People can still express their complaints in social media, and in contrast to the Mao years, except during the period of Covid lockdowns, the government leaves people's private lives alone.

Deng places the "China threat," as the West calls China's rise, in perspective. Xi seeks regional dominance because without it, China can never be secure from what it sees as a permanent American threat. That drive for regional dominance does threaten the status quo. But China faces many obstacles to realize this ambition. And beyond Asia, China also seeks more power. But this is mainly for economic access and diplomatic influence rather than political or military dominance. Xi does not seek to spread communist ideology or the Chinese model to other societies.

Even if these Chinese goals are not as threatening as many Americans think, they do challenge the American status in the world and it is natural for the U.S. to resist. Washington was slow to awaken to the challenge of China's growing strength, but now it is pushing back. The competition between the two sides is real, but Deng warns the West not to push China into a full-scale confrontation, whether in the form of a cold war or a hot war. If the two sides cannot compete peacefully, the pro-reform forces within the Chinese Communist Party will have no choice but to support Xi's nationalist, authoritarian rule. Political reform would be impossible for a long time to come.

In the long-term struggle for greater influence, Xi is aware that China has many vulnerabilities and the U.S. has many strengths. This means that China must adopt a strategy of 持久戰. This 戰 does not necessarily have to be armed conflict. It could be a protracted cold war. But Deng believes that armed conflict is likely. Taiwan is the break-through point for China to tip the power balance in Asia. Not only is Taiwan important to China in itself, for both historical and strategic reasons. But if China confronts the United States over Taiwan and manages to deter or defeat U.S. intervention, the whole power balance in Asia will shift, and China will achieve its goal in one stroke of replacing the U.S. as the dominant regional power. Since the U.S. also understands this logic, a lot is at stake for both sides. This is what makes armed conflict hard to avoid. Deng does not think this crisis will occur as soon as some American strategists predict, but he thinks it likely that Xi will attack Taiwan before he leaves office, specifically by the year 2035.

Deng shows that Xi has accomplished many things in his first ten years in office. But he is not infallible. He has the flaws of the dictatorial personality. He relies only on himself, and exaggerates his own knowledge, without listening to and learning from others. He is intolerant of independent forces not only in society but even within the ruling party. This sets a mood that kills social innovation and adaptation.

Dictators are prone to making big mistakes, and Xi has already made some. He is ruling over a China that is much more developed than Mao's China and far more influenced by universal values. He has enemies within and outside the party. He cannot even trust his own colleagues in the ruling group. A strong leader like Xi may have been necessary to rescue the CCP from its weakness under Jiang and Hu, but one-man rule cannot last forever.

These are among the reasons why Deng believes that Xi's form of governance is transitional, and will eventually be succeeded by something else. The book ends with a thoughtful road map for how political reform might happen under CCP leadership, without chaos, leading to real checks and balances, an independent judiciary, and accountable government. China's state constitution as written would be a good model for a democratic China, but only if the NPC were to delete the

Preamble which says that the state must allow the communist party to control everything that the government does. After the Preamble, the rest of the constitution describes a good democratic system, if it were allowed to operate as written.

Deng Yuwen analyzes contemporary China with a longer and deeper view than other writers. His analysis is nuanced and clear, founded on a deep knowledge of facts. I am honored to recommend his book to readers in Taiwan and all around the world.

Andrew J. Nathan

New York

January 2023

自序

馬克思在《路易・波拿巴和他的霧月十八日》這部史學名著中有一句後來被人們廣為引用的話：一切偉大的世界歷史事變和人物，都出現兩次。第一次是作為悲劇出現，第二次是作為笑劇出現。這話用來證之中共七十多年建政史的前後兩位領袖及他們統治的時期——毛澤東和習近平，是非常恰當的。毛的獨裁以及由此造成的文革十年的浩劫，可以說是一場中國的悲劇；但是在一個甲子之後，習以毛為師，再在中國行極權之統治，給中國造成了疫情清零的浩劫，則未來書寫歷史時，一定會把他這種拙劣的模仿，當作一齣笑劇。

笑劇不是指對習近平和習時代的研究沒有意義和價值，而是反映這個獨裁政權本質的荒誕性。儘管人類的專制歷史很長，並且在全球第三波民主化已經四十多年後，最近十多年在世界出現了強人政治和威權統治的某種集體回潮，自由民主似乎遭遇到了挫折，然而，在經歷希特勒、斯大林（臺譯史達林）、毛澤東這三個人類史上罕見的極權政權所造成的災難之後，人類還是獲得了很大的免疫力，此類革命名義的極權統治再未出現，直到習的上臺。他把自鄧開創的相對開明的中共統治新傳統，澈底顛覆，回到毛時代的一人說了算的統治方式。

和專制制度不同，極權制度有一套系統的意識形態學說和體系，對人民構成了思想的鉗制和統治，讓人乖乖地追隨領袖，聽從領袖的指令和擺布，喪失反抗意志。專制政權的統治者，會因為臣民冒犯其威權或者政見不合而大開殺戒，極權政權的統治者則以意識形態或者革命的名義成系統地殺人，恐怖是極權統治的底色。雖然時代在進步，現在的極權統治不再在「革命」的旗號下隨意殺人，但用意識形態隨意處置和懲罰不服從的國民，還是沒變，讓人恐怖依然還是其統治的基本手段。就統治的完美形式，對民眾的壓迫程度特別是對自由言論的壓制程度而言，習政權是現今世界上唯一的貨真價實的極權政權——除了朝鮮，而且還具有過去極權統治不曾具備的數字（數位）科技極權功能，因此，它對自由世界構成了巨大挑戰。

為什麼在人類進入二十一世紀，極權統治竟然在中國復活？這正是本書要解答的問題。按理，在經受毛的文革的恐怖統治以及改革開放和現代化的洗禮後，中國不應再出現毛式極權統治。可是毛的幽靈在一個曾經遭遇毛的迫害的中共元老家族的後代身上附體，就顯示出它的極度荒謬性。此種荒謬性在疫情三年特別是二〇二二年得到集中的大爆發，讓世人見證了這個政權在應對疫情、管控人民上是何等地荒腔走板。

在疫情進入第三年亦即二〇二二年後，世界上所有國家都已開放，只有中國例外。而中國不開放的唯一原因，就是習近平不想開放，他想走出一條獨特的抗疫之路，以彰顯他的正確領導和中共體制的優越。他的抗疫方式就是所謂的動態清零，即用嚴厲封控和全員核酸檢測來防病毒傳播，但病毒沒有防住，卻給社會帶來無窮無盡的人道災難，以及經濟的嚴重滑坡。過去三年，是中國人活得最憋屈、最窩囊、最沒有尊嚴的三年，十四億人屈服於他一人的意志，為他一人受難，直到十一月底十二月初爆發席捲二十多個大城市的「白紙運動」，民眾勇敢走向街頭進行抗議。

面對民眾的憤懣，以及前所未有的經濟壓力，習終於不得不順應民意，放棄動態清零。可是，突然的全面解封導致疫情大爆發後，政府近乎於撒手不管，各種防疫物資特別是藥品奇缺，民眾無法寄望於當局，只能自救。難以想像，三年抗疫，當局居然沒有去想總有放開的一天，需要儲備足夠的防疫醫療物資包括藥品，這本來是政府最基本的職責。致使這次放開後出現了本不該出現的老人大量死亡的亂象，白白浪費上海封城三月所爭取到的寶貴時間。

不只是疫情顯示習政權的荒謬性，中共二十大閉幕式出現的前總書記胡錦濤被架離主席臺一幕，亦讓全世界看到習對曾有恩於自己的領導人都是那麼地冷酷無情。不管胡錦濤事件的起因是什麼，習都不應該這樣對待一個快八十歲的老人。習要人架離胡以及主席團上一眾黨國要員對此的無動於衷，鮮明地反映這個極權政權把一個個有血有肉、有思想和情感的人改造成一架架喪失基本人性、冷冰冰的機器，除了映襯出它的荒謬，沒有別的。

雖然習近平在中共二十大如願以償獲得了他的第三任期，似乎之前發生的種種事情，包括美中對抗和疫情都沒有影響到他的權力，看起來讓人非常沮喪，但是，從他被迫放棄清零可知，抗疫的失敗對他的權威是個重大打擊。毛是既有權力更有權威，人民對毛的崇拜很大程度上發自肺腑；習和毛的最大差別，是他有權而無威，或者其權威根本不足以支撐權力。沒有權威支撐的權力，本質上是脆弱的，隨時可能遭遇某種重大挑戰。習在這一點上倒有自知之明，危機感很重，所以每每強調底線意識、底線思維，因為他自感德不配位，權威不足以服眾。說實在的，別看他要求幹部自信，他是自信不起來的，所謂自信恰恰是為了掩飾內心的極度不安。

人類歷史經驗告訴我們，極權政權沒有未來。不過眼下中國人還得忍受他的極權統治，這個過程會有多長，說不好，短則幾年，長則十幾年，但不大可能是終身，因為獨裁者既自大，又不信任任何人，年齡越老，會變得越固執，活在自己的信息繭房（echo chamber，即回聲室效應，亦俗稱為同溫層效應）和想像中，從而決策出錯包括出大錯的概率越高。而中國是禁不起他再三折騰的，他的每次失誤，都為結束獨裁統治和極權政權，提供了一個機會。從這個角度看，對未來不要太悲觀。

作為一個中共的研究者和觀察者，筆者這些年站在大洋彼岸的美國觀察著習的一系列表演。儘管在逃離中國後無法親臨現場，在觀察中缺乏現場感，對極權統治加劇人們的痛苦多少會產生一些隔膜，影響研究的深度，然而也有好處，反可能少受個人情緒的支配，從一個相對客觀的角度去觀察和判斷這頭利維坦怪獸。當然，筆者不知道自己的研究結論和分析方式是否禁得住歷史的檢驗，希望如此。

從一個長時間視角對習政權進行研究和評估，是筆者多年的想法。今（二〇二二）年因為二十大的關係，終於下了決心，在為媒體撰寫評論之餘，花了大約半年寫這篇七萬餘字的〈不合時宜的人民領袖〉長文，試圖對習統治的十年做一個階段總結。研究和分析習的文章、專著汗牛充棟，但從筆者的中文閱讀範圍看，系統全面對習統治的十年做一個合乎邏輯的分析的文獻很少。這讓筆者有一種使命感，欲填補這一空缺。但筆者才疏學淺，不敢說自己的解釋就一定準確，不過倘若能給人們的觀察和研究帶來一點啟迪，就已滿足。

七萬餘字單獨成書，還是有些單薄，筆者挑選了多篇近年來發表的自以為尚未過時、有些價值的文章，和這篇長文組成一部書。在此感謝秀威資訊出版公司願意出版拙著，尤其感謝石書豪、尹懷君以及秀威其他編輯的仔細審稿和編輯工作；感謝資深中國問題專家、哥倫比亞大學教授黎安友為拙著寫的真知灼見的推薦序。筆者也感謝家人特別是太太，沒有她為家庭的辛苦付出也不會有這篇文章的問世。

最後，筆者要說，現實雖很黑暗、很殘酷，但只要我們不失去希望和信念，自由的一天會在人們意料不到的時候到來。

二〇二二年十二月三十一日於新澤西

目次

不合時宜的人民領袖：習近平研究

前言

每個人在他的一生中都逃不脫一個劫數，儘管習近平在中共二十大獲得空前權力，組建了清一色以他的親信為主的權力班子，然而，他的危機早已醞釀，疫情是第一步，二十大是第二步。疫情成就了他最膨脹的權力，如果沒有二〇二〇年和二〇二一年所謂抗疫取得的「輝煌」成就，而還是像武漢疫情早期那樣，在二〇二一年十月召開的中共十九屆六中全會，他就不可能壟斷對中共百年歷史的解釋，也不可能在中共的「歷史聖殿」中，把自己的名字刻在「人民領袖」的行列，與毛澤東並列。但成也疫情，敗亦疫情，沒料到一個小小的奧密克戎（Omicron）毒株，竟擊破了他嚴密的防疫體系。上海抗疫不可思議地混亂，清零政策放棄前的隨意封控和層層加碼，以及倉促放棄清零後的毫無準備和民眾自救，將習的統治打回原形。由此導致的種種禍害特別是人道災難、經濟蕭條和孤立的國際處境，終於讓相當多原先對他一味愚信的民眾醒悟過來。儘管他依然掌控大權，然而民心已變，從這個角度看，疫情是他的一個劫數。

中共二十大，習提出了一條所謂的以中國式現代化推進中華民族偉大復興的新的政治路線。然而，在這個高度不確定的年代裡，習能否帶領中共實現這個歷史使命，是非常令人存疑的。中國社會乃至黨的隊伍裡有著基本良心的黨員，對他的完全獨享權力非常失望。尤其是二十大閉幕會上出現的中共前總書記胡錦濤被架離一幕，讓世人見證了這個獨裁政權的霸道和冷漠。人心和黨心散了。他自己已經預見接下來的統治將遭遇「驚濤駭浪」。

讓我們暫時把未來擲在一邊，回望過去十年。雖然習給它貼上「新時代十年的偉大變革」標籤，不過，他的確深深地改變了中共和中國。這個百年大黨，這個五千年大國，因他的上臺和統治，改變了歷史應有的航向和面貌。習也許拯救了中共，讓中共的生命得以延續，卻殘害了中國，讓曾被改革一度激活的中國文明的生氣，在他手上澈底窒息。他打造的利維坦帝國在為很多人帶來虛幻民族榮耀感的同時，卻也使中國自絕於人類歷史和世界文明的康莊大道。這個後果正在顯現，可能需要幾代中國人償還。

是時候對習蓋棺論定。本文對他的評價，是某種意義上作為這個大時代的參與者這些年來對他的觀察和研究得出的。對一個正在歷史舞臺上表演的歷史人物的評價，免不了帶有個人的立場、是非和好惡，但本文盡可能隱藏寫作者個人的愛憎，從歷史事實出發，本著求實精神和態度，並試著去理解他的精神世界。

習近平的自我定位和他的大戰略

要理解習近平及他對中國帶來的改變，首先必須明瞭他為中國設定的戰略目標和任務。目標決定道路，道路決定策略，策略決定手段。如果習是一個碌碌無名之輩，他再有雄心，受影響或者能改變的，是他本人，至多是他的家人和朋友。但如果一個人有野心又有權力，他能改變的就是大到整個國家乃至世界。

習是一個自我期許很高的人，用他的話說，他很愛讀歷史，也許他從歷史中得到的教訓或者啟示就是，絕不能做亡黨之君。中國綿長的歷史中二十四個朝代有短有長，短命的朝代一般二世而亡，最典型的是秦朝和隋朝，二、三百年或者更長的朝代，則是亡於後代君主的無所作為或者無力回天。二世而亡的王朝，君主個人的腐化和暴虐統治對王朝的衰亡要負很大甚至主要的責任；數世而亡的王朝，末代君主雖然也要負起個人之責，但主要是亡於王朝本身的結構性衰敗，用中國老話說，就是王朝氣數已盡，縱使君主想有所作為，像明朝在西山上吊的崇禎皇帝，也是無能為力，甚至君主的有所作為還會加速王朝的衰敗。

中共在習近平上臺時，已經統治中國一個甲子了，經歷了毛、華（國鋒）、胡（耀邦）、趙（紫陽）、江（澤民）、胡（錦濤）六位主席或者總書記的領導。中共表面上是一個現代執政黨，有著現代執政黨的架構和特徵，但它和它統治的中國，骨子裡還是一個傳統王朝。所以適合用傳統王朝的興衰率來討論。此時中共統治的時間和秦、隋兩朝差不多。雖然出了六位領導人，但一般的分法是毛、鄧兩個時期。毛是開國之君，為他的理想和個人權力，將中國折騰得死去活來，奄奄一息，在這個意義上，鄧其實是將中共和中國第二次拯救過來，是第二次開國。鄧為中國開創了一條繁榮之路，即開放和市場經濟。他之後的江（江在他的執政前期是在鄧的陰影下）和胡（胡又處於江的陰影下）基本屬守成之輩。鄧雖第二次拯救了中共和中國，然也帶來了另一種形式的腐化。到江胡時期，這種腐化已經深入中共骨髓，中共很可能會亡於看似一片繁榮的腐化。當時許多人預言習會成為中共最後一任總書記。

顯然習不想成為亡黨之君——任何一個處於總書記地位的人，都不想做亡黨之君。但要不成為末代總書記，就必須拿出氣魄，改造這個黨，進而改造這個國家。這正是類似胡錦濤這種謹小慎微的領導人不具備的，或者沒有這樣的雄心。不過，習做儲君的幾年，也沒有給外界留下有氣魄敢開拓的印象。絕大多數人都認為他會像江胡那樣，為中共守住這個大攤子，順利把它交給下一任就行了，不指望他有什麼作為。從他的權力基礎來看，甚至不如江胡。繼續守成，抱著定時炸彈擊鼓傳花，是人們對他的定位。現在看來，這當然是外界錯了。他要做有為之君、中興之君，在他的統治下，走出一條有別於西方的現代化道路，帶領中國實現強盛。因為毛為中共開國，鄧為中國找到了繁榮之路，習在他們的基業上，實現他們未竟的使命，讓中國強大，而且是用中共的方式，打破西方對現代化的歷史解釋權。這就是習在十年前為自己做的定位。他在二十大上，進一步將這條現代化道路描述為「中國式現代化」，賦予它文明史的意義。

自我定位確立後，接下來需要一個遠大的目標來激勵和動員中共黨員和中國人民為之奮鬥。這個目標必然具有鼓動性，契合人們的心理情感和需求，為大多數人接受，因而它不能太抽象、太遙遠。顯然實現共產主義不適合做這樣的目標，它不但過時而且為毛所敗壞，也與市場經濟的現實格格不入，即使黨員也不喜歡。習找到了這個目標：民族復興。他把民族復興包裝成通俗的「中國夢」，激發起了大眾的國家和民族情懷。

民族復興的「中國夢」當然不是習一時心血來潮想出的，它建立在對世界大勢的兩個判斷基礎上：一是百年未有之大變局，二是東升西降，這兩個判斷有著內在的關聯，第二個判斷是對第一個判斷的具體化，也是大變局的組成部分。如果從習執政的二〇一三年算起，用四十年的時間，到二〇五〇年左右實現中華民族的偉大復興。後來習又把這個時間段分為兩個階段，第一階段從二〇二〇年到二〇三五年，初步實現中國的現代化，第二階段從二〇三五到二〇五〇年，完全實現中國的現代化，屆時中國就站在世界舞臺的中心。這就是習為中國構想的「新兩步走」大戰略，這個偉大藍圖由一個目標任務、兩個判斷、兩個時間段構成，而所謂民族復興的核心內涵，是中國成為世界的中心。這樣的戰略目標，自然與美國的霸權形成內在衝突。換言之，後來發生的一系列中美競爭和對抗，追根究底，來自習的這個民族復興的大戰略。

習第一次提出中國夢的目標任務，是在二〇一二年十一月二十九日他當選總書記不久。該年十一月八至十四日，中共十八大召開，習如願以償做上了總書記。半月後，他即率領新晉的政治局常委來到國家博物館，參加為配合十八大部署的「復興之路」展覽。習向民眾宣示了他謀劃已久的「中國夢」：「每個人都有理想和追求，都有自己的夢想。現在，大家都在討論中國夢，我以為，實現中華民族偉大復興，就是中華民族近代以來最偉大的夢想。」後來在不同場合，他多次闡述「中國夢」的內涵，簡單地說，就是實現國家富強、民族振興、人民幸福。

美國有美國夢，每一個來美國的外來移民，心裡都懷揣著一個美國夢：在這片國土上，能夠最少恐懼、最少障礙地實現自己心中的夢想，但不管這個夢想是什麼，來到美國，都表明從心底裡認同和遵循美國建國先賢開創和奠定的自由民主開放的基本遊戲規則。這是美國強大的根源。也許還有很多國家都各有自己的夢，但除美國外，沒有任何一個國家把它作為政策公開宣示。中國是第二個。或許習提出這個口號時，他的參照對象正是美國。這不是習一時心血來潮，他曾說：「黨的十八大描繪了全面建成小康社會、加快推進社會主義現代化的宏偉藍圖，發出了向實現『兩個一百年』奮鬥目標進軍的時代號召。根據黨的十八大精神，我們明確提出要實現中華民族偉大復興的中國夢。」可見，至少在他要接大位但尚未上位的這段時間，已在思考這個問題。那麼這個口號和戰略的提出，就潛在地有和美國競爭的含義。中共的宣傳部門並不隱諱這點，宣稱從習提出這個口號起，「中國夢」就成為全黨、全社會乃至全世界高度關注的一個重要思想概念。美國是否在此時瞭解習的雄心或野心不清楚，然而習已做好規劃，要拯救中共，復興中華，讓中國處於人類文明的中心。他認為這是他作為中共總書記的天命。

習提出民族復興的中國夢，不單單是要借助於這樣一個帶有強烈民族主義情感色彩的口號和概念，來凝聚中國民眾的人心，如果只是如此，他最多像印度的莫迪、土耳其的埃爾多安或者普京（臺譯普丁）這類領導人，成為一個民粹型的政治強人，或者是威權或獨裁領袖。但習的野心要大得多。也許這三位外國領導人亦有擴張野心，但他們的國力支撐不起他們的擴張野心。而中國從習上臺前的兩年，即二〇一〇年經濟總量即已超過日本，位居世界第二。此後日本和中國的經濟體量差距越拉越大，習把目光瞄向了美國，一些國際經濟研究機構和學者，紛紛預測中國在未來十年左右，就有可能超美，重回它長期在世界上占有的第一地位。此外，二〇〇八年美國經濟和金融危機，重創了其實力，以致不得不跳出它的 G7 小圈子，要求 G20 幫助美國恢復經濟，而後者囊括了發展中國家的新興大國，其中中國的角色尤其突出。

習做儲君的五年，就在觀察這種世界經濟版圖和力量的趨勢變化，思考它對中國的意義。他和他未來的核心幕僚根據這種變化，開始精心構想習的治國藍圖。但此時習還沒有把它上升到「百年未有之大變局」的高度去看待這個變化，他頭腦中還沒有這樣一個清晰的概念。因為以美國為首的西方集團的整體衰落雖然表現出了這種趨勢，但不是很明顯，時有反覆，具有不穩定性，而除中國外的其他新興大國的崛起亦是很不穩定。習要等到十多年後才正式提出「百年未有之大變局」的判斷。

二〇一七年十二月二十八日，習出席該年度駐外使節工作會議，首次提出「百年未有之大變局」的論斷。此時他的第一任期已經結束，中共十九大剛落幕不久。習之所以在他開啟第二任期時提出這個判斷，一是因為美國的衰落和中國的崛起看似不可避免，尤其中國的強盛崛起似乎成了一個國際現實。國際輿論和戰略界早已不談華盛頓共識和新自由主義那一套，中國成了國際研究的顯學，中國模式被頻頻提出。二是因為習在經過五年的執政後，他的權力和地位得以鞏固，已成為黨的核心，十九大又完成了修憲，去掉國家主席任期制的限制，掃除了他可能實行終身制的法律障礙。如果說十八大的五年是個過渡期，那麼從十九大開始，他要創造一個真正的習時代。這就需要建構一套新的理論，從理論上做出解釋和說明。習在十九大提出了中國特色社會主義的2.0版的習思想。這套思想體系，其前提是世界發生了變化，而且是大變化，所以中共的治國策略和統治方式都要跟著變化，跟上時代的步伐和節奏。

在習看來，世界百年未有之大變局顯然是有利中國的，中國的崛起本身就是該變局的最重要部分。因而緊隨上次使節工作會議後，在次年六月中央外事工作會議上，他重申：「當前中國處於近代以來最好的發展時期，世界處於百年未有之大變局。」二〇一九年的新年賀詞他又再指出：「放眼全球，我們正面臨百年未有之大變局。」二〇二一年中共建黨一百週年前夕，他在黨史學習教育動員大會上，開場白還是「黨中央立足黨的百年歷史新起點……和世界百年未有之大變局」。

習本人從來沒有闡述清楚所謂「百年未有之大變局」的「百年」從哪年算起，也沒有指明它的內涵是什麼。根據中共理論家的闡釋，「百年」的時間概念指的是從中共成立到它的百歲生日這段時期。在這一百年中，世界確實發生了翻天覆地變化。一九四五年前，是世界資本主義的殖民尾聲和戰爭年代；一九四五至一九九一年，世界處於兩極爭霸格局的冷戰年代；一九九一至二〇〇八年，基本是美國的一超獨強時代，二〇〇八年之後，以中國為代表的新興大國的整體崛起，世界處於美國主導的多強時代。二〇二二年俄烏戰爭發生後，世界格局又出現新的變化，美中競爭和對抗的特點明顯，世界很可能進入為美國為代表的西方集團和以中俄為代表的反美集團的新冷戰時期。

二〇一九年九月二十七日，中國國新辦發布《新時代的中國與世界》白皮書，集中闡述了習的「百年未有之大變局」論斷，再加上中共其他理論家的解釋，它包含以下內容：一是以中國為代表的新興市場國家和發展中國家群體性崛起，從根本上改變了國際力量對比，從而給中國催生了新的機遇；二是大國關係、國際秩序、地區安全、社會思潮、全球治理深刻重塑，國際局勢不穩定性、不確定性日益突出，治理赤字、信任赤字、和平赤字、發展赤字越來越大，世界面臨重新陷入分裂甚至對抗的風險，這又為中國帶來了挑戰；三是新的科技革命浪潮特別是數字科技的顛覆式發展，以及新冠疫情的爆發，深刻改變著人類生產和生活方式，對全球經濟結構的調整發揮著重要作用，將給國際格局重塑帶來不可估量的影響，對各國的統治方式和政府的治理能力提出了挑戰。如果把這些理解成習近平提出「百年未有之大變局」論斷的依據，那麼在習看來，大變局的重點在「大」，在「變」，世界進入大發展、大變革、大調整的新時期，它既給中國催生了新的機遇，也使中共未來的統治充滿了風險和挑戰。

同「百年未有之大變局」這一判斷相連的是「東升西降」的說法。從現有文獻看，尚不知該說法最早在什麼時候，出自何處，它是否為習所言。也許習在某個內部會議上這樣講過，但這個說法在二〇二〇年中到二〇二一年底在中國官方輿論中非常流行，成為官方敘事的主軸，這大概與中國在二〇二〇年下半年就控制住了疫情，經濟得到快速恢復有關，與此同時，其他國家特別是西方陷入了疫情的泥淖，死亡人數直線上升，經濟停擺，兩相對照，顯示了中國制度的優越性，大大增強了中共同美對抗的信心。二〇二〇年六月，國新辦對外發布了《抗擊新冠肺炎疫情的中國行動》白皮書，宣稱要「記錄中國人民抗擊疫情的偉大歷程，與國際社會分享中國抗疫的經驗做法，闡明全球抗疫的中國理念、中國主張」，將中國較早控制疫情作為中國制度優越性和中國發展模式的一種體現。另外，美國最近幾年出現黨派極化，政客對政黨的忠誠大於對國家的忠誠，種族矛盾激化，貧富差距拉大，民眾撕裂加劇，特別是特朗普（臺譯川普）上臺後對民主制度的破壞，使美國已有的種種問題進一步放大，二〇二〇年總統大選的舞弊指控尤其國會山莊暴亂，讓人憂心美國是否會發生內戰。美國民主運轉的失靈，導致被譽為燈塔國的美國，已經不能再作為民主的榜樣。人們談論美國，也少了尊重，多了不以為然。美國出現的上述變化和民主危機，無疑更會增強習的制度和道路自信，構成習做出「東升西降」論斷的另一重要背景。

該論斷有兩種解讀：一種解讀，「東」指中國，「西」指美國，無論從地理還是政治含義來說，中國處於東方，美國處於西方，東升西降說的是中國崛起、美國衰落；另一解讀，將「東」視為非西方的整個第三世界尤其是以中國為代表的東方文明，「西」當然指以美國為代表的西方文明，前者崛起將取代後者。不論哪種解讀，中國都是其中的主角，要在以後的世界舞臺上，至少和美國平起平坐，平分秋色。從這兩種解讀看，「東升西降」是「百年未有之大變局」的進一步具體化，在後者的理解中，它本來就包含這方面的內容，「東升西降」不過是聚焦和突出中升美降這一點罷了。

上述兩個對世界大勢的判斷是習提出民族復興戰略的依據和基礎。但是在早前，他很可能只是直覺認識到這種趨勢變化，尚未有一種理論自覺。從「百年未有之大變局」到「東升西降」，意味著習和其他中國領導人認為時局的變化對中國有利，時間在中國一邊。事實上，在二〇二一年的省部級領導幹部學習班開班會的講話中，習就強調「時與勢在我們一邊」，指在世界百年未有之變局中，雖然機遇和挑戰對中國都前所未有，但「總體上機遇要大於挑戰」，並說這是中國的「定力和底氣」、「決心和信心」所在。政協主席汪洋在全國對臺工作會議上也如此表述。

從官方宣傳和御用學者們的蹩腳解釋來看，直到俄烏戰爭以及上海疫情前，有理由認為習還是堅信他的這兩個判斷和民族復興的目標任務一定會在中華人民共和國成立百年時實現。然而，俄羅斯對烏克蘭的入侵喚醒了西方對獨裁政權的恐懼，讓西方變得空前團結，並在這種團結中體現出力量。這是俄烏戰爭的一個副產品，也許俄羅斯最終在戰場上能夠獲勝，但西方對它的制裁將會使俄變得虛弱。西方的團結和北約的亞洲化只會使中國的戰略環境進一步惡化，美國利用這次俄烏戰爭，正在構建對中國的O形包圍圈，鎖住中國，不讓中國的影響力越出西太平洋和亞洲。美國的相對衰退長期來看或許無法避免，但這不等於中國相對美國的勢力會增長。考慮中國不僅是同美國的較量，而是面對整個西方的競爭，中西力量的此長彼消已到一個轉折點。上海封城導致的中國經濟停擺和出現的種種不可思議的混亂情景，暴露出習政權內在的虛弱性和中國經濟的脆弱性：一場全域性的經濟危機就有可能摧毀中國，讓改革開放之後中國民眾辛苦積累的財富化為烏有。故中共的體制和以該體制為依託的中國模式，並非堅不可摧。而在美國的強力圍堵和遏制下，不要說未來二、三十年，中國在未來十年內發生全域性經濟危機的概率很高。所以，時與勢未必在中國一邊，中升美降未必會出現。習多次表示，中國正處於百年來最接近世界中心的時候，如果這是真實的描述，也許從此不是站在世界中心，而是漸漸遠離世界中心。他的民族復興的中國夢很可能在二〇五〇年無法變成現實。

習近平的崛起之路：他是如何成為繼毛之後最有權力的中國領導人

在中共的幾代領導人中，習是一個有共產主義理想情懷或野心的領導人，也有意願去推動實現自己的理想或野心。但是，作為總書記的習，要實現拯救中共，讓中國強起來的使命，就必須抓住權力，光有理想和意願，沒有足夠強的權力，注定實現不了。江胡也許並非沒有改造中國的理想，可他們沒有足夠的權威。所以認識習，必須解釋他這麼一個毫無功勳的領導人何以在幾年之內獲得巨大權力，成為繼毛之後中共最有權勢的總書記。他用了什麼魔法和手段，讓黨內的不同派系臣服、元老拱手認輸？不解釋清楚這點，我們將很難看清未來的演化。

1、中共的困局

第一，胡錦濤弱勢地位的教訓

在分析習如何謀取權力之前，先要瞭解習上臺前中共的狀況特別是胡的治理困境。如果胡是個有為的總書記，就算習有野心，也不大可能出現今天的局面。習或許還能做總書記，但是他大概不能改造中共。在這個意義上，胡治下的中共的特定生態為習的崛起準備了條件。

胡是鄧隔代指定的中共接班人，也只有鄧的巨大權威，才能隔代指定接班人，但這當然會讓江不滿，不會就這樣心甘情願把權力交給胡。江在鄧去世後，總算多年的媳婦熬成婆，要發號施令一把。他是個有權勢欲的人，在他退下來後，雖然不得不讓胡接班做總書記，然而在人事上做了兩手安排：一是卸黨職不卸軍職，保留兩年軍委主席。中共名為黨指揮槍，可若黨的領導人不兼任軍委主席，就不可能是真正意義上的一把手；二是將政治局常委人數由七人擴充成九人，中共政治局常委人數沒有固定標準，從四人到十一人都有過，江時代是七人，到胡變成九人，無疑是出於江的安排，這樣安排的用意，既可稀釋胡的權力，又可安插自己的人馬牽制胡，從十六大、十七大的常委人選看，前者明顯江派色彩的有五位，後者明顯江派色彩的有三位，若把習算上，有四位，因為習據說也是由江、曾遴選的。江的這兩手布局，保證了他退下來還能牢牢掌控權力，不至於人走茶涼、人亡政息。實際上江處於半退狀態。即使兩年後他把軍權交給胡，但由於官僚系統和軍隊的重要職位還是由江氏人馬把控，胡在他的任期始終難有作為。

中共政治局及其常委會的這種結構，造成的一大後果就是人們常說的「九龍治水」，總書記的權力被大大弱化。九個常委各管一攤，在各自的分管領域，每個常委都有絕對的權力，並不聽從總書記的指令。按照中共的制度設計，黨的總書記只是會議召集人，他沒有一票否決的權力，也就是總書記的一票和其他常委的一票，含金量是一樣的。總書記權力的大小，完全取決於這個職位上的那個人的資歷、聲望和能力，胡在這三方面都表現平平，又沒有自己強有力的人馬。他出身團派，而團的幹部本來就是作為黨的後備軍培養的，從這個角度說，它不是隸屬誰的特定派系。這些劣勢決定了胡是一個弱勢總書記。事實上，看一個總書記弱強與否，一個簡單的衡量標準是否冠以「核心」名號，有這個名號，總書記至少名實相副，而胡做十年總書記，始終沒成為黨中央的「核心」。

作為一種政治制度，「九龍治水」導致的弱勢總書記並非沒有優點，黨的領導人太強勢，如果胡作非為，缺乏應有制衡，不僅會把黨，也會把整個國家帶入災難，毛就是一個典型。而領導人弱勢，對他的制衡就很多，至少能夠杜絕一些荒唐的決策。但弱勢總書記由於缺乏應有權威，也會導致事情議而不決，決而不行，政策的執行力差，要做的事做不了，國家的發展計畫無法落實。整個胡時代，政令不出中南海是被輿論詬病的。當然，這個問題也要一分為二地看，對於中共這種全權政權來說，管的太多會窒息民間活力，反而是壞事。胡時代經濟高速發展，可能和胡的弱勢地位有一定聯繫。另外，弱勢總書記也使得總書記無法約束其他常委，甚至有實力的地方諸侯，這會導致黨內政治生活的群龍無首，一盤散沙，各自為政，乃至野心家出現，胡執政後期，薄熙來在重慶大搞「唱紅打黑」，在路線和政策上公然和胡中央唱反調，並得到如周永康這樣的中央要員的支持。對中共這種強調嚴密組織性和政治紀律的執政黨來說，薄熙來這類野心家的出現，絕不是好事。

第二，腐敗威脅中共執政安全

從繼任者的角度說，排在弱勢總書記之後要防範的，是胡時代嚴重的腐敗，它已經威脅到中共的執政安全。習尚未上臺時，民間不看好他，認為他很可能是中共最後一任總書記，就指的是他無法反腐。權力帶來腐敗，絕對權力絕對帶來腐敗，這是壟斷權力的中共不可能克服的頑疾。

腐敗不是胡時代的特色，但必須承認，到胡時代，腐敗已經達到階段性頂點。誇張點說，無官不腐，整個國家就是一個腐敗的大染缸。原因在於，改革開放已經進行了三十年，市場經濟也已經實行了近二十年。由於中國經濟的高速發展，整個社會積累了相當多的財富，這為腐敗的盛行打下了物質基礎。一個社會貧困，官員即使想搞腐敗，也會受到諸多限制。改革之前，中國也有很多腐敗，但更多表現為一種制度性的特權腐敗。改革後，特權腐敗繼續保留，以權錢交易為表現形式的腐敗取代前者成為社會關注的腐敗現象。在改革後的前三十年，中國有三次腐敗高潮。一是改革初期，為了發動和推進改革，中共要清理一批官員出行政隊伍，不吃皇糧，他們的去處是商界。黨對這批官員特別是其中的紅二代，採取贖買和給政策特權，所以當時興起了「官倒」這種新興現象，它其實就是腐敗。二是鄧九二南巡開啟了市場經濟，由於市場實行等價交換，權力化作商品，沒有法律約束和保障的市場經濟，必然會產生腐敗。而對此時的中國來說，市場經濟還是個新鮮事物，先幹起來再說，規則制度一片空白，腐敗也就蓬勃發展。三是在江後期和胡前期，隨著大量國企被無償或低價賤賣給私人，原體制的官員和接近權力的人，成為國企改革的受益者，他們瓜分了天量國有資產。

在整個改革的過程中，中共亦有意識地放縱腐敗，理論界製造腐敗是改革的潤滑劑信條。因為中共清楚，要驅使官員對黨忠誠，為黨效勞，就必須讓他們成為先富起來的人，而官員的權力就是他們致富的手段。然而，腐敗一旦被放縱，就像癌細胞一樣，能夠自我複製和擴散，將一個健康的肌體完全腐蝕掉，何況中共這個肌體本就不健康。也許在某個特定階段，腐敗能夠推進改革，可從長時段來說，由於腐敗帶來的交易成本的無限上升，它會使得整個社會無心生產，而專注於交易即腐敗，最後降低社會的總生產效率。更嚴重的是腐敗的政治效應，一個社會、一個政黨，靠腐敗來運轉，它會敗壞社會的所有美德。中共到胡錦濤時期，已經呈現王朝末代的景象。社會看起來一片繁華，但沒有多少人對這個國家和民族、對這個黨真正關心，大家投入全民經商，全民腐敗中。

要說胡不想反腐是假。雖然中共放縱腐敗，但哪個領導人都想把腐敗控制在一定範圍和程度。然而，在腐敗已成大氣候的情況下，反腐談何容易。中國最大的腐敗，最富有的家庭，都在黨內高層，在政治局和常委會這一層級。這些權勢家庭，手握巨額財富。一旦認真反腐，必然觸及他們的利益。所以，胡面臨的是反腐有可能亡黨，不反腐則可能亡國的局面。他不是一個有魄力的領導人，更缺乏有效的反腐工具，注定不可能真正去反腐，只能讓腐敗這朵惡之花在他任內茂盛開放。

第三，黨面對公民社會的進攻節節敗退

胡時代中共的第三個困局，是社會狼煙四起，黨面對造反的群眾，活躍的民間社會，要求自由和開放的思想輿論界，以及政治反對派的挑戰，毫無招架之力，節節敗退，被動防守。中共在毛統治下，搞了三十年的社會主義建設，竟然使百姓吃不飽飯，餓死幾千萬人，中國處於一窮二白狀態，這會使尚有良心的黨的領導人，對人民懷有虧欠心理，或許這是鄧實行改革開放的深層心理動機。而要改革，黨就要退守收縮，把一部分權利和權力讓渡給民眾和社會。在習上臺後的前三十年，黨大部分時間處於守勢。鄧對六四學生運動的開槍鎮壓，是一個極端的情況。但在開槍之後，以中國市場化改革的開啟，中共再次進入退守狀態。

市場經濟本身也要求把經濟自由權還給民眾，中國前期改革的一個顯著特徵，就是放權讓利。由於這種改革，過去被黨全面壓制，已經奄奄一息的社會，獲得了喘息的機會，慢慢有了活力，成長壯大，各種力量開始生成，到胡時期積累了相當大的能量，亟欲擺脫中共的控制。

當時至少有四股力量挑戰中共統治。第一個股力量是工人和農民的抗爭。這兩個階級是黨章規定的領導階級，然而現實卻是他們處於社會底層。相對而言，工人的大規模抗爭多發生於江時代，因為江時代推行最激進的國企改革，把大量的國企廉價轉賣給私人資本家，而工人則被買斷工齡，少量或沒有補償，掃地出廠，當時創造了一個詞——「下崗工人」，幾千萬的工人一夜之間就從社會主義的主人變成了國家棄兒。在這個殘酷的國企改制過程中，爆發了大規模的工潮，像通鋼事件在當時都震動社會。但工人鬧事被當局鎮壓了下去。胡時代更多是農民的抗爭。中國的農民可能是世界上最順從的，可在胡時代，農民抗爭也是發生頻率最多的。原因就在於以三農問題為表現形式的對農民的壓榨在胡時代達到一個頂點。據不完全統計，在胡領導的十年，每年出現的大小群體事件多達上十萬件，其中農民的抗爭占主流，起因不過是對農民徵收的各種苛捐雜稅引發他們的不滿。在這些農民抗爭的事件中，有的規模很大，甚至發展到衝擊地方政府，比如湖北石首、貴州翁安、甘肅龍南等，都爆發過幾十萬農民的「起義」，打砸地方政府，當局不得不派武警鎮壓。農民大規模長時間的抗爭，最後迫使中國政府取消了實行幾千年的皇糧制度。

除發生於內地的工農的反抗，胡時代的漢藏、漢維民族關係也變得十分緊張。二〇〇八年爆發了大規模的藏區抗議，西藏僧侶以自焚方式向中央政府抗爭；二〇〇九年新疆烏魯木齊發生了大規模的暴力抗爭，在疆漢人成為攻擊的對象。藏民和僧侶的反抗一度影響北京奧運會的舉行，而新疆的民族問題其後遺症在今天還在發作，成為中西對抗的一個觸發因素。

第二股力量是公民自組織的生成，它們以民間社團的面目出現，構成了中國活躍的公民社會的主體，衝擊中共的統治基礎。毛時代的中國，只有全能政府，沒有民間社會，或者說民間社會的力量只是微薄地存在於社會末梢，當然更談不上有現代的公民意識。改革之後，由於私人財產受到國家鼓勵，為保護私人財富，社會形成了產權意識以及伴隨產權意識而來的要求建立公正規則的法治意識，並開始有組織地參與地方公共事務和政治。到胡時代，中國公民社會初具規模，力量逐漸壯大，以民間和半官方社團為形式的各類公民自組織表現得非常活躍。

大體而言，這一時期的中國民間團體分成三類，一類是經濟性的以互助和獲取信息（資訊）為目的的社團，這類社團數量最多；一類是公益性的以參與公共事務為己任的社團，其中，民間和半官方的環保組織在中國社會表現得最為搶眼，畢竟在中國直接從事政治參與有很多限制和風險，環保相對政治禁忌少，易被官方接受或合作，中國有影響力的民間和半官方的環保組織，多半也接受西方各種基金會的資助，環保組織對推動中國的環境改善和大眾環保意識的促成，居功至偉；還有一類是維權性的民間社團，這類社團往往帶有隱祕的政治目的，它們直接參與和介入公共事件，或者某些事件由於它們的捲入而變得廣受矚目，例如，在孫志剛之死、溫州動車事故、廣東烏坎抗爭等事件中，各種維權組織和有代表性的公共知識分子，對事件的激化或者解決起了關鍵作用。中國公民社會在胡時代的興起和活躍表現，其背後是中產階級的形成，並有自己的階級意識和政治需求。它們組成某種意義上的自治，不讓政府染指，積極參與公共事務和公共事件，為民眾維權，監督官員，讓政府非常被動，特別是它們和中共爭奪群眾，其公信力常常打敗中共。如果按照這個趨勢走下去，將為中國的民主化準備好群眾基礎和中堅力量。

第二股力量是媒體輿論和思想理論界被自由主義主導，公共知識分子成為大眾明星，他們的聲音和行動具有強大的社會效應，政府和官員受到輿論強有力的監督。胡時代是中國輿論監督的黃金時代，也是「公知」的黃金時代。以《南方週末》為代表的一批市場化媒體，塑造社會議題，行使對公權力的監督。理論上講，中國的媒體都由政府舉辦，黨的宣傳部門控制，都姓黨，但實際上，江胡時期，黨對輿論的控制相對寬鬆，這主要是媒體包括黨媒大都被掌握在具有自由主義傾向的編輯記者和領導手中。中國實行市場化改革後，媒體的生態也發生分化，除了傳統的黨報黨刊，為適應市場化競爭，由黨報副刊衍生的都市報在胡時代已成氣候，深受大眾喜愛。此外，胡時代也出現了真正的由民間資本興辦的媒體，代表有由聯辦舉辦的財經雜誌以及後來由財經分化出的財新系。這類民間媒體和都市報，加上由中央部委舉辦的部分經濟類報紙，它們行使著對政府的強大監督功能，而不是黨媒。尤其調查記者異軍突起。調查記者往往針對社會廣受關注的事件、議題和現象，通過深度採訪，揭露背後真相，很多調查報導刊發後引起社會轟動，弄得涉事的官方和官員非常被動和狼狽，因此，各級政府和官員都非常忌憚和不滿媒體的調查報導，常常向宣傳或主辦部門告狀，欲收拾而後快。

與此同時，思想理論界在胡時代也非常活躍，很多理論禁忌被打破。經歷毛時代的極左一統天下，人們對假大空那套本能的反感和厭惡，儘管六四之後極左有短暫的幾年回潮，但在中國改革開放的大部分時間裡，「右」在思想理論界都占主流，自由派的頭面人物引領風潮，一批知識分子關心時事和政治，成為「公知」，他們是媒體的座上客，具有很大的輿論能量，將批判的矛頭對準政府和公權力，啟蒙大眾，鼓吹政治自由和經濟私有，讓官方防不勝防，被動挨罵。

第四股力量是中共真正意義上的政治反對派，他們在胡時代躍躍欲試，有些直接從事政治反對運動，有些以維權為名，行政治抗爭之實。中共在毛統治時期尤其文革後期，已經出現了持不同政見者，但還稱不上派。文革結束到改革發動的過渡期，政治反對派開始出現，但這時的政治反對更多表現為一種政治主張而非行動，也就有了西單民主牆。六四是中國政治反對運動的第一個高峰，之後由於鎮壓走向沉寂，不過在江後期，因為社會環境漸漸變得寬鬆，以異議人士和維權人士為偽裝的政治反對派浮出水面，但那時人數不是很多。

胡時代，政治反對派已經半公開化，他們不限於表達政治反對立場，也借助社會熱點事件，進行政治反對行動，比如號召公民不服從，甚至效仿阿拉伯之春運動，發動中國版的茉莉花革命。二〇一一年二月，在中國多個大城市的鬧市和廣場，匿名人士通過互聯網（網際網路）發起一場短暫和小規模的反對中共的抗議示威運動，舉辦者還稱以後這個活動固定在每星期日下午二時在各城市人流最多地點或是中心廣場進行散步和圍觀。中國茉莉花革命在官方的嚴厲打擊下雖然開始即結束，但已是六四之後首次針對中共的政治反對運動。它發生於胡主政的最後一年，對中共的震動強烈。

第四，派系政治和官員對西方自由民主思想的接受造成黨的軟弱渙散

胡時代中共的軟弱，無論是面對黨內的腐敗還是面對黨外公民社會的進攻，都沒有戰鬥力，其中一個重要原因，是黨內高層出現了幾大派系，不同派系之間的相互制衡隱約形成了初級的黨內民主勢頭。中共歷史上就是由不同派系組成的黨。早期有國際派和本土派，後來紅軍的不同山頭和白區、紅區，奠定了此後中共基本的派系格局。毛曾說過，黨內無黨，帝王思想，黨內無派，千奇百怪，這說明毛尊重歷史形成的派系格局，當然也是因為他能用巨大的權威駕馭不同派系，為其所用。毛之後的鄧，亦具有相當的權威可以駕馭這些派系。但到了江和胡這兩代，由於權威急劇衰退，無法像毛鄧那樣能夠超越派系駕馭派系。派系眾多的結果，就起到一個互相制衡與監督的作用，為黨內民主打下基礎。

中國沒有反對黨，七個所謂的民主黨派不過是花瓶黨，根本無法制衡中共。要想開啟中國的民主化，當時流行的主張是先從黨內民主做起，以黨內民主帶動社會民主。儘管這在學界有爭論，可亦不失為一種探索，似乎適合中國國情。胡時代一些頗有名望的黨的理論家，積極鼓吹黨內民主，官媒也大談黨內民主的好處，這在今天不可思議。一個具有嚴密組織性，只允許一種聲音的黨是不可能發展出黨內民主來的。這樣的黨要進行黨內民主的探索，黨的紀律就必須鬆懈，思想要多元，黨內分成不同的派系集團，必要時甚至分裂黨。

恰好胡時代具備這些條件，特別是有中共歷史傳承下來的不同派系這個先天基礎。但是過去戰爭年代形成的派系此時基本已衰退，以中共元老和現任領導人為首的新派系崛起，其中兩大派系最顯眼，分庭抗禮，一個是江澤民、曾慶紅當頭的所謂江派，這派網羅了眾多紅二代，習在上臺前亦屬江派，是當時最有權力的派系；另一個是胡錦濤當頭的團派，是當時僅次於江派的派系，其歷史可以追溯到胡耀邦。兩派對中國發展和中共自身的改革有不同的政策主張，相互牽制。同時黨內以溫家寶為首的開明派倡導普世價值和黨內民主，和黨外自由派遙相呼應，要在中國變天。

中共在江澤民主政的末期，開始出現零星的基層政權的直選試點，到胡時期，這種試點的範圍和層級有所擴大。其中最典型的是四川步雲鄉的鄉長公推直選，從一九九八年到二〇〇一年，進行了四年。雖然步雲鄉的探索在當局的壓力下停止，但四川一些地方的鄉鎮黨委書記的公推直選試點到二〇〇九年還在推進。此外，在浙江溫嶺等地，出現了鄉鎮一級政權的預算民主的改革探索。上述這些探索試點，都有黨外的公共政策專家參與指導。這反映了胡時代黨內官員的思想是相當開放的。中國社科院一位學者的私人調查顯示，即使到習上臺初期，在其調查的樣本中，高達近八成的官員贊成在中國實行西方民主。由此反映出黨內多數官員對西方自由民主思想的高接受度。中共如果按照這個路子走下去，很可能步日本自民黨的後塵。自民黨也在日本長期執政，但它黨內有眾多派系，其中有一個主導的派系。這是日本特色的黨內民主。

胡時代雖然黨內民主的苗頭出現，卻是以黨本身的渙散、軟弱、喪失戰鬥力為代價的。對於頑固的中共保守派來說，搞黨內民主，後果一定是黨的分裂和瓦解，所以他們反對任何形式的黨內民主，要用毛的思想重新武裝黨。有一件事對習和保守派可能刺激會相當大，中國的安全部門在二〇一〇至二〇一二的三年內，搗毀了一起美國中情局多年策劃部署的間諜網，處死或監禁了十幾名為ＣＩＡ做線人的中共官員。這起案件說明美國情報網在中共內部的滲透之深。這些ＣＩＡ的中共線人當然首先是出於利益才這樣做的，可在保守派看來，由於他們的思想動搖了，對西方的腐朽思想放鬆了戒備，中「毒」太深才出賣國家利益。這亦從一個側面印證了前述的學者調查。胡時代的黨內思想多元化，西方思想在多數官員中占主導，這種狀況不改變，不清除官員的自由民主理念，就無法在黨內建立起集中統一的體制。

瞭解胡時代的背景和中共當時所處的四個困局，我們就明白習何以用了不到三年就強勢崛起，成為後鄧時代最有權力的中共領導人。習如果不想改變或者無能力改變中共的現狀，重塑中共，他很可能像人們認為的那樣成為中共最後一任總書記。許多紅二代對胡非常不滿，責備他無所作為，放任腐敗，擊鼓傳花，只想平安度過十年，到點把接力棒交到下一任手上就完事，不想如何為中共守江山。所以習上臺受到紅二代的鼎力支持，因為他是自己人，江山是他們的父輩打下來的。然而，胡也有苦衷，他的弱勢和難有作為是受到江的制約。習當然也看到這點，尤其薄熙來之亂和周永康案對他震動太大，兩案把領導層的「九龍治水」和弱勢總書記的權力結構的弊端暴露無遺。

習不想自己當權還有一個「婆婆」管著，也不想有人覬覦自己的座位。胡因深知被人管著的苦也不想讓習重演這一幕，因此在退下來時沒有像江一樣再做兩年軍委主席，而是完全裸退。而習在上位前，表現出毫無野心的樣子，也讓江胡對他都無多少戒心，以為是個好受控制的人。成為總書記後，習外出首站即去深圳，拜謁蓮花山上的鄧小平銅像，無疑使黨內改革派和社會的自由派對他寄以希望，以為他將繼續走鄧的改革開放路線，甚至會推進中國的民主化，當時一些自由派人士幻想習成為中國的「戈爾巴喬夫」（臺譯戈巴契夫）；與此同時，習又在高校發出「七不講」指示，讓黨內保守派和社會左派欣喜，以為他將走毛的極左路線。此時習有意隱藏自己，人們看不清他的真實面目，導致左右兩派都把他看作自己人，從而支持他。習還在當選總書記不久，率領常委班子到國家博物館參觀「復興之路」展覽，並用通俗易懂的語言發出了民族復興的「中國夢」動員令，又把大眾的激情和民族主義情緒也調動了起來。他初登大位的這三步棋從策略上說是成功的，騙取了三股不同力量的信任，以為他是那個值得他們支持的領導人。

習在做儲君的五年裡，目睹胡十年的中央政治和中共影響力的衰落，應該在構想和規劃上臺後改造中共和中國的宏偉圖景，他的出發點是不做亡黨之君，要讓中共中興，永續執政，實現中國復興。從上面的分析來看，黨內尤其在高級幹部隊伍裡，很多人對中共的領導體制、黨內的思想混亂和軟弱渙散、腐敗猖獗等是有相當程度共識和共鳴的，習加強中央集權尤其總書記的權力會得到胡錦濤及其團派，還有紅二代的支持，他們深深認識到，沒有一個堅強的中央領導集體，什麼事都做不成，黨也是沒有力量的，而一個堅強的中央領導集體必有賴於一個有權威的帶頭人即總書記，所以必須加強總書記的權力。這是他們從胡時代的黨的教訓中會得出的必然結論，從而也構成了習權力崛起的時代背景。

習要扭轉中共的被動防守，讓黨重新煥發活力，變得強大，也會得到保守派、左派、紅二代以及部分黨內改革派的支持，後二者雖然反對黨的僵化，但也不希望黨在自由派的進攻下，失去執政地位。此外，他的反腐會得到廣大民眾的支持甚至某些腐敗官員的認同，後者也認識到，這個腐不反不行。這就可以解釋習對中共的改造計畫何以在黨內未遭遇太強阻力，大家都想改變現狀，認為不改變不行，黨必須集權。只是現在習走得太遠，動作太大，從集權到極權，超出了他們的預期。他們只想讓黨看起來像個黨，不那麼腐敗，有些生機，而不想再出現第二個毛澤東，那是黨內大員和元老無法接受的。但魔鬼一旦釋放，要想再收進瓶裡，就非常難了。

2、習的權力政治學——「兩手出擊，兩手都硬」

習的權力崛起是建立在他對中共和中國社會的改造上的，他採取了可稱為「兩手出擊，兩手都硬」的策略，一手對黨或對官，一手對社會或對民，可把他的這一整套策略和做法概括為「權力政治學」，其目的是不想重蹈胡的覆轍，讓自己成為一個強勢領導人，並在他的領導下，恢復中共的活力和戰鬥力，成為一個堅強的黨，永續執政。

本小節主要著眼於他對黨的改造和對權力的壟斷。關於他如何治理社會，下一節會詳細論述。

習對黨的改造首先採取的步驟是設置新的黨內小組，實行小組治國，以黨領政，強化中央集權，進而實現個人專權。要建立起權威，前提是要擁有權力。權力是領導權威的基礎，這也是胡帶給習的首要教訓。但在習上臺初期，他受制於江胡等黨內一幫退休元老，在原有的黨政系統裡，顯然難有作為，必須另闢蹊徑，設立新的機構，並親領這些機構，才能把現有的機構及其賦予該機構的權力邊緣化。習在黨內新設了中央全面深化改革領導小組、中央國家安全委員會、中央網路安全和信息化領導小組、中央軍委深化國防和軍隊改革領導小組等多個小組，加上原來的中央財經領導小組、中央外事工作領導小組，他都親任組長和主任。據不完全統計，習兼任小組或主任的頭銜多達十幾個，並賦予這些新的機構巨大權力。通過此種方式他將權力抓在手上。

小組治國是中共傳統，最有權力的小組當然屬中央文革領導小組。所以，習設立眾多新的機構不會引來黨內反彈。在無法對原來的官僚體系做大的改造前，習要抓權通過這種方式不失為好的途徑。經過三年的運作，他的權力已經穩固，於是在十八屆五中全會自我加冕，由總書記成為黨中央的「核心」。核心稱呼的確立，表明他和其他政治局常委，已經拉開了距離。在這種情況下，習有能力對整個官僚體系動大手術。十九大結束後不久，二〇一八年三月二十一日，中共即公布〈深化黨和國家機構改革方案〉。該方案的宗旨是加強中共的全面領導特別是以習為核心的中央權威和集中統一領導。此次改革組建了國家監察委員會、中央全面依法治國委員會、中央審計委員會等新機構，將深改小組、網信小組、財經小組、外事小組等改為委員會，仍由他兼任各委員會主任。之所以要將各領導小組改組為委員會，是因為小組不是黨政序列的常設機構，而帶有某種臨時性質，事情完成了，為此設立的小組也就要結束使命，但變成委員會，就成為正式的常設機構。習此時已經大權在握，他不再需要用此種新設小組的突襲辦法，可他又不想放棄這些權力，於是把它們提格成委員會，從而得以名正言順地繼續抓權。

習集權目的是要幹所謂大事，很多人正是從這個角度，解讀他為什麼要集權的。然而，一旦嘗到了權力帶來的巨大甜頭，集權本身也就成為目的，甚至後者要超過幹大事的目的。因為集權的過程勢必要打碎舊的權力結構，一些官員勢必要成為犧牲品。這無疑會帶來矛盾和衝突，使習產生某種不安感。權力越大，集權的矛盾和衝突越劇烈，不安感也會越強；而不安感的增強，反過來又需要更大的權力來消除這種不安感，這就形成了一種集權過程中的悖論。人們現在看到的正是此種情形。習有了「核心」稱號和地位後，還不滿足，二〇一八年進一步要「兩個維護」，即維護習的核心地位和黨中央的權威與集中領導，並把它上升到全黨必須始終堅守的最高政治原則和根本政治規矩。「兩個維護」實際是「一個維護」，即維護習在全黨的核心地位和領導權威。江也曾是核心，而且是鄧親封的核心，可顯然，江核心無法和鄧核心比，更無法和習核心相比，官員對江的尊重遠比不上對鄧的尊重。所以核心和核心也是不同的。

「兩個維護」其實也不能滿足習對權力的欲望，他在二〇二〇年又提出「兩個確立」，即確立習的黨中央、全黨的核心地位，確立習思想的指導地位。「兩個確立」乾脆把黨中央的權威和集中領導拿掉，變成習個人核心地位和思想的確立。從「兩個維護」到「兩個確立」，背後是大的時代背景的變化。簡單地說，就是二〇一八年後，中國的外部發展環境有了根本的改變，影響到民眾特別是官員對習的領導能力和水平有了跟過去不同的評價，讓習感受到一種威脅，因而要不斷地向全黨提醒，維護和確立習的核心地位，是全黨必須遵守的政治規矩，是對習忠誠的表現。到二十大，「兩個維護」和「兩個確立」的制度化還不夠，他乾脆組建了由自己親信全面接管的中央領導體系。

可見，通過總書記—黨中央核心—兩個維護—兩個確立提法的演變，以及親信的全面上位，習也由集權幹大事變成了對權力的獨家占用——完全極權。

與集權相輔相成的是反腐。這是習改造中共，建立極權統治的第二步。他的「兩手出擊，兩手都要硬」，其中針對官員的一手主要是由反腐來承擔的。前已提及，中共的腐敗到胡時期非常嚴峻，胡不是不想反腐，而是根本反不動，可也因此腐敗積累得越來越多。習明白，腐敗非反不可，否則他真成了最後一任總書記。事實上，多數高級官員也清楚，中共要執政下去，必須遏制腐敗，應該說在這個問題上，中共高層是有共識的，只是人人都不希望反腐反到自己頭上。

不過，習對腐敗的下手之重，還是超出了很多人預期。基於江胡反腐的經驗，人們普遍認為習的反腐就是做個樣子，因為腐敗實在太強大，搞不好他會殃及自身。但是習表現出了一種「明知山有虎，偏向虎山行」的狠勁，原因在於，他有自己的考量，要通過強有力的反腐立威，讓大小官員特別是那些瞧不起他的高官元老感到害怕和恐懼。腐敗到腐爛固然對中共不是好事，卻為習提供了一個難得的立威機會，習要快速建立起個人威望，就必須敢在太歲頭上動土。只抓權，不讓官員害怕和恐懼，權力也可能不牢靠。從這個角度說，習是將反腐作為建立其個人權威的手段或者工具來使用。習深知反腐必會得到民眾和黨內多數黨員的支持，有了廣泛的民意支持，腐敗官員不敢對他分庭抗禮。事實正是如此，每個被抓的官員都在鏡頭前表現出一副痛哭流涕、後悔莫及的樣子。

但反腐必須找個得力幫手。習畢竟是總書記，可以掌舵，不能在一線具體指揮和衝鋒，習找到了同屬官二代的王岐山。王本是治理經濟的能手，素有「救火隊長」之稱，按理應該把他放在經濟部門發揮所長。事後來看，這齣人事安排是一著好棋，王沒有辜負習，抓了很多高官，讓大小官員望而生威，大大擴充了專司反腐的紀委的職能和權力。此後中國政壇以「習王」相稱，王成為事實上的黨內二把手。習用三年不到的時間成為黨中央的「核心」，王可謂頭號功臣。但也由此埋下了習王二人的矛盾。

習的兩屆任期，被查處的官員大概有幾十萬，其中高級官員五百五十三人，廳局級幹部二點五萬多人，縣處級幹部十八點二萬多人，包括正國級一名，副國級六名，軍委委員二名。江曾查處北京市委書記陳希同，胡亦查處過上海市委書記陳良宇和重慶市委書記薄熙來，而在習手上落馬的中共要員有徐才厚、周永康、郭伯雄、孫政才、令計劃等一長串名單。他們遍及黨委、政府、人大、政協、群團、國企、高校、宣傳、政法、金融、軍隊和武警等各領域和系統，每個省市都有主要領導幹部落馬，很多地方和部門還是塌方式腐敗，前赴後繼。不管習的反腐動機是什麼，這麼多高官被查處，很難說他的反腐是玩假的。

然而，過分誇大其反腐意義也沒必要。雖然反腐確實改善了一些官民關係，讓官場變得廉潔些，但並未帶來中國社會和政治的進步，這是因為，習的反腐主要著眼於鞏固權力、樹立權威的需要，從而使反腐淪為選擇性反腐，成為習整肅政敵的工具，儘管他的政敵確有腐敗嫌疑。習通過反腐，打擊和削弱了江派和團派以及鄧家等元老的勢力，基本上讓這兩派瓦解，還把矛頭指向王岐山，法辦了王的大管家董宏，整垮了王的白手套海航。周永康和孫政才之後，也許是對黨內政治局委員和退休元老震動太大，弄得這少數權力寡頭人人自危，在他們表示出臣服後，習的反腐呈現出三個底線，即紅二代不反，政治局這一層級不反，退休的元老不反。所以，十九大後，雖然落馬的高官仍然很多，但基本是在副省部級，省部級只是個別。

習改造中共和建立極權統治的第三步，是在黨內立規，要官員們懂規矩。他為此採取的措施是，全面強化黨的領導，將所謂政治建設置於黨的建設之首，以政治建設之名，行黨內效忠之實。二〇一二年十一月十七日，剛當選總書記的習在主持十八屆中央政治局第一次集體學習時，就強調「黨政軍民學，東西南北中，黨是領導一切的」。這句話非習的發明，是毛一九六二年在七千人大會所講，毛的原話是：「工、農、商、學、兵、政、黨這七個方面，黨是領導一切的。黨要領導工業、農業、商業、文化教育、軍隊和政府。」毛後來把它概括為：「黨政軍民學，東西南北中，黨是領導一切的。」習在這次集體學習的講話中重拾毛的「牙慧」，當然不是無的放矢，他針對的就是胡時期黨內存在對堅持黨的領導認識模糊、行為乏力，黨的領導弱化、虛化、淡化、邊緣化等問題。所以他說：「黨的領導必須是全面的、系統的、整體的，必須體現到經濟建設、政治建設、文化建設、社會建設、生態文明建設和國防軍隊、祖國統一、外交工作、黨的建設等各方面。」用黨的御用學者的話講，「黨領導一切」強調的是在包括中共、人大、政府、政協、監委、法院、檢察院、軍隊、各民主黨派和無黨派人士等政治主體的國家治理體系中，黨在範圍上是領導一切的政治力量，在地位上是最高政治領導力量。

既然黨領導一切，就要做到無縫覆蓋，毛時代是支部建在連上，現在凡是有人的地方，都要有黨的存在，每個死角，都要有黨的組織。所以，政府和人民團體要建立黨組，國企要「黨建入章」，建立黨委領導下的董事會，高校建立黨委領導下的校長負責制，公立中小學、醫院、科研院所建立黨組織領導下的校（院、所）長負責制，民營企業、民間團體要建立黨委或黨支部，連外企也要有黨組織，從而使黨的領導貫徹和融入到各領域各行業各方面工作中，不留死角。

表面上，全面強化黨的領導是要彰顯黨的存在和領導作用，實則是突出和加強習的政治權威和核心地位。因為黨的領導作用能夠發揮，黨對廣大群眾具有號召力和戰鬥力，習的權威和地位就會更鞏固。而這正是他推行政治建設的首要目的。中共黨的建設包括思想建設、理論建設、組織建設、制度建設、紀律建設、作風建設等，沒有所謂政治建設一說，因為上述各項建設無不帶有政治性，具有政治效用，無須格外再疊加一個政治建設。政治建設是習首次提出的，二〇一八年六月二十九日，在十九屆中央政治局第六次集體學習的講話中，他提出了這一說法，二〇一九年一月三十一日，中共正式出臺〈關於加強黨的政治建設的意見〉，用該文件的話說，加強政治建設，是針對政治意識不強、政治立場不穩、政治能力不足、政治行為不端等突出問題強弱項補短板，目的是堅定政治信仰，強化政治領導，提高政治能力，淨化政治生態，實現全黨團結統一、行動一致。後來當局在評價一個幹部的政治立場時，頻繁使用「政治站位」一詞，官員上任，是政治站位高，官員落馬，是政治站位出問題，衡量標準就看一個官員是否擁護和忠誠習，嚴格遵守和執行習定下的黨內政治規矩。當局並不隱瞞這點，指出政治建設的要義和首要任務，就是全黨服從中央，堅決維護以習為核心的黨中央權威和集中統一領導，不折不扣貫徹落實以習為核心的黨中央做出的決策部署。誰在這方面做得好，就是講政治，講大局，政治站位高；誰在這方面做得不好，就是不講政治，沒有大局觀，政治站位低。

為讓官員有規矩意識，懂規矩，守規矩，習不僅將政治建設作為對各級領導幹部的要求，還把它制度化。每年末或來年初，習要主持中共政治局常委會，聽取全國人大常委會、國務院、全國政協、最高人民法院、最高人民檢察院黨組和中央書記處工作報告。中央政治局二十四位成員、書記處書記，兩高黨組書記，都要向習個人彙報一年的工作總結，他對他們的工作都要點評和指示。這兩項彙報，現已成為制度和慣例，名義上是加強黨中央的權威和集中領導，實際加強的是習一人的領導和權威。中共以前的領導人包括毛，從來沒有這樣有意識地把自己和其他政治局成員拉開距離。毛在生氣時，會叫官員寫檢討，但這完全取決毛的心情，而不是一個正式的制度安排。這兩項做法是習開創的先例，把自己凌駕於其他政治局成員之上，凌駕於黨中央這個集體和全黨之上，而這都是在政治建設的名義下搞的。

習在對全黨思想洗腦的同時，通過小組體制和「核心」制度抓權、大搞政治建設，配合反腐敗的政治清洗，也就在五、六年裡，最終建立起了可和毛比肩的權力和地位。

習近平的治國術

應該承認，習集權還是想幹番事的，對於一個有志於要把中國帶向世界舞臺中心的領導人來說，他最終的歷史地位還得靠是否實現了這個目標來決定，否則，集權和極權只會給他在歷史上留下壞名聲。

儘管習繼承的胡時代的這個攤子有這樣那樣的問題，尤其中共似乎已經病入膏肓，然而，中國的整體國力經過三十年改革的高速發展，有了大躍升。由於美國在二〇〇八年遭受罕見的次貸危機導致經濟衰退，西方及其他發展中國家深受其累，中國則通過四萬億的經濟刺激計畫成為拯救世界的「功臣」，二〇一〇年經濟總量超越日本坐上了全球第二把交椅，雖然和第一名美國還有較大差距，但已是非常了不起，可說是中國自近代以來夢寐以求的，意義堪稱非凡。到二〇一二年底習上位時，中國和日本又拉開了一段距離，日本再想反超中國，基本不可能。客觀地講，除了黨有很大危機外，胡留給習的這個家底是殷實的，國力呈現出蒸蒸日上的架勢。習之所以敢許諾民族復興的中國夢，乃因為有此雄厚的國力做基礎。故而既然他想有所作為，不願做個平庸的領導人，只要方向對頭，原本對他對中國都有著光明的前景。

然而，事情壞就壞在方向不對頭。方向錯誤，領導人越是有為，想幹番大事，給國家民族也給這個黨帶來的危險就越大。很多人批評習志大才疏，弄權有術，治國無方，從結果看，是對的。但這不表明他真的治國無「術」，習無論治官治民，整黨整軍，是有一套的。本文在上一節詳細分析了習為改造中共建立權威而採取的政治手腕，本節分析他在經濟、社會、意識形態、外交和軍隊等方面所採取的政策、措施和做法。

1、國家治理現代化與習氏「法治」

大國治理總要有一個總綱或者主線。對習來說，這個總綱或主線是國家治理現代化。這是習在他的兩任十年特別是後五年著力推進的事情，官方稱之為「治理體系和治理能力的現代化」。二十大在此基礎上，進一步把它發展為中國式現代化。中共十八屆三中全會通過的〈關於全面深化改革若干重大問題的決定〉首次提出「推進國家治理體系和治理能力現代化」，這也是中共第一次把國家治理體系和治理能力與現代化聯繫起來。二〇一九年十月，中共十九屆四全會正式把國家治理現代化作為黨的決議，通過了〈關於堅持和完善中國特色社會主義制度、推進國家治理體系和治理能力現代化若干重大問題的決定〉，雄心勃勃要在中國開展一場國家治理體系和治理能力的現代化試驗。

這是一個龐雜的體系，它涉及國家治理的方方面面。將國家治理和現代化掛鉤，指明國家治理的總方向就是現代化，本來這個方向是對的，習看到了中共治理存在的問題，即還在用前現代的手段和方式治理中國。然而，就像一個醫生，摸到了病症，卻開錯了藥方。現代化的含義雖然在理論上有很多爭議，現代化不等於西方化，但是，人類所走過的現代化基本是西式現代化，那些已經成功進入現代化的國家都是按照西方的模式走的，雖然在具體的制度設計上會根據本國的國情和文化傳統進行調整，但根本的特徵都相同。而那些尚未現代化的國家，大多數是西式現代化的變種。

習以他的認知水平，認為現代化的道路並非只有西方一條，中國有自己的特殊國情，不能走西式現代化，中國的國家治理現代化只能是在中共領導下，堅持中國特色社會主義方向的治理現代化。換言之，中國的治理現代化不能脫離社會主義方向，且在中共領導下，否則現代化就走向邪路。但即便按照這個邏輯，中共自身的治理也有一個現代化的問題。如果黨的統治不能現代化，即政治制度現代化，習要實現其他方面的治理現代化根本就無從談起。

然而，正是在黨自身的現代化這點上無法實現。二〇一八年一月五日，習在新進中央委員、候補委員和省部級主要領導幹部學習十九大精神研討班的講話中，還在批中共應從革命黨轉向執政黨的說法，指中共是馬克思主義執政黨，但同時也是馬克思主義革命黨，實際強調的是中共始終要保持革命黨的本色。如果中共不把革命黨的標籤扔掉，它就不能真正變成一個現代化的執政黨，因為革命黨有自身的邏輯，它會按照革命的邏輯而非執政的邏輯去治理和領導國家。這樣，所謂中國式的治理現代化，就完全搞錯了歷史發展的方向和路徑，國家治理的現代化最多只能是在治理的技術層面上借鑑和模仿西方公共治理的做法，提高各級政府的社會治理的能力和水平，以緩和日趨嚴峻的社會矛盾。這就是習理解的治理體系和治理能力現代化的全部內容。

從治理的技術層面來說，中共的治理也確實有很大的改進和提高空間，其中問題最突出，具有現實操作空間的是治理的法制化。中共官員現在一般學歷都很高，文化水平乃至科學素養並不缺，最缺的是以法辦事的精神。這一方面是因為法律體系的不完備，很多事情無法可依，另一方面更多是官員不遵守法律，不依法辦事造成的。因為依法權力就要受到約束，而中共的官員無法無天慣了，在他管理的地盤，他的話就是法律。大量的社會矛盾和衝突就是這樣引發的。這種情況當然不可能長期持續下去，對習來說，他也不允許在他這個「大皇帝」之下，有無數個「小皇帝」、「土皇帝」存在，這樣不是對他權威的加強而是削弱。換言之，習可以搞獨裁和專制，他下面的大小官員，從國務院總理到鄉鎮長，則不准搞獨裁和專制。而限制這些領導幹部東施效顰的最好辦法，是要他們講規矩，凡事皆有規矩可言，按規矩做事。在習看來，規矩即法，在黨內是規矩，在國家就是法。所以，他在黨內大搞政治建設，說穿了是要在黨內立一大堆規矩，讓官員明白自己所處的位置，不逾矩，杜絕非分妄想；對國家則推行「法治」，建設法治中國。法治中國的實際含義就是把黨內的規矩套在法律的外衣上，將黨內法規的制定和執行用一套程序加以規範，讓它變得看起來科學，貌似法治，要求領導幹部提高政策和法律的執行能力和水平。畢竟「法治」這個詞好聽，現代國家都是法治國家，習要自己治下的中國免得被人批評為前現代國家和社會，於是也就葉公好龍，大搞法治建設，彷彿一套上「法治」的外衣，中國就真成為一個現代化的法治國家。

然而，習理解的法更傾向於中國法家的「法」而不是現代意義上的「法」。傳統社會和國家並非沒有法，是朕即法，法是統治者的意志的體現，隨統治者的權力和意志而變，因此，權在法上，皇帝是不受法約束的。它不是現在所說的法，或者說是「權法」。而現代國家是權在法下，以法治理，法即是權。此乃現代國家、現代社會區別傳統國家、傳統社會的標誌。中國要真正成為現代國家和社會，也應該以法來約束和限制權力，中共就必須在法之下治理社會。可習的依法治國，以及他要建立的法治中國，並不是這樣，雖然在某些與政治無關或關係不大的事情上，也強調程序正義，在涉及經濟和社會治理的領域，也立了一些現代法律，但它主要的立法精神，還是法出自權，是中共特別是習近平意志的一種法律化、條文化，黨仍然高居法律之上，而非法律之下，受法的約束和節制。因為這樣一來，他本人的權力就必須受法制約。但習不想自己的手被法捆住，他在二十大黨章的修改中，甚至將「兩個維護」作為黨員必須遵守的義務寫入黨章條文。所以，中共的經典表述是它「領導人民制定法律」。換言之，中共作為一個組織是不受法約束的，習作為黨的人格化身，也就免受法的約束。這些年中共對建設法治國家投入了大量資源，建立了一個形式化的法律框架，事事看似有法可依，改變了過去「無法無天」的情形，似乎這樣就現代化了，但習的法治實際上還是「權治」，包括用「酷法」辦理政治案件，在這方面它更接近法家，法只是被習當作工具使用。

中共法律工具化的一個方面，是政治問題、政治事件法律化，由於中共現在不承認有政治鬥爭、政治反對派、政治犯，於是將言論問題、政治反對派的行為當作刑事問題和刑事案件，用刑法來處理。從這個意義上，和中國傳統王朝一樣，習政權也是一個典型的馬（馬克思）表法（法家）裡的專政政權，習式法治是習近平集權和為中共統治保駕護航的工具，用來確保習的權力和權威不受各種勢力包括黨內反對派的挑戰。

2、精準扶貧、全面小康、兩個百年與新兩步走

國家的發展有了總綱或主線後，還需藍圖和路徑。兩個一百年就是習為實現民族復興的中國夢規劃的藍圖目標和路徑。兩個百年指的是到中共成立一百年亦即二〇二〇年全面建成小康社會，再在這一基礎上，到新中國成立一百年亦即二〇四九年建成富強民主文明和諧美麗的社會主義現代化強國。兩個百年並非習的創新，鄧在改革開放初期曾用「小康」來詮釋中國式現代化，江在中共十五大首提「兩個百年」的奮鬥目標，以後胡也沿用這一稱法。雖然這是中共幾代領導人的一個規劃藍圖，但是比起他的前任來，習對此更加自覺，投入更多的時間、精力與資源去推動。他還把第二個百年分成兩個階段，即用十五年，到二〇三五年基本實現社會主義現代化，然後再用

十五年，到二〇四九年完全實現現代化，並在二十大冠之為「中國式現代化」。這是習氏「新兩步走」戰略。兩個百年和「新兩步走」戰略反映了他的雄心，中國雄厚的國力也為他提供了可折騰的條件。

然而，習不大可能活到中國現代化完全實現的那一天，即使他足夠長命，也不可能屆時還在統治中國。但二〇三五年他是能夠看到，而且也很可能繼續統治中國。這就是他把第二個百年分成兩段的原因。不論第二個百年的目標任務能否在他手上實現，第一個百年的目標任務必須在他領導下取得，這個歷史功績他不能讓別人搶走。可要占有這個功績，全面建成小康社會，前提是解決貧困問題。

中國改革初期，八億人口七億多貧困，此時中共建政將近四十年，這是中共對人民尤其農民欠下的巨債，是它的恥辱。某種程度可以說，鄧發起改革是帶有一種還債心理。改革三十多年，解決了大部分貧困問題，不過，到習二〇一五年部署脫貧攻堅時，按照現行貧困標準，尚有近一億人處於貧困狀態。習知道這對他來說，是收穫底層民心的一個極好機會，所以他宣布要在中國進行精準扶貧。根據官方的解釋，精準扶貧的含義是，針對不同貧困區域環境、不同貧困農戶狀況，運用科學有效程序對扶貧對象實施精確識別、精確幫扶、精確管理的治貧方式。換言之，誰貧困就扶持誰。習首次提出精準扶貧是在二〇一三年十一月他到湖南湘西考察，在此後的八年裡，他先後七次主持召開中央扶貧工作座談會，五十多次調研扶貧工作，走遍了十四個集中連片特困地區。到二〇二〇年，他的五年扶貧攻堅計畫如期完成，九千八百九十九萬農村貧困人口全部脫貧，八百三十二個貧困縣全部摘帽，十二萬八千個貧困村全部出列，區域性整體貧困得到解決，習自豪宣稱完成了消除絕對貧困的任務，提前十年實現聯合國二〇三〇年可持續發展議程的減貧目標。

從單項事情來說，也許除了反腐，沒有哪件事能讓習如此在意的。或許像當局宣揚的那樣，他真有「農民情懷」，畢竟有過七年知青生活，在陝西延安窮山惡水的梁家河度過了這段艱難歲月，讓他親身感受和體驗什麼是真正的貧窮。但這應該不足以使他決心要在中國消除「絕對貧窮」。今天來看，他用五年時間投入巨大資源用於精準扶貧，絕不是出自他對農民的憐憫，而是他由農村和底層的貧窮，看出了動搖中共統治的危險。中國在他統治時期，整體的大環境發生了改變，如果中共不能加快脫貧步伐，取得底層民眾的支持，那麼由此造成的兩極加速分化將不利中共統治，會讓中共合法性加速消退，故而他對脫貧有緊迫感。如果不能全部脫貧，也就無法實現中共第一個百年建成全面小康社會的目標任務。而這一點對他非常重要，他曾說：「全面建成小康社會，是我們黨向人民、向歷史做出的莊嚴承諾。」所以，他要以此來證明和顯示自己完全有資格和能力領導中國，成為毛澤東之後中共最偉大的領袖，進而也在全球昭示中國發展模式和道路的優越性。

習在二〇二〇年脫貧攻堅表彰大會的講話，就是這樣論證的。他總結脫貧攻堅取得的五個重大歷史性成就，其中之一是黨群、幹群關係明顯改善，黨在農村的執政基礎更加牢固；另一個成就是創造了減貧治理的中國樣本，為全球減貧事業做出了重大貢獻。這兩個所謂「脫貧成就」都和中共的統治合法性有關，在習看來，脫貧攻堅的勝利靠的是黨的堅強領導，體現了中共為人民的性質宗旨，有利於修補中共和群眾的關係，維繫和強化中共的群眾基礎。而為全球提供減貧和發展的中國樣本，也說明中共主導的發展模式具有外溢效應，進一步彰顯了中共統治的正當性和合法性。

用脫貧來改善黨群關係，修補中共的合法性，最後指向的還是習自己。沒有他對中共的領導和專注於推動減貧，就不會有如今中國的全部脫貧及其帶來的中共合法性的修補。當局宣傳機器毫不避諱這點，把脫貧成就歸功於習。對習而言，雖然他在幾個競爭者中競選中國領導人贏了，但要坐穩並且樹立起絕對的領導權威和地位，就必須建立事功。他選擇了兩個突破口，一是反腐，二是脫貧。貧困乃中國數千年都未能解決的問題，他規劃用五年讓中國整體消除絕對貧困，並在此基礎上宣稱完成了中共第一個百年的目標任務，有這個「彪炳史冊的人間奇蹟」，他再用兩個五年將中國帶領復興，別人也就無話可說，認可他的權威。這就是習要的敘事邏輯。

然而，習的精準扶貧「壯舉」，只能算政治帳，不能算經濟帳的。在他統治前期，中國的國力進一步增長，以致他有財力和資源可以動用，舉全國財力實施精準扶貧。可從嚴格的成本效益看，很多扶貧是沒必要的，是純粹浪費國家的公帑，是對資源的錯誤配置。這還不說減貧過程中是否存在腐敗。不計成本投入扶貧，考慮的主要是政治效果，因為如期消滅貧困變成了一個硬性政治任務，從而無形中又進一步強化了舉國體制的力量慣性。但是，即便不考慮扶貧的經濟效益，精準扶貧，消滅絕對貧困的效果也是被誇大了的，因為中國的絕對貧困線低於聯合國的標準，按照後者計算，中國依然還有上億貧困人口。總理李克強在二〇二〇年的兩會上就透露，中國有六億人每月收入只有一千元人民幣，當然，對習來說，在宣布全面脫貧和建成全面小康社會後，貧困問題就不再是他關心的焦點了。

3、混合改革、新國企、內循環與自力更生

在習統治的十年，他在經濟方面的政策是多變的，第一任期的五年特別是前三年，他在黨內的壓力下，表現出要銳意改革的態勢。十八屆三中全會做出的〈關於全面深化改革若干重大問題的決定〉，提出到二〇二〇年，在重要領域和關鍵環節改革上取得決定性成果，完成改革任務，形成系統完備、科學規範、運行有效的制度體系，使各方面制度更加成熟更加定型。當時讓中國的自由派非常振奮，誤以為他要接續鄧小平的改革傳統。三中全會全面深化改革的決定，確實是一個雄心勃勃的改革計畫，是當局少有的對改革進行頂層設計又非常細化的改革工程。它不僅僅是一個經濟改革的計畫，而涉及國家治理的方方面面，其總目標著眼於完善和發展中國特色社會主義制度，推進國家治理體系和治理能力現代化。如果按照決定的精神和路子走下去，中國仍然是共產黨統治的國家，但面貌會和今天大不一樣。然而在習成為核心大權穩固後，特別是在他的第二任期，早把決定拋之腦後，一系列反市場和反社會的做

法讓改革停滯，在內外環境的壓力下，他開始部署經濟雙循環，倡導自力更生，儘管在官方的宣傳上，改革仍是一個神聖字眼，習也言必稱改革，在二〇二〇年盤點改革成效時，宣稱決定提出的四百多項改革任務，都已完成。

三中全會決定雖是一個全面深化改革的目標計畫，但經濟改革依然是其中的重點和可操作的部分。雖然經濟改革後來也事實停止，然而，有一項所謂的改革卻保留了下來，這就是在混合改革的名義下壯大國企。中國在江朱時期，曾經實行過殘酷的抓大放小的國企改革，大部分中小國企都被賣掉，賣不掉或者不能賣的多是央企和重要的地方國企。這些被保留下的國企一方面數量還是太多，另一方面雖然有一些國企提高了效能和競爭力，但多數內部機制沒有得到改善，企業競爭力不強。到胡溫時期，由於民意的強烈反彈，國企改革乃至經濟改革被迫停頓。國企的總體效益依然低下。

習上臺後，他的經濟管理團隊還是江胡時期的班底，這些經濟官員可以被稱為廣義上的改革派，還想重啟經濟改革，所以三中全會決定提出積極發展混合所有制經濟，指國有資本、集體資本、非公有資本等交叉持股、相互融合的混合所有制經濟，是基本經濟制度的重要實現形式，有利於國有資本放大功能、保值增值、提高競爭力，有利於各種所有制資本取長補短、相互促進、共同發展。

然而，習理解的，或者他心中盤算的混合改革非如此，他要藉混合所有制改革搞國進民退，壯大國企，這和他的經濟官員的想法是不同的，後者固然有用民企機制激活國企的目的，但將私人資本引入國企，更多考慮的還是要打破國企壟斷，讓民企分享豐厚的利潤，從而讓民企得到快速發展，但習是從維護中共執政根基和黨國利益的角度看待混改的。他要壯大黨的統治的經濟基礎。習不信任私人資本，認為私人資本發展起來後遲早要和中共分庭抗禮，這在下一小節會論述。習把強國的目標寄託在國企身上，國企才是他心目中的黨的親兒子，而私人資本和企業則是來覬覦財產的，但是國企的現狀又讓他很不滿意，因此，他要通過混改打造新國企。十八屆三中全會決定允許私人資本參股國企，然而實際推行的國企改制私人資本不能控股，沒有企業的決策和監督權，等於變成為國企解困。根據國資委公布的數據，從二〇一三年以來，中央企業引進了各類社會資本超過一點五萬億元，混改企業的戶數超過了央企法人單位的百分之七十以上，上市公司已經成為混改的主要載體。混改的另一類型是國資入股民企，特別是在疫情發生後，民企遭受很多困難，國資乘勢介入，名為「紓困」，實為打劫，一批在行業內有影響力的民企被國企吞併。當局也在國家戰略鼓勵發展且符合國企自身產業結構調整方向的領域，通過混改，讓國企用較少的資本就取得民企控股權。

習也不是完全不想進行經濟改革，他的首席經濟智囊、國務院副總理劉鶴提出了供給側改革被他接受。這一改革是針對中國傳統產業的過剩產能以促進產業升級。中國的鋼、鋁等傳統產業都有龐大的產能，國內無法消化——它也是習推出一帶一路倡議的原始動機。過剩產能消化不了，落後產業淘汰不了，產業轉型和升級就困難重重，中國也許就永遠鎖在中低端產業。現在來看，習的供給側改革成效不彰，原因在於疫情進一步加劇了產能的過剩；另外，新產業的創造需要一個自由開放的環境，而中國這些年對思想的鉗制也最嚴重，所以產業和企業創新，充其量能夠做到政府控制下的創新，不可能有熊皮特（臺灣熊彼得）意義上的企業家的破壞性創新。

不過，相對經濟改革，經濟開放在過去十年特別是二〇一八年後有較大力度的推進。這主要是在外部壓力特別是為因應特朗普的關稅戰和美國的經濟脫鉤做出的。但是習也在做兩手準備。畢竟更大力度的開放只是中國單方面的願望，如果美國對中國的戰略遏制不停止，經濟、科技和供應鏈的完全脫鉤並非不可避免，即使中國打開大門，西方國家也無人敢進來，屆時就不得不完全立足國內。儘管這種可能性很少，可要有備無患。現在華盛頓對中國採取的是「小院高牆」的脫鉤方式，在高端科技特別是在芯片（晶片）領域，已經完全脫鉤。為因應這種情況，習二〇二〇年五月在遲開的中國兩會上，提出了以國內大循環為主體的國內國際雙循環相互促進的所謂新發展格局，而後成為習的經濟指導思想。

根據當局的闡釋，基於內循環的雙循環發展格局，重點是補產業和金融安全以及核心技術缺乏的漏洞。中國雖有全產業鏈優勢，但大部分產業還處於中低端，在高端產業和一些關係國防和經濟金融安全的戰略性產業上，中國的自主創新能力差，容易被美國卡脖子，華為就是一個例子。但這些產業對經濟發展、中國打贏新冷戰以及穩定中共統治，又起著十分重要的作用。雙循環特別是內循環的提出和推進，既可看作習的某種無奈和自我孤立，也是他的主動求變，與其到時中美攤牌手忙腳亂，被動應付，不如現在尚有空間主動調整。

建立經濟內循環需要足夠時間，在這一過程中，習能夠依賴的，只有舉國體制和自力更生，後者換一個說法，是自主創新。舉國體制是中共的制度優勢，它在某種極端情況下確實有效，然而，像高端芯片等對工藝和技術有著極嚴格要求的科技，並不是靠人多，搞人海戰術就能克服的。中國是否能補上科技和金融的短板，有待時間去驗證，但對習而言，即便不能完全補上，只要打通了經濟內循環，當中美決裂到來時，至少能防止它衝擊到中共的統治。

4、思想罪、權資衝突與動態清零

本文在習近平的權力崛起一節中，指習採取的策略是「兩手出擊，兩手都硬」，本小節論述他對民的一手。習在治民上，也是主動出擊，勇於「亮劍」的，無論在思想和意識形態領域，還是社會管理，或者權力和資本的關係上，習都採主動攻擊的姿態。

二〇一三年八月，當局召開全國宣傳思想工作會議，習在講話中強調，意識形態工作是黨的一項極端重要的工作，宣傳思想工作就是要鞏固馬克思主義在意識形態領域的指導地位，鞏固全黨全國人民團結奮鬥的共同思想基礎。二〇一八年八月，當局再次舉行全國宣傳思想工作會議，習再指出，建設具有強大凝聚力和引領力的社會主義意識形態，是全黨特別是宣傳思想戰線必須擔負起的一個戰略任務，要把堅定「四個自信」作為建設社會主義意識形態的關鍵，鞏固壯大主流思想輿論，旗幟鮮明堅持真理，立場堅定批駁謬誤，做到任務落實不馬虎、陣地管理不懈怠、責任追究不含糊。上述兩次宣傳思想工作會議，為習的十年的思想、理論、宣傳管理定了調，它的目的只有一個，改變胡時期面對社會的各種「錯誤」思想的流行和民間對中共的抵制與反抗，官方意識形態管理部門不敢作為，被動防守，節節敗退的狀況。

中共的破產，首先在意識形態上，但它又不能拋棄馬克思主義，因為這是其遮羞布和政權合法性所需。習明白，在所謂新時代，若任由西方資本主義的思想在中國氾濫，進行和平演變，不但他的「強國夢」難實現，中共也有可能變天。所以，對「錯誤思想」及其傳播和鼓吹者，必須嚴厲打擊。黨媒必須姓黨，不能給錯誤思想提供舞臺，而是要讓正確的思想占領輿論陣地，為民眾提供「正能量」。習給全國人民提供的「正確思想」，當然是以他的名字命名的習思想。上臺伊始，習即指示高校「七不講」，官媒猛批憲政，公安機關部署「淨網」行動，清理互聯網，清除各種「雜音」，當局為此發明了一個詞，網絡（網路）「尋釁滋事」，將那些在網上煽動民心、暴露官場黑幕、傳播虛假信息、挑戰黨的意識形態的人，一律以刑法的「尋釁滋事」治罪。二〇一九年官方出臺了《英烈保護法》，又多了一件打擊異見的法律工具，凡不符合當局歷史觀的文章和言論一概被斥之歷史虛無主義，對革命英烈和官方宣傳的英雄人物等如有不敬，以侮辱名譽治罪。

習當政的十年，官方製造的文字獄和思想犯恐怕要超過鄧江胡時代的總和。一批網絡大v成為當局打擊的目標。尤其對敢把批判的矛頭對準習，要求在中國實現自由民主憲政的異見人士，當局打擊起來更不手軟。在官方的文字獄和思想犯中，許章潤、許志永、任志強、羅昌平等尤受關注。習的輿論一律，對思想言論的鉗制，造成的後果就是偌大一個中國，萬馬齊喑，思想理論界死氣沉沉。

獨裁統治者不但害怕思想，更害怕有組織的維權行動，不允許有脫離其控制的民間組織的存在和發展，特別是帶有某種政治理念和目的的民間組織，不論它是否政治性組織，對這樣的組織一律取締，這種組織的行動者，一律打壓。習在這方面的「傑作」，莫過於七〇九律師維權群體，直接涉及該案的律師和人士，多達幾十人，間接受害者則有幾百人。很多人都被判了重刑。這是他製造的最為臭名昭著的案件。

習也把清理的對象指向演藝界和飯圈。當局二〇二〇年對演藝明星開展了名為「清朗」行動的整頓。這個詞的意思是說演藝圈是不乾淨的，演藝明星們不把功夫放在演戲上，塑造符合社會主義理想的好角色，為社會傳遞正能量，而是追逐流量和吸金，用低級下流取悅觀眾，用娘炮文化汙染青少年，給青少年傳遞錯誤的人生觀和世界觀，讓中國的下一代在這個偉大時代喪失鬥志，不符合習要打造的社會主義「新人」目標。他要的是一個乾淨純潔的社會主義，下一代有共產主義的理想，而演藝明星們在這方面能起獨特的榜樣作用，所以當局要用社會主義的意識形態改造他們的思想，完善個人道德修養，即使成不了社會標兵，至少「黃賭毒」是不能沾的。

當局對演藝界的整頓還帶有另一目的，即阻斷資本對演藝界的染指，將明星們從「銅臭」中解放出來。中國的演藝界確實和資本有深厚關係，演藝界受資本控制，塑造的形象和創造的藝術就體現的是資本的利益和世界觀，而不是習所鍾情的社會主義意識形態。這讓習感到擔憂，他害怕資本的力量太大，如不節制，最後一定會挑戰黨的統治和他的權力。所以從二〇二〇年開始，當局以反壟斷和強監管之名，發起了一場針對平臺企業和教培行業的整治，馬雲的阿里系、滴滴和新東方等受到重點打擊。馬雲明顯表露出對當局金融監管政策不滿的野心，滴滴違背當局旨意強行在美國上市涉嫌數據安全，新東方對輔教行業的長期壟斷擾亂了教育目的，都是習不能容忍的。就中國社會的各種力量而言，儘管中共的政治反對派表現得最活躍，但他們在可見的未來尚沒有實力去挑戰中共的統治，有這種實力和工具的是資本和私人企業家。中共改革四十年讓資本的力量壯大，而資本有資本的意志和邏輯，它必然要在中共內部尋找政治代理人，和官員進行深度勾結，培植利益集團，最後從內部瓦解這個黨，只有如此，才能保護資本的利益。而習對資本特別是大資本是不信任的，他也許預感到此種危險，因此要讓資本明白，在中國挑戰中共的權力絕不允許。在當局和資本的較量中，習取得了勝利，然而代價就是資本和企業家的躺平，中國經濟也因失去資本的驅動力而陷入蕭條。

習對社會的嚴厲管控最後不得不提疫情。三年的抗疫，習採取野蠻的動態清零特別是封城這種極端措施，實際把整個中國變成了一座大監獄。抗疫打著保護和減少人民生命損失的旗號，在中國試驗了一把在極端條件下類似軍管的社會管控模式，將人的自由完全剝奪，大數據和無處不在的監控讓人逃無可逃，完全成了一個透明人，從而將習的新式極權發展到極致。在這種監控和極權面前，人甚至連反抗的意志都沒有，這使人非常沮喪。但對習來說，這套控制模式和機制，確保他的統治不動搖。

5、東升西降與戰狼外交、一帶一路與人類命運共同體

習時代的中國外交被稱為戰狼外交，它源於習的兩個判斷：百年未有之變局和東升西降。本文第一節在論述習的戰略野心時曾解釋過這兩個判斷的含義及對習的大戰略的影響，而在外交上它們就直接促成了風格的轉換，讓中國外交從之前的軟綿綿變得逞強好勇，具有進攻性。不過，要準確地認清習的外交及其戰狼風格的形成，需要瞭解過去十年當局召開的三場重要外事會議，習氏外交的密碼就藏在這三場會議裡。它們分別是二〇一三年十月的中國周邊外交座談會、二〇一八年六月和二〇二〇年十一月的中央外事工作會議。

周邊外交座談會是習上臺才一年舉行的，然而已經試探著展露他的外交野心。該次座談會提出了中國周邊外交的戰略目標是服從和服務於實現「兩個一百年」奮鬥目標，以及親、誠、惠、容的周邊外交理念和命運共同體。二〇一八年的中央外事工作會議，習已成核心，大權在握。這次會議一共提出了十個堅持，即堅持以維護黨中央

權威為統領加強黨對對外工作的集中統一領導，堅持以實現中華民族偉大復興為使命推進中國特色大國外交，堅持以維護世界和平、促進共同發展為宗旨推動構建人類命運共同體，堅持以公平正義為理念引領全球治理體系改革，堅持以國家核心利益為底線維護國家主權、安全、發展利益，堅持以對外工作優良傳統和時代特徵相結合為方向塑造中國外交獨特風範。二〇二〇美中對抗已是一個無法逆轉的過程，該年的中央外事工作會議提出三個「要充分估計」，即充分估計國際矛盾和鬥爭的尖銳性、國際秩序之爭的長期性以及周邊環境中的不確定性。中國外交要堅持中共領導和中國特色社會主義，堅持中國的發展道路、社會制度、文化傳統、價值觀念。絕不能放棄中國的正當權益，絕不能犧牲國家核心利益。外交要貫徹落實總體國家安全觀，增強全國人民對中國特色社會主義的道路自信、理論自信、制度自信，維護國家長治久安，要堅決維護領土主權和海洋權益，維護國家統一，妥善處理好領土島嶼爭端問題。

從這三次會議來看，習外交的目標任務有三個：一是維護中共的統治和制度安全，二是維護中國的發展利益和國家安全，三是推進人類命運共同體建設。這三者在根本上利益是一致的，但是也有一些層次上的差異。維護中共的統治地位和制度安全是首要的目標任務，其次是維護中國的發展利益和國家安全，最後是在國際上推進人類命運共同體。雖然前兩者在絕大多數時候是混合在一起的，特別在中共的官宣中，往往把中共包裝成國家利益的維護者角色，然而，這種層次上的差異也表明，在極端情況下，當維護中共的統治和國家利益存在衝突時，習亦可以犧牲國家利益來保護中共的統治地位，甚至也有可能不僅以犧牲國家利益，也犧牲中共的利益來維護習的統治地位。換言之，在獨裁政體下，維護政黨、小團體乃至獨裁者個人和家族的利益，是國家外交的核心目標。也許對獨裁者本人來說，他有很強的民族主義情節，也常常以維護民族利益自許，但獨裁統治的邏輯決定了這一點。當然，中國的國家力量現在讓習無須在維護中共統治安全和國家利益間必須做出抉擇，也是外部環境的危險性尚未到此種情形。

人們更多注意的是習外交的後兩個目標任務，尤其是構建人類命運共同體，以為習提出這一目標任務是要推翻現行的國際秩序和架構，讓世界處於中國的領導和支配下，將中共的一套體制和規則推廣到全球，變成世界的標準，美國及西方輿論就是如此解讀的，由此才會有全面的抗中。習有沒有這種野心，人類命運共同體的真實含義到底是什麼，將在後面討論。就這三個目標任務而言，作為外交核心目標的維護中共統治安全，只能處於一種被動狀態，即守勢，而不能採取主動出擊的進攻姿態，因為在這一點上要採主動進攻，就必須以在全球傳播共產主義為使命。中共統治最核心的一點，除了一黨獨霸政權，就是它的共產主義意識形態。儘管這個意識形態早已破產，連它的黨員都不信，但它必須還是要公開打出這個旗號，這是維繫中共統治的要件，如果放棄共產主義，雖然中共可能還在執政，但它就不是原來意義上的共產黨，而且放棄共產主義這面旗幟，中共很可能分裂瓦解，失去統治地位，所以共產主義對維持中共的統治還是有非常大的作用，黨員可以不信，但這個面具必須有。然而，這並不意味著習也要在全球推行共產主義，把中共的意識形態強加給世界。這當然是因為他清楚，這根本行不通。蘇聯東歐的崩潰，已經宣告了共產主義在全球的破產，中國和少數幾個社會主義國家還在堅持它，是有歷史的慣性，就算習再昏庸或者再自大，他亦明白，把共產主義這套反人性的意識形態強加給其他國家，它們是不會接受的；而且中國目前也沒有這樣的實力。因此，人類命運共同體肯定不是習要再重新復活共產主義，他沒有這方面的野心。

既然維護中共統治安全本身處於守勢，那要使它不受損害，就須採取別的辦法，在習看來，維護中國的國家安全和發展利益，可以起到維護中共統治安全的作用。因為中國的國家安全和發展利益守住了，中共的統治地位自然也就有了堅實保障，而在維護國家安全和發展利益上，是可以採取攻勢的，國家的發展利益越擴張，中共的統治就越堅實。

習在擴張中國的發展利益上，最主要的政策工具是一帶一路。一帶一路不是一個外交計畫，而是經濟計畫。它的原初目的，是要利於中國的基建優勢，將過剩產能向全球主要是發展中國家推銷。習二〇一三年九月到訪哈薩克斯坦（哈薩克），提出共同建設「絲綢之路經濟帶」，又於同年十月在印尼提出共同建設二十一世紀「海上絲綢之路」，這是一帶一路的萌芽，它的正式提出是在同年十一月中共十八屆三中全會，一帶一路升級為國家戰略，並在二〇一五年二月成立一帶一路建設工作領導小組，由時任副總理張高麗做組長，王滬寧、汪洋等為副組長。與一帶一路配套、作為融資工具的主要有亞洲基礎設施投資銀行和絲路基金，前者成立時有二十多個國家發起，包括除美日外的主要西方國家，現在已經有一百多個國家加入。首屆一帶一路國際合作高峰論壇二〇一七年五月在北京舉行，至今已舉辦了兩屆。

一帶一路打出的旗號是為廣大的發展中國家改善基礎設施建設，實現世界的互聯互通，然而，不管習在醞釀該計畫時是否明確把它作為地緣政治工具，其客觀效果已經起到為中國擴大地緣政治影響力的作用。中國目前在全球影響力的擴張，主要還是通過經濟和貿易，而不是政治和意識形態，經貿影響力的主要表現，即是一帶一路。該計畫推進七、八年來，已經和世界上一百多個國家簽署了合作協議，其中不乏西方國家。也正是警覺到這點，美國和西方將一帶一路描述成中國試圖模仿西方過去對非西方國家的殖民侵略，為發展中國家製造債務陷阱，損害它們的主權。美國的「債務陷阱」說對一帶一路項目構成了一定的障礙，但未能阻止中國的力量藉一帶一路深入亞洲、非洲、中東、大洋洲、拉丁美洲的發展中國家。這從 G7 在二〇二二年宣布成立全球基建基金並在未來五年籌資六千億美元可以看出，G7 的全球基建基金被認為是西方版的一帶一路，它也明確表示，其使命就是為了對抗中國的一帶一路。

一帶一路實際成為中國外交的重要項目，在很多國家，甚至是主要目標。但一帶一路畢竟首先是一個經濟項目，出於經濟目的，為著經濟實利。習外交還要打造中國的道德高地，對其他國家具有道德感召力，這就要提出一個外交目標。人類命運共同體就是這樣一個東西。習首次提出該概念是在二〇一五年九月，他在聯合國總部舉行的紀念聯合國成立七十週年大會上發表題為〈攜手構建合作共贏新夥伴　同心打造人類命運共同體〉的講話，而後該表述成為官方的外交目標。但是正如本小節前面指出的，人類命運共同體的提法不是要在全球輸出共產主義，或許它是中國儒家「大同」理想的現代翻版。在習看來，美國治下的國際社會和國際秩序是不公正的，西方發達國家藉著先發優勢，至今還霸占著重要的國際機構，國際的規則還由它們制定，占有國際秩序的最大好處。這種不公正需要修正，發達國家需要讓渡更多利益給發展中國家，世界需要新秩序，國際社會需要成為一個平等的大家庭，就像中國儒家描繪的大同世界一樣。人類是一個命運共同體，大家休戚與共，每個國家不分大小，平等相待，在國際社會真正踐行民主原則，就不會有霸權和戰爭。這大概是習倡導人類命運共同體所設想的內容。

那麼，中國在這一平等的國際大家庭中將處於什麼位置？每個國家雖然大小平等，但畢竟能力有所不同，所承擔的責任義務也不一樣，因而還是需要領頭羊的。過去的領頭羊是美國和西方，但隨著中國崛起，至少和美國一同成為另一隻領頭羊。換言之，習的野心也許不是美國和西方猜想的要取代美國成為全球老大，因為就算他的野心再膨脹，也不會認為中國的國力到了可以超越美國的地步，即使可以超越美國，也是以後的事，而不是現在，因此，他的目的應該是謀求和美國平起平坐，一起領導世界。他多次說過太平洋足夠大，可以容納中美兩個大國共存，就是這個意思。

準確地說，習是一個現行國際秩序的修正主義者，而不是顛覆者。因為後者不符合中國的利益，中國自己也承認在現行國際體系下是最大受益者，既然受益最大，就沒有理由和動機將這個體系澈底顛覆。習要的是修正該體系對中國不公的地方，給中國更多的權力，乃至成為國際體系的領導者。這無所謂對錯。當國家的實力崛起後，每個國家都會謀求和自身實力相稱的地位和權力，習也不例外。他認為中國現在有能力向全球治理提供中國方案和中國智慧，但是美國要維護自己的霸權，阻礙中國崛起，不願把全球治理的更多權力給中國，卻要中國承擔很多的國際義務。這就是戰狼外交興起的歷史背景。

美中的對抗進一步塑造了中國外交的戰狼特色。本文將戰狼外交定義為用一種階級鬥爭的思維方式來看待國際關係，以一種好勇逞強的形式去從事外交，它不但表現在外交政策和行動上，更表現在語言的粗鄙化和挑釁性上。戰狼外交鬥爭性強，敵我意識分明，完全改變了鄧小平在八九「六四」後確立的韜光養晦外交的十六字方針：冷靜觀察、穩住陣腳、沉著應付、絕不當頭。習的戰狼外交由一系列內外因素促成，前面只是指出了一個方面，即使沒有外部環境的不友好特別是美國對中國的圍堵，中國國力上升帶來的大眾民族主義的膨脹也要求外交更要有所作為，積極進取。此外，戰狼外交與習的思想、眼界，對絕對權力的追求和穩固統治的需要是分不開的，後者讓中國的外交系統投其所好，使外交變成了國際鬥爭的場所。

早在二〇〇九年，習訪墨西哥會見華僑說了一番讓許多人如今還記憶猶新的話，他批評少數外國人對中國事務說三道四，說：「有些吃飽了沒事幹的外國人，對我們的事情指手畫腳。中國一不輸出革命，二不輸出飢餓和貧困，三不去折騰你們，還有什麼好說的。」這種典型的習氏語言此後成為習時代中國外交的經典語言。

外交也是內政的延續，服務於內政，尤其在威權體制下，領導人的執政風格直接會塑造外交的風格。中國外交的戰狼風格表現在它的進攻性上，是習鞏固一尊地位，滿足他在國際上做大國領袖願望的需要。習在內政上用階級鬥爭的思維去看待黨內不同力量，黨和社會的關係；他也是用這種思維和眼光去看待中國和外部世界特別是西方的關係，要求中國外交敢於鬥爭，善於鬥爭。在這方面，他完整地繼承了毛的鬥爭哲學，要塑造一個積極進取、敢做敢為的國家利益捍衛者的強硬形象，滿足日益高漲的民族主義對中國大國地位的渴望。他在本質上是把中國和西方特別是美國的關係看作一種敵我關係，因為只有美國才有力量阻止中國崛起，成為全球權力中心，所以美國是中國的最大敵人。有了這種敵我意識，才需要鬥爭精神。這種鬥爭精神把人們對戰狼外交的批評看作「中國威脅論」的又一翻版，是西方給中國量身定做的一個「話語陷阱」，因此，在美中對抗加劇的狀況下，指望習改變戰狼外交的基調，是不可能的。

6、軍改、航母與軍委主席絕對領導

在習的十年統治時期，如果說經濟改革停滯不前，政治和社會改革往後退，軍隊改革倒是力度頗大，而且就其改革要達到的目標來說，成效也很顯著。

中國的軍隊由毛創建，毛的軍事學說和他建立的軍隊體制支配著這支部隊。黨管槍是中國軍隊的絕對原則，就此而言，它不是一支正常的軍隊，也即不是人們通常理解的「國軍」，而是「黨軍」即「共軍」，雖然在很多時候，事實上是槍管黨，因為軍委主席才是中共真正的「老大」。

在毛的軍事理論的指導下，中國軍隊被稱為「人民軍隊」，軍隊的目標是打贏一場「人民戰爭」。雖然在國共內戰、朝鮮戰場上解放軍以堅強的意志以及犧牲無數士兵的生命在「人民戰爭」中趕跑了國民黨，將美軍逼退到三八線，創造了它的傳奇，但是此後這支軍隊由於指揮體系落後、武器裝備差以及長期缺乏訓練，戰鬥力迅速衰減，到一九七八年的懲越戰爭，靠人數眾多才勉強打勝。

改革開放後，解放軍在國家中的政治地位跌落，鄧掌管軍隊期間，曾進行百萬大裁軍，但對軍隊體制未進行太大改造，解放軍仍然是一支臃腫不堪的部隊。由於軍費嚴重不足，允許軍隊經商，它還染上了腐敗。到江胡時期，隨著中國經濟的發展，當局也投入了相當多的資源改善部隊的裝備，發展新式武器，特別是上世紀九十年代的海灣戰爭震驚了解放軍，讓解放軍見識了什麼才是現代化的軍隊和現代化的作戰，軍隊建設開始受到重視。江禁止軍隊經商，然而未能禁止部隊腐敗。相反，由於軍隊的相對封閉性，部隊的腐敗比地方嚴重得多。後來被查處的兩位軍委副主席郭伯雄和徐才厚以及一大幫將軍，都是靠腐敗層層上來的。這是一支不能打仗的部隊，體制的滯後性、局限性日益突出，指揮機構過時、人員素質偏低、專業能力嚴重不足，無法適應現代戰爭。習繼承的解放軍就是這種狀況，他上臺後即醞釀軍隊改革，要改革先應清除腐敗，習在部隊發動了一場大規模的反腐，與此同時，改革也同步推進。二〇一三十八屆三中全會做出軍隊改革的決定。二〇一四年三月，中央軍委深化國防和軍隊改革領導小組成立，習親任組長。二〇一五年七月，〈深化國防和軍隊改革總體方案建議〉出臺，同年九月裁軍三十萬人，十月出臺〈領導指揮體制改革實施方案〉，十一月印發〈關於深化國防和軍隊改革的意見〉，緊鑼密鼓，習的軍改由此正式拉開帷幕。

習對解放軍的改革幾乎是重構了這支軍隊的領導指揮體制、現代軍事力量體系、軍事政策制度以及軍事學說。按照軍隊當局的深化國防和軍隊改革方案，解放軍的改革分三步走，到二〇二七年實現建軍一百年奮鬥目標、到二〇三五年基本實現國防和軍隊現代化、到本世紀中葉全面建成世界一流軍隊，第一步以「軍委管總、戰區主戰、軍種主建」為主導原則，內容包括調整軍委總部體制、實行軍委多部門制、組建陸軍領導機構、健全軍兵種領導管理體制、重新調整劃設戰區、組建戰區聯合作戰指揮機構、健全軍委聯合作戰指揮機構等措施。二〇一五年十二月三十一日，解放軍陸軍領導機構、火箭軍、戰略支援部隊成立。二〇一六年一月，撤銷解放軍四總部，調整組建軍委機關十五個職能部門。該年二月，原七大軍區撤銷，建立五大戰區，九月十三日，成立中央軍委聯勤保障部隊。二〇一八年一月十日，新組建的武警部隊劃歸中央軍委管理。經過這些改革，解放軍的組織形態和架構同毛的體制幾乎截然不同，讓它看上去更像一支標準化、現代化的軍隊。

習在軍改的同時，也非常重視抓部隊的訓練、軍備和作戰，事實上，這也是整個軍改的組成部分。毛鄧時期，解放軍不但裝備過時，而且人員素質低下，訓練不足；江後期，中國的國防開支由於經濟快速成長開始以兩位數增長；到胡時期，解放軍的軍備和訓練得到一定改善，但是，仍然是一支戰鬥力不強的傳統軍隊。現代軍隊和現代戰爭需要新的作戰思想、作戰方式和現代武器，習非常清楚這點，在他主掌軍隊後，大力研發尖端武器裝備解放軍，加強實戰演練，尤其注重發展海空軍和火箭軍，大批新式武器，如空空、空地、地空導彈，先進戰略導彈、巡航導彈；新一代武直機、新型主戰坦克，指揮自動化系統、戰術軟件等列裝部隊。特別在高性能計算機（電腦）、載人航天、量子通信、激光（雷射）陀螺、人工智能、航空母艦等國防科技前沿領域，從過去的跟跑發展到並跑與領跑，某些方面甚至超越了美國，比如超高音速導彈，陸基中段反導系統。解放軍的航母也已經建造了三艘。二〇二二年六月下水的福建艦航母安裝了電磁彈射，這是繼美國福特級航母之後第二艘電磁彈射航母。這些新式武器都是最近六、七年發展起來的。很有可能在常規武器方面，解放軍的戰力僅次於美軍。

習的軍改讓解放軍有了脫胎換骨的變化，但是，有一樣它是不變的，就是黨對軍隊的絕對領導，無論如何改革，這一條是萬不能改的，不但不能改，還要加強，把這支黨軍變成「習軍」，即在習主席的絕對領導下。習在軍改的會議上強調，通過一系列體制設計和制度安排，把黨對軍隊絕對領導的根本原則和制度進一步固化下來並加以完善，強化軍委集中統一領導，更好使軍隊最高領導權和指揮權集中於黨中央、中央軍委。他之所以要撤銷軍委四總部，是因為四總部權力過於集中，事實上成了一個獨立領導層級，代行了軍委許多職能，客觀上影響了軍委集中統一領導。重塑解放軍的領導指揮體制，目的在於加強軍委集中統一領導、全面落實軍委主席負責制，真正使軍隊的最高領導權、指揮權集中於中央軍委，確保軍隊一切行動聽從中央軍委特別是習的指揮。有了軍隊的保駕護航，習的權力寶座也就穩如泰山，不明白這點，就難以真正透徹瞭解這次軍改的本質。

習近平的臺灣，他要收復它嗎？

在習的民族復興大戰略中，臺灣是關鍵的一環，缺了臺灣，習是無法將民族復興的這個圈畫圓的。所以本文將臺灣單獨列一節來論述。

臺灣是國共內戰的遺留問題。但在毛鄧時期，中國的軍事力量打不過臺灣海峽，無法解決臺灣問題，另一方面也是他們對統一臺灣實際並不著急，儘管鄧在上世紀曾把統一臺灣作為八十年代要完成的三大任務之一，為此還提出了一國兩制構想——該創舉最先是針對臺灣而提出的，後來才運用到港澳上。原因在於，那時臺灣是在兩蔣統治下，不管兩蔣和中共如何地不共戴天，他們都是民族主義者或者說愛國主義者，大陸不但是他們的根，而且自認中華民國是中國的正統。所以臺灣在他們手上是丟不了的，兩岸遲早要完成統一。

蔣經國去世得有些早，也選錯了繼任者。不過，在他統治的最後幾年，知道反攻大陸無望，也就不再做這個夢，而一心一意經營臺灣，把臺灣當作自己的家，啟用了一批臺灣本土幹部，開啟了臺灣本土化和民主化的進程。臺灣的民主化也就是臺灣本土意識生根成長的過程，從這個意義說，蔣經國無意（抑或有意）做了那個破局者。

江胡二十三年，臺灣完成了民主轉型，政黨輪替成為常態，與此同時，臺灣也完成了獨立建國的思想輿論和組織的結構轉換，開始同大陸漸行漸遠。大陸這邊，經濟發展還是中心任務，顧不上去解決臺灣問題，雖然軍事上有很大發展，但同美國相比，差距還非常顯著。大概他們也有一種看法，認為只要大陸的經濟和軍事力量繼續發展，臺灣終究是跑不掉的。儘管如此，面對越來越成氣候的臺獨，大陸感到事態有些嚴重，於是在二〇〇五年，全國人大針對臺獨制定了《反分裂法》，試圖為將來在臺灣用兵有一個法律基礎。

習上臺後，中國的崛起速度以一種超出世人預期的方式推進，同時中國的軍力也有一個爆炸式的增長，這給了他統一臺灣的極大信心。習提出民族復興的中國夢，制定兩個百年的奮鬥目標，要在二〇四九年中共建政一百週年實現民族復興，完成現代化。雖然習沒有說二〇四九年中國要實行統一，但這個民族復興的時間表實際也就為兩岸的最終統一劃定了一個最後的時間表，即在二〇四九年完成國家統一。事實上，中共的理論家們在解讀習的中國夢和兩個百年奮鬥目標時，也是這麼明確宣稱的。

為什麼說民族復興目標的實現之日就是兩岸統一之時，是習要表達的含義呢？道理很簡單，屆時臺灣沒回歸，中共如何向它的國民解釋中國已經實現了復興？中共當然也可以說，雖然臺灣尚未回歸大陸，但中國實現了民族復興也是事實，因為那時中國的國際地位可能確實比現在要高出很多。然而，這個說法要被國民接受，需要一個前提，即臺灣不尋求獨立，回到中共劃定的「九二共識」和「一個中國」原則上來，這樣中共就可以解釋，臺灣儘管還不被大陸統治，但認同「一個中國」原則，承認「九二共識」，兩岸是分治而不是分裂，臺灣的治權雖沒有回歸大陸，但主權屬中國，這就等同回歸中國，也即臺灣在形式上回歸大陸是遲早之事。如果沒有這個前提，中共連這個自圓其說的解釋空間都沒有。除非中共屆時放棄自己設定的民族復興的時間表。這種可能性當然存在，如果在未來三十年中國內部發生了意料不到的大的社會動盪，阻滯或中斷了復興勢頭，中共也就無暇顧及臺灣。但假如真出現這種可能性，也不排除中共的統治階層通過發動臺海戰爭來轉嫁社會危機。所以二〇四九年實現了民族復興的目標任務，在邏輯上也就必然意味著兩岸完成了統一。

不過，習也清楚，就算他長壽，能夠活到二〇四九年，屆時他已是九十六歲的老人了，不可能還在統治中國，這個統一之功就落不到他頭上，那他之前所做的所有準備都在為別人做嫁衣。人總是很自私的，習也不例外。毛讓中國站起來，鄧讓中國富起來，習讓中國強起來，這是習標準的中國復興的三段論敘述，前兩段已成歷史，無人會質疑，可強起來則還是現在進行時。強起來的標準是什麼？最有力的說服人的標準就是兩岸統一，不論和統還是武統，臺灣回歸大陸，表明中國的國力達到連美國都奈何不了的程度，這當然是名副其實的「強起來」。如果這個事情在他手上完成，這就是蓋世之功，習就成了民族英雄，他在黨內的歷史地位將直追毛，甚至超越毛。而且，統一臺灣也將為中共贏得民心和長期執政的資本。可以說，沒有哪件事比得上兩岸統一更能確立習在中共和中國歷史上的榮譽和地位，對民眾和國家更具象徵意義。就此而言，可以把中國的民族復興簡化成能否統一臺灣。這對像習這類一心想建立歷史宏偉基業的前現代領導人，是非常具有誘惑力的。有種說法認為，習搞集權和獨裁的終極目標，就是要在任上解決臺灣問題。他不會把這個事情、也不會把這個榮譽留給他的繼任人。客觀說，習集權和獨裁的主要目的，還是要挽救共產黨，但臺灣也是其目標之一。

臺灣不但關係習的中國夢能否畫圓及其歷史定位，事實上也關係他退位或卸任後能否安享晚年。這些年他在黨內外樹敵太多，二十大更是組建一個清一色的權力班子，將團派和改革派徹底清理出局，從來沒有一個中共領導人，權力空前強大，卻像他這樣四面樹敵，幾乎將所有的權勢和利益集團都得罪了。這並不符合中共的歷史哲學，在這個意義上，他是一個非典型的中共領導人。但這也為他帶來了危險。現在他平安無事，是因為大權在握，反對派對他奈何不得。然而，一旦掛冠而去，他的敵人勢必要對他進行清算和政治反攻。但假如解決了臺灣問題，這件巨大的歷史功績將成為他的護身符，之前他所做的所有讓人不愉快的事情都會被人民一筆勾銷，人們只會記住他統一國家的功勳。任何人與他為敵，都是與人民和歷史為敵，在這種民意面前，那些對他恨之入骨的反對者不敢輕舉妄動，甚至很有可能他挾統一之功終身執政。

上面的論述告訴我們，習實際的兩岸統一時間表要大大地提前，這個時間應該是二〇三五年。那時他接近八十三歲，以現在人的長壽，這個年齡還不算太老，如果身體健康，領導國家沒有問題。而他修憲的真實目的，或許不是要終身執政，而是再連任三屆，到二〇三七年八十五歲時任期結束，把統治之棒交給他選定的接班人。也就是說，在他最後一個任期結束前要解決臺灣問題，而這個時間很可能在二〇三五年。因為這一時間恰好是習規劃的中國全面建成現代化的第一階段。習將第二個百年實現中國的現代化分成兩個時間段，第一個時間段截止到二〇三五年，初步建成現代化。他之所以如此設計，顯然是考慮到了他的年齡和任期問題，要在卸任退下來前即在二〇三五年完成中國的統一大業。所以，二〇三五年會是習實際的統一臺灣的最後日期，除非屆時外部環境發生了非常大的變化，或者習的健康出了問題，否則他不會在這個時間點後把收回臺灣的任務交給他的繼任者去完成。

一人統治的體制，領袖的個人願望是判斷時局的重要因素，而習是一個確實想做事的人，他的野心和對歷史地位的渴望會讓他在臺灣問題上孤注一擲，儘管如此，有沒有一種可能，習最後放棄收復臺灣的計畫，不想青史留名。理論上當然不排除，但實際很難做到。毛可以把解放臺灣留給後人，無人敢質疑他的做法，也不損他的權威。鄧也可以不去統一臺灣，對他的權威一樣沒有損害。可習不能，如果他不去解決臺灣問題，想取而代之的人就會蠢蠢欲動，拿臺灣向他發難，他手下一大幫想建立軍功的將軍們也會對他不耐煩，有可能拋棄他。根本的原因就在於，毛鄧無須用臺灣在自己的功勞簿再加上一筆，他們早在成為最高領袖之前，就建立了全黨公認的累累功勳，已經有足夠的權威。事實上，在他們統治期間，臺灣確實不是他們考慮的重點，甚至都沒怎麼關注臺灣。而習現在的權威，是通過他的權力來保障的，不是像毛鄧一樣因為有功勳。儘管當局也一再宣揚他對中共改造的功勳，然而這種「功勳」難以得到黨內多數人的認可，人們怕他是怕他手中的權力，並不從內心服從他。如果他放棄統一臺灣，將來的中共歷史在記載他對黨的改造時，很可能把它作為敗筆而不是作為貢獻。所以習不能沒有臺灣來加持。

不過，統一臺灣畢竟茲事體大，並不完全取決習的個人願望，還要看外部環境允不允許，其中最關鍵的就是美國的態度。美國無疑會帶領它的一眾西方小兄弟來干預、阻擾大陸統一臺灣。最近幾年，中美的博弈和對抗，核心問題都是臺灣。要看到，臺灣不僅是中國的核心利益，它亦是美國的核心利益，因為假如美國失去臺灣，美國的霸權體系也就意味著解體，真正衰落。從這一點來說，美國在臺灣問題上也是輸不起的。中共當然更輸不起失去臺灣。因為一旦臺灣法理獨立，永久從中國分裂出去，中國就將永遠困於第一島鏈，中共就得承擔失去臺灣的後果，而這個後果它是擔當不起的，中共就只能解體。

習為建立不世之功，青史留名要統一臺灣，美國為了自己的霸權要支持和協防臺灣，干預中國統一，而臺灣脫離中國控制的願望越來越強烈，它根本不想和中國統一，這種局面下，習要統一只能是武統，或者武力威脅下的和統。後者是建立在中國非常強大的國力尤其軍力之上的，否則有美國的幫助，臺灣不會接受中國的武力威嚇。故而，中美為臺灣開戰的可能性非常高。考慮到這點，習統一臺灣的時間還會提前。俗話說，夜長夢多。臺灣問題拖得時間越長，未來的各種變數就越大，對中國的成本越高，對統一越可能不利。如果北京高層判斷在可見之未來中美都將處於競爭和對抗，那麼美國對中國的遏制和圍堵，關鍵會在未來五至十年。華盛頓也已做出政策宣示，要在未來十年美中競爭中戰勝中國。從而下面兩種情況無論哪種發生，習都會把武統臺灣提上日程表：一是中國在美國和西方的圍堵下用五到十年比較順利地解決在經濟特別是科技方面的一系列卡脖子難題，社會又沒有出現大的動盪；二是中國在這個時間段裡雖然下了很大努力，投入了非常多的資源建立內循環和科技自主，但還是未能在半導體產業等方面取得突破，假如這個時候美國的圍堵加重，對中國造成的損害跟打一場戰爭差不多，習很可能對臺灣下手。

二〇二二年八月，美國眾議院議長佩洛西（臺譯裴洛西）訪臺，給習提供了一個在臺海極好的展示武力的機會，解放軍進行了七天的圍臺軍演，將軍力延伸到臺灣，自此開始，當局進入了以武逼統階段，也可稱之為武統模式。所謂武統模式，包含但不等同武統，而是以武促統，武力不僅作為後盾使用，而且直接用來達成統一的目標，強調的是對武力解決統一問題的自覺性。和統也需要武力做後盾，但在武統模式下，武力直接用於促成統一。以武促統或者以武逼統在當局隨後發布的臺灣問題白皮書中也露出端倪。

中國政府迄今共發布了三份臺灣問題白皮書。同前兩份白皮書的最大不同，這份白皮書從過去的著眼於防獨，到現在的著眼於促統。白皮書從歷史、中共的使命以及民族復興的必然要求三個層面論述了中國為什麼必須統一臺灣。雖然白皮書沒有為兩岸統一設置具體時間表，並仍然強調中國願繼續以最大誠意、盡最大努力爭取和平統一，將和統視為優先選項，但當局也非常清楚，一國兩制在臺灣沒有市場，和統會被臺灣拿來和平拒統，所以，白皮書不承諾放棄使用武力，保留採取一切必要措施的選項，非和平方式將是不得已情況下做出的最後選擇。白皮書也對民進黨官方操弄臺獨和「外部勢力」干擾兩岸統一做出了措詞相當嚴厲的指責。從白皮書的基調看，當局已經做好了武力解決臺灣問題的準備，促統不是沒有期限的，如果美臺踩到中國紅線，無限拖延統一，中國接下來會採取嚴厲反制措施甚至軍事行動的決心。這是習要通過白皮書向外界特別是美臺發出的信號。

臺灣問題的未來風險在於，華盛頓正試圖點燃危機的火藥桶，誘使中國提前攤牌。美國參議院外委會在二〇二二年九月以高比率通過了《臺灣政策法》，普遍認為國會最終通過該法律是沒有懸念的，時間會在二〇二三年上半年。在中國控制住香港和新疆後，美國在地緣政治上現在更依賴臺灣對付中國，臺灣牌的最大效用正在顯現，而民進黨政府顯然也有意識地配合美國打臺灣牌。之前華盛頓是用切香腸的方式不斷刺探北京的紅線，《臺灣政策法》則乾脆一步到位，亮出美國對臺灣的底牌。該法全面強化與臺灣的實質關係，完全掏空美中建交的一中原則，形同接管臺灣，如果它通過，美臺官方交往就完全沒有法律障礙，美臺建交也不再是不可能之事。故等於在臺海引爆了一顆核彈，勢必會引起中美新一波的劇烈衝突，迫使習提前解決臺灣問題。特別考慮到二〇二四年美臺都進入總統大選，鑑於仇中反中已經成為美臺的「政治正確」，兩地的總統候選人和他們的政黨會做出什麼危險的舉動，從而導致兩岸和中美的攤牌，是完全可能的。因此，《臺灣政策法》在美參院通過後，美中臺三方都在探討二〇二七年前臺海爆發戰爭的機率問題。

從習的角度說，就算他再忍耐，再有定力，也不能不做出強硬反應。中共二十大新一屆軍委組成「臺海幫」的全面上位，已經為接下來可能的兩岸和中美的軍事攤牌在組織和人事上做好了準備。這裡還必須提及他的人格和認知問題。本文後續對此會有詳細分析。習屬偏執型的人格和認知類型。他是一個既謹慎又自大的人，強調定力但在關鍵時刻也敢出手。香港就是一個現成例子，當初香港抗議最激烈的時候，有多少人不看好習，認為他會敗退香港，結果一部《國安法》把香港搞定。在習的認知裡，只要他認定的事情，就要去做，而且認為能夠做成，過去十年，這種事情不少。在臺灣問題上，當他判斷美臺勾連讓中國越來越陷入被動乃至無法再退，而且解放軍的軍事實力可以拿下臺灣後，在未來五年他大概率會使用武力企圖「一勞永逸」地解決臺灣問題，儘管這樣會遭受美國和西方的制裁。這是偏執型人格的獨裁者通常會採取的決策。

可以說，臺灣很難逃脫習的「魔掌」，兩岸終難免一戰，除非某種極意外的情況發生。這是臺灣的悲劇，或許也是中華民族的悲劇。

習近平的反對者與支持力量

毛曾說，革命的首要問題是分清敵友。對專制政權來說，由於權力是壟斷在一個或少數幾個寡頭手上，它會天然地製造敵人。習也不例外。

習的對手之多，在毛以來的中共領導人中，不說絕後，恐怕也是空前的。雖說獨裁者由於對權力的獨占會有許多敵人，然而，不是說凡獨裁者，必然會有很多敵人。儘管習現在掌控絕對權力，可論獨裁程度，比毛還是要差一大截，毛在成為中共領袖後，先後打倒了張國燾、王明、劉少奇、林彪等一大批黨內軍內的元老，但這些人是分階段被毛打倒的，時間跨度很長，而且像劉和林，還曾長期是毛的同盟和戰友，助毛整肅政敵，製造個人崇拜。在大多數時候，毛的支持者要超過反對者。習的政敵是在他上臺後才出現的，但論得罪人之多，要遠超毛，原因除了他的個人獨裁，同他對中共的系統改造、反腐以及思想和政治的保守、打碎了整個黨內和社會的結構尤其是官產學的鐵三角聯盟有關，是這些因素綜合作用的結果。

鄧小平實行的改革開放，在社會結構上帶來的一個最大變化，是形成了官產學的緊密的菁英聯盟，這個聯盟是通過利益而串聯起的，他們是中國改革開放的最大獲益者，改開和經濟高速增長的好處，主要落在他們手上。官員有權力，企業家有資本，學者有知識，三者有動力通過尋租和腐敗，把利益在他們之間進行分配。一個正常的、法律和規則相對完備的國家，會防止這種現象的出現。但中國過去三十多年，恰恰處於激烈的社會轉型階段，至今這個轉型尚未完成，法律和規則很大程度上都沒有定型，也不完備，改革開放要得以進行，首先要讓這三個主要的菁英階層獲益，他們才會有動力去支持和推進改革。所以，在中國的改革開放過程中，尤其在早中期，出現了一種在西方國家看來可能是匪夷所思但在中國卻十分合理的論調：腐敗是改革的潤滑劑。就中國改革的實際狀況來看，這可能是必要的，然而，腐敗這種事情只能做不宜說，可在中國，變成了一種流行的看法，得到知識菁英的鼓勵和宣傳。在一個時期，一些經濟學者高調鼓吹它，從學理上論證腐敗的合理性。國家的政策實際上也導向這個結果，由此結成一個扎實的官產學的菁英聯盟。整個鄧江胡時期，是這個聯盟最舒適的時期。民眾因腐敗和從改革中獲益不多，雖有不滿表達，但無法衝破這個聯盟，反被它將這種不滿壓制。

然而，這種情況在胡錦濤後期已無法持續下去。一方面，因為經濟增速的下滑，菁英階層在經濟發展中能夠得到的利益增量開始減少，這使得他們不得不更多地依賴腐敗去獲取利益，所以腐敗在這個時期已經毫不遮掩，達到階段頂點；另一方面，腐敗的盛行導致交易成本的無限放大，最終會妨礙改革，抑制經濟增長，並且在政治上引發極為不利的後果，沒有一個政權靠腐敗能夠長期執政。這種惡行循環在胡後期走到臨界點。習面對的就是這種狀況。如果他不想中共政權在他手上擊鼓傳花下去，就必須反腐、收拾人心，並改造這個黨的腐敗思想和文化，從而勢必要觸動官產學聯盟的利益，得罪整個菁英階層。習選擇了這條不歸路。本文在「習的治國術」中詳述了這一過程。

習的政治反對派首先出在黨內，出在他所屬的這個菁英聯盟。為了論述的方便，本文大致把習的反對力量劃分為三個層面，即黨內、社會和海外。黨內包括(1)改開派官員、(2)黨內元老及其所代表的派系、(3)紅二代、(4)反腐運動中落馬的高官；社會包括(1)以公知為代表的普世派和維權律師為代表的維權群體、(2)私人企業家群體、(3)受打擊的基督教、(4)極左毛派；海外則包括(1)民運、(2)各種反中勢力、(3)法輪功。

需要指出的是，並不是所有的習的反對者都對他個人有什麼深仇大恨，多數是利益受到了或大或少的損害，但也有純粹是出於理念和立場而反對他及他的政策的。在反習的態度上，有些人非常堅決，有些人可能就不那麼強烈。本文把習的反對者定義為不認同、不支持他的理念和立場及對中國的統治，認為他把中國帶向一個錯誤的方向的人，取廣義的反對含義。

改開派官員是黨內和體制內一群沉默的反對力量，他們的年齡介於四十至七十五歲間，有的已經退休，有的接近退休，有的身處領導崗位。這個群體的政治成長基本是在改革開放期間，有些還參與了改革開放的決策或者為之提供思想、理論和輿論資源，所以他們認同和接受鄧小平的改革開放的思想和政策，堅持中共的改革開放路線，他們曾是改革開放的受益者，在黨內處於重要地位。那些早期參與中共改革開放決策進程的人基本已經退休或者退居二線，未退休的則占據著中共各級重要領導崗位，是中共現階段的主要幹部力量。這個群體反對習對鄧的改開路線的實質背叛，希望回歸鄧的改開路線，主張和美國及西方和解。在中共二十大上，隨著李克強和汪洋這兩位改開派代表的裸退，該派對中共政治的影響也隨即終結。這讓改開派又多了一份對習的不滿。儘管如此，由於他們身處的地位、享受的黨內資源和利益，又不敢公開反對習和他的路線，所以被稱為沉默的反對者。不過，改開派雖然政治上相對開明，也要求中共改革，但基於自身利益以及中國的現狀考慮，仍主張中共執政，最多做到黨內民主化，在保中共執政地位這點上，他們和習近平的利益是一致的，這也是改開派不能和習公開決裂的根本原因。

中共的黨內元老很多，但構成派系力量的主要是以江、胡兩位總書記為首的所謂江派和團派。其中前者在中國政壇的勢力又尤其廣布。改開派和這兩派尤其江派有很大的重疊。除了這兩位總書記所代表的派系，還有江時期的總理朱鎔基，胡時期的總理溫家寶也引人注目。習據說是通過黨內六百人的小圈子選出來的，而當時的主導力量是江派。江和他的重要助手曾慶紅之所以選習而不是另一位太子黨、前重慶市委書記薄熙來，坊間的說法是他們認為習好控制，看起來唯唯諾諾，低調聽話，不像薄鋒芒畢露、自視甚高。如果此說為真，那麼江曾肯定後悔死了。其實不僅江曾，幾乎所有的黨內元老都看走了眼。這還不是問題的關鍵，習建立的獨裁體制不僅使得元老們無法駕馭他，而且他反腐的一個目的就是指向這些有權力的黨內元老及其派系。

中共的元老干政是鄧建立起的傳統，江和胡都未能擺脫元老的控制，中國真正的治國者不是檯面上的總書記，而是總書記背後的元老，當然，在建國一代元老去世後，江胡等也成了黨內元老。鄧時期，總書記如果不聽話，政策和路線不合元老之意，是會被拿掉的；可現在，元老根本制約不了習，反被他制約，包括剪除他們背後的羽翼。二十大閉幕式上出現的胡被架離會場一幕極具象徵性，它象徵著元老的時代澈底結束。在這個意義上，元老們成為習的反對者。

習是紅二代，其父習仲勳是中共陝北根據地的開創者，雖然在毛時代和鄧時代習仲勳都不得志，不是中共核心領導層成員，但在晚年畢竟官至副總理、政治局委員、書記處書記、人大副委員長。原本紅二代是習的權力基礎，但他上臺後沒有重用紅二代，雖然也沒有為難他們。紅二代是就這一群體的身分來說的，在紅二代內部，則因各自的政治立場和理念不同，分成不同的派別，主要有頑固堅持中共正統的保守派和主張黨內民主與開明專制的開明派，後者以房地產商人任志強、中央黨校前教授蔡霞和胡耀邦的兒子胡德平等為代表，以及介於兩者之間的中間派，以劉少奇的兒子劉源和他的幕僚張木生等為代表。在紅二代的這三個派系中，開明派對習最不滿，指責他背離了鄧的改革路線，在思想上同他分道揚鑣。習的反腐基本不涉紅二代，但對開明派紅二代中的公開反對者，打擊起來也不手軟。任志強因疫情期間的萬言書譏諷和批判習，被判徒刑十五年；蔡霞滯留美國，待遇被撤銷，帳戶被凍結。紅二代的保守一派雖然在政治上可能支持習，但由於未能得到習的重用對他也有相當的不滿，在情感上難以親近他。紅二代中的大多數屬中間派，他們不會在公開場合非難習，但私下對習的獨裁和政策也很不滿，批判起來毫不留情。可以說，在紅二代群體裡，習很難找到同盟軍。

黨內的反對力量，還要說說那些在反腐運動中落馬的高官。他們不構成政治意義上的反對者，但是利益角度上的反對者，因為他們的落馬，他們個人及其家族的整體利益都受到極大損害和牽連。這當然會使他們恨透了習。有兩種狀態下的反對是最堅決和堅定的，一是政治理念，二是利益。如果沒有習開展的大規模的反腐運動，他們的官會做得好好的，地位和財富都有，受人尊敬，是社會的菁英。可一旦被打成腐敗分子，轉瞬間這一切都灰飛煙滅，還有刑期不等的牢獄之災，通常是死緩和無期徒刑，且他們的家人也會受到腐敗的牽連和影響。習統治十年被抓的高官達幾百人，中下層官員更多，再加上他們的商業夥伴和家人，這個群體人數不少，雖然他們表面上都表示要痛改前非，但對造成他們此種現狀的那個人，即習，一定恨之入骨。

從實力而言，雖然黨內的反對者是習的最主要敵人，但黨外的反對勢力他也不能輕視。在習的黨外反對者中，以公知為代表的普世派和以維權律師為代表的維權群體，最為引人注目，也是官方著力打擊的對象。中國改革的一個結果是出現了一批接受西方文明和普世價值的知識分子群體，其中又有很多人活躍在輿論場，他們引領輿論，設置議題，評點時局，被稱為「公知」，即公共知識分子。江胡時期是中國公知的黃金年代，他們在輿論場一呼百應，以批判政府為己任，具有很強的動員能力。官方對他們似乎也無可奈何，軟的不行，硬的不敢。這種情況直到習上臺兩三年後才有根本改觀。前文曾指出，面對民間力量和公民社會的進攻，習一改過去的被動防守，以專政工具來對付思想和輿論問題。當官方向民間亮劍，嚴厲打擊公知所代表的普世價值後，後者也就潰不成軍。整個習時代，公知群體消滅得差不多，領軍人物要麼被迫噤聲，要麼出走海外。當局還對公知汙名化並取得了成效，今天中國輿論場的「公知」是作為一個貶義詞來使用的。中共對言論的鉗制和對公知及普世派的打壓，也就把他們趕到對立陣營，成為民間反習的一支重要力量。雖然自由的言論已經凋零，但還是有勇敢者在關鍵時候敢出來批判中共和習。清華大學教授許章潤和公盟創始人許志永在二〇二〇年疫情爆發初期發文抨擊習，要求他下臺，感染了很多人。為此許章潤被清華開除，許志永再次入獄。

在民間的反對力量中，維權群體帶有某種程度的集體行動的性質，這是令當局害怕的。維權群體一般是因利益受到官方或者資本侵害而走向維權之路的，這使得他們的反對態度更堅定，並有某種程度的組織化。當局對組織化的反對的打擊要比一般的言論批判來得更重，尤其是對其中它認為的組織者或者領導者，打擊起來毫不手軟。比如七〇九維權律師案，涉及該案的一些維權律師和人士被重判。因此毫無疑問，以維權律師為代表的維權群體，成為一支重要的反習民間力量。

相對公知和維權律師，私人企業家表現出遠離政治的態勢，但這不表示該群體沒有反習意願。私人企業家是中國財富的代表和象徵，一般來說，他們和權力緊密地結合在一起，得到權力的加持，很難有私人企業家在背後沒有和官員的利益聯盟的，有些甚至成為黨內權貴和元老家族的白手套，結成親戚關係。比如安邦集團的吳小暉和鄧家的聯姻，明天系的蕭建華是眾多黨國要員的白手套，海航的陳建峰和王岐山的關係等。因此，在官員的腐敗案中，往往都會殃及私人企業家，這些企業家因反腐被連累，自然會把習看作敵人。

問題不僅在於此，儘管保護私有財產寫入憲法，但實際上，企業家們的財產受到政府或官員的侵害是常有的事，說到底，當企業家的投資不合當局之意，或者資本大到讓當局不放心認為對政權產生不利影響，甚至僅僅是企業家個人和當局處理不好關係時，當局會採取措施處理企業和資本，甚至以法律之名剝奪企業家的資產。如中國河北當局對孫大午的重判並剝奪大午集團的資產。從中國近年的情況看，當局對馬雲的阿里系、滴滴等平臺企業、俞洪敏的新東方等教培行業的打壓和整頓，實際是把私人資本和企業家當作政權的異己勢力，要遏制資本力量的擴張威脅政權安全。處於驚弓之鳥的企業家們要他們不反習是不可能的。但是，這一群體的反習除了個別外，是一種隱諱的狀態，不直接和當局發生衝突。

中國宗教的復興是改革帶來的結果，其中又尤以基督教的發展最為迅猛。儘管沒有確切統計，基督教的中國信眾普遍估計有上億人數，甚至有人說，基督教的未來在中國。基督教和中國的文化本來就不兼容，由於基督教信奉上帝為精神世界實際也是人世間的最高道德權威，它天生和中共就不合拍。而在龐大的信眾中，當局能夠掌控的只有一小部分，它客觀上對中共的統治就構成了某種挑戰，這當然為當局所不容。限制打擊基督教的發展，特別是不受當局左右的以家庭教會形式存在的基督教，刻不容緩。一些不合作的家庭教會牧師和教友被當局關押和判刑，家庭教會只能處於半地下狀態，對於這些信眾來說，習是基督教世界的最大敵人。

民間的反對派還不能不提極左毛派，這看似有些弔詭，但其實也不奇怪。習政權表面上打著馬列毛的旗號，可與其說它要維護中共正統意識形態的獨尊性，不如講馬列毛的旗號只是一塊遮羞布，它要掩蓋的是作為中共上層統治集團的利益，這個利益不包括人數眾多的中共基層黨員，當然就更不包括廣大的底層民眾。而馬列特別是毛的主義理論上是把普通群眾的地位和利益抬得很高。極左毛派堅持的也是毛主義的這一面，把它奉為正統，並用它來批判當局對底層民眾，對工人利益的漠視。這也就為當局所不容。所以，對極左毛派特別是那些熟讀毛著作、按照毛的指引走和工人相結合路線的青年毛派，當局也用專政的手段將他們抓捕，和打擊自由派相比，同樣毫不遜色，將他們推向習的反對者的行列。

在習的各色反對者中，海外反對者雖然距離遙遠，但聲量最大，因為他們不像黨內和國內的反對者，不怕當局的鎮壓。海外反對派主要由三股勢力組成，即民運、各種反中勢力和法輪功。民運又是海外反習的主體，分老民運和新民運，前者是當年六四的廣場學生領袖和知識分子，後者是最近十年從中國國內出來的異見人士和維權人士。但民運的代表性人物和領導力量還是前一撥人。反中勢力主要是隨著中美對抗的加劇，一部分移居美國的留學生和流亡人士因反共而反中，他們認為中共和人民無法切割，所以反共必須反中，這些反中者以分裂中國為己任。法輪功是一個宗教團體，在江時期受到迫害，所以對江恨之入骨，但隨著習專制的強化，近年來把反對的矛頭對準習。這三股勢力雖然側重點不同，然而反共是他們的根本點，習作為中共的總代表，自然成為他們的千夫所指。海外反習的主要方式是利用現代傳媒特別是自媒體批習，也傳播一些虛假信息。二〇二二年，由於中共二十大的舉行，有關中南海的權力鬥爭包括政變的政治謠言，如「習下李（克強）上」等特別多，而這些謠言多半是由海外的反習勢力有意製造和釋放的，目的是搞亂民心和黨心，讓習連任不成。

上述對習的反對力量所做的三個層面、十一個群體的分析，不是非常精確的劃分法，他們有交叉性，有些人跨幾個群體，兼幾個身分。儘管如此，這個區分仍是必要的，能讓人們對習的反對者一目了然。

要指出的是，這十一個反習群體過去在情感上並不那麼融洽，有些是互相排斥，這是他們不能形成合力的一個原因。但是，二十大習對團派和改開派的澈底清洗，將自己的親信提拔上位，組成一個清一色的權力班子，絲毫不和黨內其他派系分享權力的做法，尤其是胡錦濤這位有恩於習的中共前總書記被請離的場面，讓反習群體的情感首次聯結起來，這是否會使他們彼此之間摒棄前嫌，合作反習，值得觀察。

像習這樣幾乎得罪了這個國家的菁英階層，可整個菁英集團竟對他奈何不得的獨裁者，放在人類歷史上也很罕見。這裡面的成因複雜，既有習借助國家機器控制了關鍵的組織、人事、宣傳、政法、軍隊等部門的權力，也有現代的搞科技和數字（數位）技術提高了監控政治反對派的效果，讓後者的聯合和集結變得更為困難；同時，在保黨這一點上，幾個有力量的反對派如黨內的改開派、紅二代、元老階層的指向是一致的，這也讓他們自縛手腳。但不管有多少原因，有一個事實是明顯的，即不是習的能力太強，而是他的反對派能力太差。

習的反對者雖然眾多，但人們也不能得出一個錯誤的印象，他只有反對者，沒有支持力量或支持勢力很弱。一個獨裁者真正弄到眾叛親離的地步，離倒臺就不遠了，或者已經倒臺，可習顯然不是這樣，他雖然「眾叛」但沒有「親離」，甚至也不是所有的「眾人」都背叛了他，即使在菁英階層，習還是有支持者的。簡單地說，那些想在這個混亂的政局中上位的都是習的支持者或變成潛在的支持力量。因為他們要向上升遷，獲得習的青睞是唯一的途徑。習在反腐中拿下幾百個高官，這些高級職位遍布各行業和領域，要填補空缺就需要提拔幾百個官員。由利益所決定，他們中的大部分會成為習的支持者。

除此外，習的支持者包括以之江新軍為主的黨內新興勢力、底層大眾、狂熱民族主義者、知識界的部分左派學者以及軍隊的中低階位軍官。習在福建的時間長達將近二十年，在浙江也有近五年，這是他的兩個根據地和幹部的大本營，對這兩地的舊部提拔重用，把他們放在中樞和重點地區一把手的位置。近年來，他的老家陝西也是他幹部的一個來源。來自之江新軍和陝西以及上海的官員，還有個別同學，組成了黨內的新貴。黨內新貴還包括少數原屬其他派系轉投習的官員，他們把持朝政，拱衛習的權力。在十九屆中央政治局中，被認為有明顯習氏色彩的政治局委員有十二人，加上習本人，占有政治局的一半；二十大政治局、常委會和書記處則幾乎全是習氏人馬。

習也通過反腐和精準脫貧等贏得了底層民眾對他的支持。雖然習的反腐帶有整肅政敵的目的，但由於幹部幾乎個個都不乾淨，直到今天民眾對當局的反腐還是持支持態度。脫貧解決了大部分絕對貧困人口的溫飽問題，也讓這部分群體對習有好感。習當政十年，成功地對民眾進行了民族主義的動員，滿足了大部分人群的國家強盛起來的虛榮，他們也構成了習的支持力量，外界可以從佩洛西的訪臺激起的中國民眾的普遍反對和解放軍的圍臺軍演得到的支持一窺民族主義力量的強大。雖然底層大眾和民族主義勢力之間有很大的重疊，但後者也包括部分中產階級及一些菁英在內。疫情三年的清零政策雖然削弱了這幾個群體對習的好感，可總的來看，絕對人數還是很多，習有穩固的群眾基礎。

知識分子群體的大部分對習反感，但其中的左派知識分子和學者包括持國家主義立場的知識分子和學者，則選擇支持習。不管怎樣，習打著的是社會主義旗號，將自己打扮成中國國家利益的維護者，要帶領中國強起來，這對左派知識分子和學者以及國家主義的知識分子和學者仍然具有吸引力。所以，雖然他們對習也有不滿的地方，可如果要他們進行反習／挺習二選一，他們中的多數會選擇支持他。

在習的支持者中，軍隊是不能不講的，誰掌握了槍桿子，誰就是中國的實際統治者。習作為軍委主席，使他天然容易獲得軍隊的支持。儘管軍委主席並不必然意味著軍隊對他效忠，但習在軍隊推行軍委主席負責制，並通過在軍隊開展反腐，將自己的親信提拔為高級軍官，尤其通過軍改，加強軍隊的戰備訓練，提高軍隊的戰鬥力，將軍隊的舊勢力清除出去，讓解放軍知道為何而戰，給了軍官和士兵特別是中低階位軍官有晉升的希望和機會，從而使得習掌控了軍隊。某種程度上，解放軍已經變成了「習家軍」。如果一個國家的軍隊宣誓效忠最高領導，就算是黨內和社會有再多的反對派，也難撼其地位。

習近平的偏執人格認知及可能後果

性格即命運，對一個掌握國家大權的人來說，性格也會影響國運。研究習近平，不僅要瞭解、探討和研究的他的思想、理念、主張、知識結構等，還要瞭解、探討和研究他的性格特質和認知模式。很多時候，不是一個人的知識決定事業和人生的成敗，而是性格和認知模式。

一般來說，每個人在他的性格中多少都有點偏執成分，但是，偏執型人格則是一種精神障礙。有兩類人易患上偏執型人格障礙症，即天才和瘋子。這兩類人在外部行為上很難區分，一個天才在他成名之前，其行為動作在旁觀者看來，往往顯得怪異，與瘋子無異。當然，真正的瘋子還是容易識別的，但天才有時候表現出來的想法和行為，確實像瘋子，也就是他的想法異於常人，有些異想天開，不是正常人的思維和邏輯，天才不但有這種古怪的想法，而且認為這個想法是正確的，並全力以赴要實現這個想法，不達目的不罷休，所以天才在自己研究和從事的領域，能做出突破性的貢獻。

除了天才和瘋子，獨裁者也多半是這種偏執型人格類型，歷史上的獨裁者，尤其是那些改變歷史的大獨裁者，都是偏執型人格和認知的病患者。事實上，可以把他們看作另類的天才和瘋子。作為中國歷史上掛得上號的獨裁者，習的性格特質和認知模式就是偏執型人格的認知模式。

醫學上把偏執型人格稱作妄想型人格，以敏感、偏激、固執、多疑為特點，且從小形成，不易改變。有此性格特質和認知的人，會特別堅持自己的一些觀點、想法，情感也比較容易跟著自己的想法走，並且趨於兩極狀態，如當內心認定某個人對他有威脅或者敵意時，會產生強烈的憤怒；相反，則產生強烈的好感；還會覺得自己非常完美，非常固執，自命不凡，高估自己的能力，然而遇到挫折，又很自卑；對別人要求過高，又不信任別人，集自卑和自大於一身。從習過去十年的所作所為看，很符合上面對偏執型人格的描述。他二十大的人事布局，將自己的人馬悉數提拔上位，除反映他的權力沒有制約外，也是他氣度狹小的一個表現。

1、習偏執型人格和認知的表現之一，是他不信任他的執政團隊，只信任權力。

一朝天子一朝臣，對現代民主國家特別是總統制國家來說，新總統上任，都會換上自己的人馬，新的內閣成員要麼是在選舉中為自己立過功的，要麼是同黨中德高望重的，要麼是和自己關係好，很少保留原班人馬。中共新領導人上臺後，一般在關鍵的崗位也換上自己的人。然而習在這方面走得更遠，他只用自己的親信。

中共用人講究五湖四海，雖然從來沒有做到這點，習自己也多次強調在這個偉大的新時代，要聚天下英雄而用之，但是包括毛在內，中共建政後的歷任領導人，在幹部的使用方面，還是比較注重不同派系和山頭之間的平衡，儘管自己的嫡系在重要崗位上會安排得多一點，但也不會完全排斥其他派系的人馬，如果某人真有真才實學，深得民望，還是能得到重用的。但是習的幹部隊伍來源非常單一，不是中共內部無人才，而是他只使用自己的之江新軍。他們被安排在黨的中樞機構、重要政府部門以及幾個直轄市和經濟大省。然而，即使對自己的親信，習也不完全放心、信任他們，而是要親攬大權，親自領導親自指揮。

習上臺之初，兼任多個領導小組的組長，一直到現在。這固然主要是通過重置中共的領導結構從而實現集權之目的，可這一行為本身也說明他是要把權力緊緊抓在自己手上的，不想有中間環節，否則在他實現了集權目的，大權在握後，完全可以把這些領導小組交給別的常委或者他的親信，但是他沒有。這就是對權力本身的貪婪。習和王岐山的關係，還有他對劉鶴處理中美貿易談判的干預都能說明這一點。

王做中紀委書記，習的目的是要他充當自己的打手角色，做惡人，在王完成了使命，幫習穩固了他的權力和地位後，習王聯盟解體，王的舊部被抓，白手套企業海航被接管，這背後不是人們說的功高震主，而是對王的習慣型猜忌，即使你是我的親信，兩人結成命運共同體，但對你仍然要防一手，把你的把柄抓在我手上才放心。美國對中國發出懲罰性關稅的威脅後，習授權劉鶴負責中美貿易談判。千辛萬苦經過幾輪談判眼看雙方要達成結果，最後被習否決掉，致使特朗普很生氣，將對中國的懲罰性關稅擴大到所有輸美商品，並且稅率加重。原因在於，習認為劉鶴沒有很好地貫徹他的意圖，對美讓步過多，可能讓他不好向國內保守派交代。劉雖是他的親信，但劉畢竟在美國留過學，是鄧小平時代中共培養的技術官僚，本質上還是主張改革開放的，這就和習形成了某種理念上的衝突，對和美國進行貿易談判的看法可能同習有某些差異，想藉美國的壓力推動國內的經濟改革，這就和國內保守派的利益形成衝突。

習只信任權力，猜疑親信，這可能和他的出身及家庭遭遇對他的成長有很大影響有關。習父雖然是陝北根據地的創始人之一，但在中共建政後受劉志丹案和高崗案的牽連，一直未得到重用，在中共的紅色家族裡是相對邊緣化的。文革開始前，習家就已被打倒，文革時期，習家更是被掃地出門，而這個時期的習不過是個十多歲的孩子，過早地嘗到失去父親權力蔭蔽後底層民眾的滋味，實際上他比底層百姓的小孩更能感受到這種沒有權力的痛苦，因為後者根本就不知特權的好處。在習後來的回憶中，有這樣一個情節令人印象深刻，習和他的同齡人去陝北插隊，北京火車站人山人海，都是來送行的父母和家人，大家哭哭啼啼，唯有他冷冷清清，無人來為他送行。他後來說，那一刻他並不感到悲傷，因為前途雖然渺茫，但至少脫離了死亡，留在北京他很可能會被打死。

這個記憶透露出的訊息是複雜的，有慶幸，有對前途茫茫的心酸，還有同他這個年齡不匹配的少有的冷靜。對當時還是少年的習而言，他之所以淪落到發配窮山惡水的農村以逃避可能的死亡的地步，不是他自己的主動選擇，而完全是時代加諸他的後果。他只有被動接受。這種遭際，要比他的紅色家族的其他小夥伴更早體驗權力的重要和人生的冷酷。這是少年習近平上的人生重要一課。對於這一點，在他成年後是不會輕易對外界吐露的。不僅如此，習父在六四事件中由於沒有站在鄧小平一邊，再一次在權力的鬥爭中被邊緣化，雖然這次他的家族沒有被清洗，但對他的仕途多少會產生不利影響，使他再次體驗到權力這個東西的重要。在後來二十多年的地方官場生涯中，他之所以顯示出謹小慎微，沒有什麼野心，應該與此有聯繫：權力才是一切，在一個人沒有權力來決定自己的官運，要靠別人來決定的時候，收斂野心，表現出對權力沒有過高的欲望，從而讓別人尤其競爭者放棄對自己的戒備。

2、習偏執型人格和認知的表現之二，是他所謂的不信邪不怕鬼，要領導中共走出一條中國式的現代化道路，以此向世界表明人類不應只有西方的普世文明一條道路，還有中國為人類開闢的這條大道。

理論上講，人類的多樣性文明確實不應只有西方這條普世文明的現代化道路，但歷史給出的答案是，至少到現在為止，尚沒有第二條這樣的現代化道路。習偏不信這個「邪」，他認為中國有這個能力和義務為人類開闢第二條現代化新路。因為中國在中共領導下，而中共又在他的領導下。

清零最好不過地表現了習的這種不信邪的偏執型人格和認知模式。疫情三年，清零政策所導致的大面積的人道災難和對民眾權利的侵害，以及經濟受損的嚴重程度，越來越暴露出來，已經超過該政策對民眾生命健康保護的收益，大眾和官員實際對清零也忍無可忍，只是被當局強行壓制。然而，習就是不修正和改變清零做法，哪怕部分修正，原因即在習看來，清零政策是現階段既然防止民眾大規模感染新冠病毒、避免死亡，又能讓經濟保持運轉的最好方式。而他有這個認知，緣於中國在疫情防控的第一階段，即德爾塔（Delta）病毒傳播的階段，相當成功地做到了遏制病毒傳播，少死人和經濟較快恢復這兩者的兼顧和平衡，這個時間段大概在二〇二一年中。當局將之歸功於習的親自指揮親自部署，歸功於清零政策，認為中國是國際防疫的優等生，把中國的抗疫模式向全球推廣。這個事實支撐著習對防疫和清零政策的認知，讓他偏執地以為按照這套清零做法走下去，中國是能夠防住疫情同時又不對經濟產生太大破壞。目前的經濟劇降不是清零造成的後果，是由別的因素引起的。

一個人不信邪不怕鬼，好聽點說是執著，難聽點說是固執。固執或執著並非壞事，幹事業就要有一骨子蠻勁，問題在於執著的事情是什麼，方向對不對，如果事情本身的方向有錯，那麼越執著，副作用越大，後果越壞。中共領導的中國式現代化道路，毛曾經嘗試過，反右、大躍進、文革都可以看作是毛式現代化的嘗試和探索，結果失敗，其後遺症和破壞性作用至今還在影響中國。鄧小平接受毛的教訓，提出了有中國特色的社會主義道路，雖然加上了「中國特色」的修飾詞，但鄧開創被江胡繼承的這條中國特色的社會主義道路，同習的中國特色的社會主義道路，還是有很大的不同，儘管都強調共產黨的領導，要維護黨的統治，然而，前者並沒有完全封閉向西方普世文明轉向的可能性，它的價值體系中有普世文明、普世價值的成分，但在後者中，人們根本看不到西方文明的影子，有的只是被中共改造過的中國傳統文化中的專制因素和正統馬克思主義的專制成分的兩者的疊加，當局稱它為中國式的現代化，是對人類文明貢獻的中國方案。

習認為，在他的帶領下，中共能夠走出這樣一條中國式的現代化道路。有什麼來支撐他的這種不服輸、不信邪的精神呢？答案是，他迄今對中共和中國的成功改造。當大多數人認為中共的腐敗無可救藥，反腐敗遏制不了腐化時，很少有人能料到，他真把反腐敗這個事做成了，用雷霆霹靂手段把腐敗壓制下去了，雖然無法做到消除腐敗。軍改是又一個成功的案例。毛創建的這支軍隊雖然打敗了國民黨，在朝鮮戰場也和美軍打起平手，但在毛後期，解放軍已變成裝備、技術和訓練都非常落後的軍隊，只能拚人數，靠軍人的所謂意志和空洞的政治說教，喪失了它曾經應有的戰鬥力。鄧的軍改是大規模裁員，對解放軍的體制機制和結構沒有做改動，仍是紅軍時候的建制。習在軍改上，倒是向美軍學習，基本上是對解放軍的體制進行重組，強化備戰訓練，當然還保留了解放軍的一些所謂優勢，如政委制度、政治宣傳。前文的軍改部分對此有分析討論。總之，習成功地改造了中國的軍隊體制，把這個認為不可能完成的任務也做成了。此外，習對中共體制和文化的改造特別是對中共的領導體制的改造，也是一個奇蹟。在過去這幾件認為可能不大能夠改變的事情上，習取得的成功無疑會強化他的偏執型的人格和認知結構，認為只要看準了方向，拿出一股子不服輸精神，認真去做，這個世界上就沒有什麼事不能做成的。

3、習偏執型人格和認知的表現之三，是他的裝腔作勢，顯示自己有知識，把自己打扮成一個全知全能的領導人。

中國古代的君王，理想的類型或者目標，是「君師一體」，這是因為儒家認為君王負有對臣民的教化之責，所以君王要成為一個好的有思想、有道德的君王。中共也是以此來要求和塑造它的領導人的，每個黨的領袖都被包裝成無所不通的全才和全能型領導。但世上並沒有這樣的全知全能領導，即使有，也是極稀少。毛在中共的幾代領導人中，是少見的在文、史、詩都精通，又懂軍事、戰略和哲學的人，然而，即使是毛，似乎也承認他對經濟是外行，不善理財，缺乏經濟管理才能。毛曾同科學家探討過科學，但是從哲學的角度進行探討的。鄧有行政管理才能和軍事能力，但管理經濟不如陳雲；江和胡是技術出身，對自己的本行瞭解。雖然中共都想把他們塑造成全能領導，可至少給人的感覺，他們還算誠實，不刻意遮掩自己的短處，讓人認為自己是一個全能領導人。

習不同，雖然論實際的文化程度和學歷，他可能是中共這幾代領導人中最低的，然而，官宣中的習，卻是一個無所不知、無所不能的神一樣的領袖，舉凡政治、經濟、金融、文學、歷史、哲學、軍事、教育、管理、尖端科技乃至體育，他都瞭如指掌，大到國家管理，小到足球，沒有一個行業和領域，是他不敢發指示、下指導棋的，毛在他面前，也只能自慚形穢。

中共這種對習的全知全能領袖形象的塑造，恰恰暴露出他的無知和裝腔作勢，其中最為人詬病的，就是他的背書單，每造訪一個國家，都要表現出他瞭解這個國家的歷史和文化，熟讀這個國家的作品的樣子。比如，他去英國訪問，說自己在陝北當農民的七年裡讀過莎士比亞的《仲夏夜之夢》、《威尼斯商人》、《第十二夜》、《羅密歐與朱麗葉》、《哈姆雷特》、《奧賽羅》、《李爾王》、《麥克白》等劇本，大談華茲華斯、簡・奧斯汀（臺譯珍・奧斯汀）、狄更斯等人的作品讓中國人感受到英國傳統文學的魅力；去美國訪問，在西雅圖的晚宴上他說青年時代就讀過《聯邦黨人文集》、托馬斯・潘恩的《常識》等著作，也喜歡瞭解華盛頓、林肯、羅斯福等政治家的生平和思想，還讀過梭羅、惠特曼、馬克・吐溫、傑克・倫敦等人的作品；他多次去俄羅斯訪問，每次都要提到他讀過的俄羅斯／蘇聯名人名著，如在索契參加冬奧會開幕式說自己年輕時多次讀過《鋼鐵是怎樣煉成的》這本小說。人民網的「跟習近平總書記學讀書之道」，列出了一份這些年他出國外訪以及二〇一五年在文藝座談會上的講話中提到的書單名字，不下一百本，囊括了中國的諸子百家、儒家經典、西方傳世名著，以及印度的宗教典籍、藏傳史詩和少數名字偏僻的作品。

習也許如他所說，酷愛讀書。在官媒吹捧他的梁家河七年知青歲月的採訪實錄中，習曾回憶當年插隊帶了整整兩箱子書看。在那個物質和精神都極度匱乏的年代，讀書是知青們在疲憊的體力勞動後在閒暇時間大概唯一的打發無聊時間的娛樂活動。相對一般幹部和工人家庭的子女，儘管習是黑五類子女，但畢竟習父做過高官，家裡的藏書應該還是有的，甚至當時的禁書也私藏了一些。但從習多次提到他在青年時代讀過很多西方名著來看，顯然不符合那個時代的真實狀況。因為那些西方名著，內容多是關於自由、人權和民主的，而這在當時，不但絕對屬禁書，且發行量很少，文革期間更是抄家被收繳，即使官員也不敢私藏很多這種禁書。所以，就算他喜歡讀書屬實，閱讀的多半是當時流行的作品，如毛的著作、魯迅的作品等，也許還包括蘇聯的文學作品和理論著作。奇怪的是，人民網開列的他的閱讀書單，竟然沒有魯迅、郭沫若等當時中共允許的紅色作家的作品，卻有一大堆西方名著，如果他連魯迅等人的著作都沒讀過，何談對世界名著的廣泛閱讀？

另外，一個酷愛讀書，而且讀的都是世界各國名著的人，談吐必然優雅，引經據典，可習並不給人這種印象，從他的講話看，相反，一個沒受過多少教育和文化滋養的人的本質就暴露無遺；他上臺後實行的文化和宣傳政策，與他讀過的中國和西方名著所顯示的價值取向更是格格不入。因此，要說他讀過那些中外經典名著，也是白讀了，沒有給他的心靈和思想留下一絲一毫影響。

其實，就讀書而言，中共的幾代領導人，毛算得上博覽群書，尤其對中國歷史下過很深的功夫，信手拈來，毛年輕時受五四啟蒙的影響，也閱讀過當時翻譯到中國的一些西方啟蒙作品。鄧讀書不多，對此他倒很坦率。江愛賣弄，但他是舊時代的大學生，文化素養還是不錯的，有舊學根底。胡是文革前接受的大學教育，雖然人文修養欠缺，但至少不賣弄。習的青少年，正碰上十年文革，他的真實的學歷，也就是小學。雖然學歷低不代表沒有文化、知識和見識，但前提是愛讀書愛學習。也許習愛讀書不假，然而他讀的肯定不是他外訪報出的書單上的大部分書。人們不理解中共的宣傳部門和習的智囊班子為什麼要給外界塑造他手不釋卷的讀書人形象？難道不知道對他的報書單與論報以群嘲，效果適得其反嗎？當局當然知道，可對他們來說，如果習因年輕時黑五類的待遇沒有受過良好教育心理始終存有自卑情節，而為掩蓋這種自卑他要把自己塑造成一個廣泛涉獵中外名著的領導人形象，以顯示他有資格做一個大國領袖，那麼，他們也只能滿足他的這個要求。但這個形象公關的失敗說明，因為無知，所以要裝腔作勢，這正是偏執型人格和認知的典型特徵。

4、習偏執型人格和認知的表現之四，是特能忍，在環境於自己不利時，有忍常人不能忍的精神和毅力，但也顯示了他的決策猶疑和首鼠兩端。

習特別看重戰略定力，多次在大會小會和文章講話中強調面對困難局面和複雜形勢要保持戰略定力。如在二〇二〇年的十九屆五中全會上，他說「要強化戰略思維，保持戰略定力，把謀事和謀勢、謀當下和謀未來統一起來」。二〇二一年三月十七日，在政治局常委會的講話談到統籌好疫情防控和經濟社會發展時，他指出要保持戰略定力。四個月後的七月二十五日，在同黨外人士座談時，他再次提到統籌疫情防控和經濟社會發展，表示只要保持戰略定力、堅定做好自己的事，是完全能夠化險為夷、化危為機的……等等。

當局御用學者把戰略定力解釋成在錯綜複雜形勢下為實現戰略意圖和戰略目標所具有的戰略自信、意志和毅力。當人們說某個人有定力時，一般指的是這個人不為外界某種誘惑所動，遇順境或喜事不張揚不冒進，遇逆境或壞事不灰心不喪氣，耐得住寂寞，把它作為一種好的品格來讚揚。不過，縱觀習提到要保持戰略定力，無一不是中共遭遇挑戰，環境形勢非常不利之時，這種情景下強調要有戰略定力，說得好聽點，是對黨員幹部特別是高級領導幹部打氣，鼓舞士氣；說得難聽點，就是要能忍，忍別人不能忍之事，此即習所謂的戰略定力。

他大概從韓信忍胯下之辱、勾踐臥薪嚐膽的故事中吸取了靈感，認為成大事者需要在處境不利時頭腦心態特別冷靜；或者他從自己在梁家河的知青歲月中悟出了一個道理：身處逆境，接受現實，放平心態，不怨天尤人，埋頭苦幹，等待時機。當年他去陝北梁家河插隊，帶著「黑五類子弟」的身分，實際是被發配到這個窮山溝的。同來的知青忍受不了梁家河的自然之惡和極度貧瘠的生活，沒來一、兩年，通過各種方式走了，最後只有他一人留了下來（其實他在中間也偷跑回北京一次），他沒有埋怨，或者說埋怨也沒用，認命，但不被動等待，而是積極向組織靠攏，寫了十幾封入黨申請書，終於感動了公社書記，不但讓他入了黨，而且提拔他做梁家河大隊的黨支部書記，取得了他人生的第一個政治資本。有理由認為，在他寫十幾封入黨申請書時，並沒有什麼宏大的理想，甚至都沒想過這對幫助他走出梁家河能起什麼作用。他可能只是機械地覺得，環境既然已如此，不如接受命運安排，融入當地。但這個事也反映出，他不是一般的能忍，其忍功已達圍棋棋手的超一流水平。

不管如何看待習提出的戰略定力，要保持戰略定力，頭腦就必須清醒，包括兩方面：一是在自我認識和自我評價上要清醒，二是在觀察外部現實和把握局勢上要清醒。談到戰略定力，人們往往說的是後者，但最重要的是認識自己，首先要做到自我認識的清醒，準確定位自我，瞭解自己的實力和能力，既不誇大也不縮小，特別在遇到情形變化的時候，要能夠清醒地對待自我。習也許對外部環境的險惡有足夠認識，在二十大，他還強調全黨要禁得起「驚濤駭浪」的考驗，但對自己，對當局解決問題的能力是否真做到了頭腦清醒，則未必。從他對中美關係所做的東升西降判斷來看——雖然當局現在提得不多，既高估了中國，也高估了自己的領導能力，在對世界大勢的戰略判斷上出現了方向性失誤，犯了急躁冒進的錯誤，以致過早挑戰美國，引發美國的警覺和打擊，導致中國如今非常被動。但他又不敢承認錯誤，因為一旦承認是自己的戰略誤判造成今天的困局，他所刻意營造的權威就會坍塌，只好用「戰略定力」來掩飾，保持戰略定力就成為他的擋箭牌，自欺欺人地認為時間在中國一邊，什麼事都強調要有戰略定力。這樣，當真正需要他做出決斷，展現歷史擔當時，反而縮手縮腳，首鼠兩端，不敢擔當。這在臺灣問題上，表現得相當明顯。面對美國不斷打臺灣牌，踩破他劃下的一個又一個紅線；面對臺灣的實質獨立，和統完全喪失了機會；面對中國民眾要求儘快收回臺灣的呼聲，習強調的卻是在臺灣問題上要有足夠耐心，按照中國自己的節奏去解決臺灣問題，不落入美國的圈套，除此外無所作為。直到被佩洛西訪臺逼到牆角引發民眾的強烈不滿，才搞了個軍演。

5、習偏執型人格和認知的表現之五，是過分重視底線思維，泛化底線思維，表明他內心的不安感非常強烈。

習有一種對他統治的中國深刻的不安感，這種感覺既是因為中國太大，人口太多，治理情形太複雜，也是當下中國同美國和西方的關係是改革以來最差的；但它也很可能來自少年時期作為「黑五類子弟」的經歷。父親在中共元老中被過早打倒，讓習尚未成年即體會到失去特權的滋味，可以說，兒時成長環境的不友好，養成了他時刻防範人的心態。根據心理學的知識，這種兒時受到的心理創傷在一個人成年後會帶到他的工作和生活中，成為一種觀察和認識世界的思維方式。習對底線思維的強調跟他兒時受歧視而出現的不安感有直接聯繫。

那麼，習的底線思維是什麼意思？按照官方學者解讀，底線思維是客觀研判最低界限、設定最低目標、注重堵塞漏洞、防範潛在危機，立足最壞情況爭取最好結果的思維方法。用習自己的話說：「凡事從壞處準備，努力爭取最好的結果，這樣才能有備無患、遇事不慌，牢牢把握主動權。」換言之，習的「底線思維」是和危機聯繫在一起的，就是防患於未然。他談底線思維，必強調憂患意識，為此，當局還在二〇一九年一月的省部級主要領導幹部專題研討班上，將該次專題研討的主題定為「堅持底線思維著力防範化解重大風險」，習在開班式的講話中大談底線思維方法和底線思維能力的重要，強調要深刻認識和準確把握外部環境的深刻變化和中國改革發展穩定面臨的新情況新問題新挑戰，堅持底線思維，增強憂患意識，提高防控能力，著力防範化解重大風險，保持經濟持續健康發展和社會大局穩定。這種對底線思維的重視，也體現在二十大的報告中。

底線思維的一個表現，是防範黑天鵝和灰犀牛事件的發生。當局這些年非常注意這一點，習在講話中也多次表示要預防出現黑天鵝和灰犀牛事件。在二〇二一年一月舉行的省部級主要領導幹部學習貫徹黨的十九屆五中全會精神專題研討班上，他特別交代，二〇一八年一月五日，在新進中央委員會的委員、候補委員和省部級主要領導幹部研討班上，我（指習自己）從八個方面列舉了十六個需要高度重視的風險。二〇一九年一月二十一日，我們（指中共）專門舉辦了省部級主要領導幹部堅持底線思維著力防範化解重大風險專題研討班，我在開班式上分析了要防範化解政治、意識形態、經濟、對美經貿鬥爭、科技、社會、對外工作、黨自身等八個領域的重大風險並提出了明確要求，強調我們必須始終保持高度警惕，既要高度警惕「黑天鵝」事件，也要防範「灰犀牛」事件。二〇二一年二月，習在黨史學習教育動員大會上的講話中再指中國發展面臨著前所未有的風險挑戰，這些風險挑戰既有國內的也有國際的，既有政治、經濟、文化、社會等領域的也有來自自然界的，既有傳統的也有非傳統的，而「黑天鵝」、「灰犀牛」還會在中共應對風險挑戰時不期而至。在二十大報告中，他又進行了同樣的表述，指中國發展已進入戰略機遇和風險挑戰並存、不確定難預料因素增多的時期，各種「黑天鵝」、「灰犀牛」事件隨時可能發生，要準備經受風高浪急甚至驚濤駭浪的重大考驗。

所謂的「黑天鵝」事件特指極其罕見，無法預測，但一旦發生影響足以顛覆以往任何經驗的重大事件；所謂的「灰犀牛」是指一種大概率危機，在社會各個領域不斷上演。很多危機事件，與其說是「黑天鵝」，其實更像是「灰犀牛」，在爆發前已有跡象顯現，但卻被忽視。習之所以再三強調在各領域要警惕防範「黑天鵝」、「灰犀牛」，就是他有一種強烈的不安感，預感在當下惡劣的戰略環境下處處時時都存在風險和陷阱，因此必須提高警惕，增強憂患意識，要有底線思維這根弦。

重視憂患意識和底線思維，原本很可貴，不過，凡遇困難即要官員們善用底線思維的方法，某種程度上也是將這一思維方式泛化，反映了習面對的安全困境，他要求官員們要像獵狗一樣帶著警惕的眼光，設想最壞的情景，已到了一種杯弓蛇影的程度。造成習有這種安全困境的心理陰影，正是他自己。對外要強出頭，和美國西方搞壞關係，導致中國的戰略環境岌岌可危；對內採高壓統治，無論對民間社會還是他的黨內同志，都持一種不信任的態度，四面樹敵。這種內外環境無疑會強化他的不安感，而不安感的增強反過來看任何人都像敵人，又會使得黨內生態和外部環境進一步惡化，從而在處理問題的時候，看似從最壞處入手，卻未必能取得好的結果。原因在於，這種看問題的心態本身是病態的，在病態心理支配下的底線思維就難於客觀評估現狀、環境和趨勢。

6、習偏執型人格和認知的表現之六，是容不得黨內和社會有雜質，對建立一個乾淨政黨和乾淨社會有一種病態嗜好。

習在這十年的施政舉措，常被外界批評為要把中國帶回文革。毛發動的文革，當然有權力鬥爭的考量，但也是想建立一個純而又純的理想社會，所謂靈魂深處爆發革命。習不會重回文革，可他確實想在新時代在中國建立一個乾淨的執政黨和社會。他近年針對資本、平臺科技企業、教培行業和演藝圈的系列打擊行動，都是出於這一目的，例如，當局把對演藝圈的整頓命名為「清朗」行動，意圖已經非常明顯。

在習看來，似乎一切都是不乾淨的，權力受到腐敗汙染，黨政官員的腐敗和官老爺作風敗壞了風氣，疏離了群眾；思想和輿論領域不乾淨，還相當程度地控制在自由派手中，他們用各種方式鼓吹西方的自由民主，動搖了人民群眾對建設一個美好的社會主義社會的信心；教培行業是不乾淨的，無序競爭加重了學生的課業負擔，搞亂了教學秩序，影響了社會主義教育目的的實現，不利於培養一代新人；演藝圈是不乾淨的，演藝明星不把功夫放在演戲上，塑造符合社會主義理想的好角色，為社會傳遞正能量，而是追逐流量和吸金，用低級下流取悅觀眾，用娘炮文化汙染青少年，讓中國的下一代在這個偉大時代喪失鬥志；資本更是不乾淨，權錢交易，官商勾結、腐蝕官員，把手伸進各行業，在一些領域和地方，形成了壟斷和控制性的力量，企圖支配整個社會，尤其其中的大資本，利用平臺和數據優勢，壟斷某些產業，阻礙競爭，不利生產力的發展，並利用這種壟斷地位，藐視當局的監管，挑戰中共領導權，想把中國變成資本實際控制的國家。

所以，要在中國打造一個乾淨執政黨和乾淨社會，關鍵是如何處理資本這個社會不乾淨的重要推手。和權力不同，資本有它的邏輯，不能簡單套用治理黨的一套做法，用紀律和道德去約束資本和資本家，這即是習自前年開始，強化對資本的監管，泛化國家安全，用網絡法乃至直接用行政手段去打壓和整頓資本的原因。

打造乾淨政黨和乾淨社會，換個意識形態的說法，就是建設「純粹的社會」，這本是宗教追求的目標，因為宗教才要求人類心靈的純粹性，但它也符合共產主義的理念，共產主義的目標是要建設一個沒有人剝削人、人壓迫的人的社會，人人都以公為先，集體大於自我。只不過宗教通過宣揚愛和善來實現這點，而共產主義通過階級鬥爭和階級專政來達到這一目標。在這個意義上，習打造「乾淨的社會」實際也是向正統社會主義的回歸。

從個人品德來說，領袖潔身自好，不同流合汙值得讚揚，但如果領袖都要求人人像他一樣，成為一個聖人，並利用手中掌握的權力在公共生活和經濟活動中推行建立一個乾淨的社會，則會形成災難。不幸的是，習恰恰是一個使命感特強的領導人，他自覺有責任不能把一個不乾淨的社會交給中共的下一代。這種對乾淨社會的病態嗜好，惡果已經顯現，它不但不能昇華人們的思想和道德水準，反而讓人人變成偽君子，並窒息資本的活力，讓中國經濟澈底躺平。

中共二十大讓習獲得了更大的權力，在他追求的目標上，他的偏執型人格和認知模式很可能會讓他把事情推向一種極端，直到產生破壞性後果無以為繼為止。因此，從一個長時段的歷史來看，無論他改造中共和中國是否成功，最後都會以悲劇收場。

黯淡的未來：中國式現代化、類法西斯政權和可能的崩潰

是時候提出這個問題了：在習開啟了他的第三任期後，中國會有未來嗎？

前文指出，習為中國規劃的未來是，到中共建政一百年即二〇四九年將中國帶到世界舞臺的中心，實現民族復興，包括收回臺灣，建成一個富強民主文明和諧美麗的社會主義現代化強國，這個現代化強國將是人類文明的燈塔。在習執政的前十年，他帶領中國消滅了絕對貧困，建成全面小康，實現了中共的第一個百年目標任務；現在，他在第三任期要帶領中國為在二〇三五年基本實現中國式現代化——這是中共第二個百年目標任務的第一階段，也是他在二十大為中共定下的中心任務——奠定更強大的物質基礎和精神力量。

不確定的是，習還要領導中國多久？五年？十年？十五年？二十年？抑或終身？另外，假如給他足夠長的統治時間，能實現上述許諾或者使命嗎？答案是，大概率實現不了。原因在於，習版中國現代化，不是人們通常理解的，人類文明已經交出答卷

的現代化，而是另一套現代化模式，中共稱之為中國式現代化，從這個現代化的邏輯來看，它很可能結出的是一朵人類文明的「惡」之花：一個類法西斯的政權和國家。

如果把十八大、十九大這十年稱之為習執政的第一季或上半場，那麼自二十大起，習進入他執政的第二季或下半場。從二十大的政治報告看，他將以中國式現代化作為他的政治路線的主軸，即以中國式現代化推進中華民族的偉大復興。習在不同場合的講話中表示，世界上既不存在定於一尊的現代化模式，也不存在放之四海而皆準的現代化標準。中國推進的現代化，是中共領導的社會主義現代化，是中共在建政以後特別是改革開放以來的長期探索和實踐基礎上，經過十八大以來在理論和實踐上的創新突破，成功推進和拓展了的中國式現代化。換言之，無論是毛領導的前三十年，還是鄧江胡領導的後三十年，它們只是中國式現代化的背景和前奏，這一現代化發展模式是由習帶領中共創造和推進的。他曾在二〇二〇年中共十九屆五中全會並在二十大上，將中國式現代化的含義概括成：人口規模巨大的現代化、全體人民共同富裕的現代化、物質文明和精神文明相協調的現代化、人與自然和諧共生的現代化、走和平發展道路的現代化。在習看來，他創造的這個中國式現代化，既不走封閉僵化的老路，也不走改旗易幟的邪路，要以中國式現代化推進民族偉大復興，就必須堅持把國家和民族的發展放在自己力量的基點上、把中國發展進步的命運牢牢掌握在自己即中共手上。所以習在二十大稱，中國式現代化最本質的一點，是中共領導的社會主義現代化。

習版中國現代化其實並不是一個新東西。它是習提出的國家治理體系和治理能力現代化的一個升級版，此提法肇始於中共十八屆三中全會，十九屆四中全會正式做出相應的部署。按照習的設想，到二〇三五年，中國各方面制度更加完善，基本實現國家治理體系和治理能力現代化；到二〇四九，全面實現國家治理體系和治理能力現代化。前文也指出，習理解的國家治理體系和治理能力現代化，它的突出特徵就是要講法治講「規矩」，各方面都有「規矩」可言，至於什麼是「規矩」，由習說了算，他把他的意志包裝成「規矩」，或者稱之為「習式法治」。

「規矩」當然也是習版中國現代化的主要內容，但是它的內涵和外延要比國家治理體系和治理能力現代化更廣，是在後者基礎上的一次升級，包括為推進中國式現代化而實行更高程度的集權；改造人們的思想，建設一個乾淨的社會；以及更嚴苛的社會管治等。

習之所以把他執政第二季或下半場的政治路線確立為中國式現代化，是因為中共如果在習帶領下走出一條中國式現代化道路，就可以宣稱，它打破了西方壟斷的現代化標準，為人類探索出一個有別於西方普世價值的、適合於廣大發展中國家的現代化發展模式。以此回應外界包括黨內對他連任的質疑，作為其連任的合法性依據。因此，在二十大前後，當局開足宣傳機器的馬力，不遺餘力地為習造神，把中國這十年來取得的一切成就和進步，歸功於習，如果沒有習，似乎中國就不會有強大的國力，沒有如今的國際地位，會比現在黯淡得多，好像要墮入深淵，國將不國，黨將不黨。

官員們則爭相表忠，人們看到官方通訊社的主管，甚至喊出了「三個一分鐘」，要黨的宣傳機構和宣傳人員，「一分鐘都不站在黨的隊伍之外，一分鐘都不偏離習近平總書記指引的方向，一分鐘都不離開習近平總書記和黨中央的視野」。

然而，當局恰恰忘了，中國早在二〇一〇年，經濟實力即已世界第二。過去的十年，中國的國力固然有巨大進步，但這是一個大國以其經濟規模自然發展的結果，沒有習，換做其他人做總書記，都會有這個結果，甚至比現如今更強大。相反，習在這十年製造的問題比他解決的問題多得多，致使中國的經濟增速在這十年有顯著下降，外部環境是改革以來最嚴酷的，程度超過八九「六四」那段時期。尤其是疫情，習對社會實行的全面和無死角的管控特別是最嚴格的隔離政策，將社會本來就不多的活力全部扼殺掉，這種管控模式在疫情結束後也有可能會部分保留，特別是假如習遭遇到他認為的會危及其統治的社會挑戰的話，會重新恢復疫情的控制模式。總的來說，習統治的這十年，尤其是疫情以來的最後三年，是中國改革以來最不堪回首的時期。

因此，不難想像，當習要以中國式現代化推進中華民族的偉大復興，政治的肅殺和社會的嚴控會貫穿在他的執政第二季或下半場。事實上，這已不是一種想像，而是正在變成現實的走向。習二十大後，要追求對權力的絕對控制，因為在他看來，只有如此才能讓一個有著近億萬黨員的黨和十四億民眾，按照他指引的方向，萬眾一心，整齊劃一，奮進在中國式現代化的大道上，實現中華民族偉大復興的目標。

企圖掌控絕對權力的獨裁者，都是整體主義與集體主義的信徒，故而也是自由主義的大敵。他們信奉人定勝天，人心齊，泰山移，沒有克服不了的困難，沒有對付不了的敵人，只要按他們說的去做。特別在外部環境非常險峻的狀況下，更會激發他們對黨、大眾和社會的控制欲。

習二〇二〇年在十九屆五中全會上對著三百多位中委和二百多候補中委強調，世界百年未有之大變局進入加速演變期，國際環境日趨錯綜複雜，國際力量對比深刻調整，國際形勢的不穩定性不確定性明顯增加，新冠肺炎疫情大流行影響廣泛深遠，經濟全球化遭遇逆流，民粹主義、排外主義抬頭，單邊主義、保護主義、霸權主義對世界和平與發展構成威脅，國際經濟、科技、文化、安全、政治等格局都在發生深刻複雜變化。要準確認識決定世界百年未有之大變局走向的關鍵因素，牢牢把握戰略主動。二〇二二年七月，習又當著幾百位省部級主要領導幹部的面說，當前，世界百年未有之大變局加速演進，世界之變、時代之變、歷史之變的特徵更加明顯。中國發展面臨新的戰略機遇、新的戰略任務、新的戰略階段、新的戰略要求、新的戰略環境，需要應對的風險和挑戰、需要解決的矛盾和問題比以往更加錯綜複雜。全黨必須增強憂患意識，堅持底線思維，堅定鬥爭意志，增強鬥爭本領，以正確的戰略策略應變局、育新機、開新局，依靠頑強鬥爭打開事業發展新天地，最根本的是要把中國自己的事情做好。上述對外部風險和內部危機的表述同樣出現在習的二十大報告中，認為世界進入新的動盪變革期。

這三個講話時隔兩年，習對全球走勢、國際環境以及時代特徵的認識幾乎沒有改變，認為世界百年未有之大變局正在加速演進，國際環境發生的深刻複雜變化前所未有，鬥爭的殘酷性也前所未有，而且這種情況未來若干年只會更加強化，因此，指望他在政治上放鬆嚴厲控制是不現實的。

相反，習會借助中國戰略環境的嚴酷，加速打造一個領袖、一個主義、一個政黨的類法西斯政權。類法西斯政權是本文提出的一個概念，指它不是一個法西斯國家，卻帶有法西斯國家特徵的政權。典型的法西斯主義，用《世界法西斯：歷史百科全書》的定義來說，它是一種具革命形式的極致民族主義，此民族主義決心要動員所有「健康的」社會和政治能量，以抵抗其認定造成民族衰敗的威脅，以實現國家或民族脫胎換骨的目標。該民族主義方案涉及政治文化的復興，包括支撐政治的社會及倫理文化的重生。也可把法西斯主義稱為一種威權的極端民族主義形式，以對國家領導人的個人崇拜，重視國家意識形態的宣傳，公共機構擁有過度的公權力，強大的社會和經濟統一執行力，以及強制鎮壓反對意見等為特徵。韋氏詞典稱法西斯主義為：「一種政治哲學、運動，或政權，將國家和種族的地理位置於個人之上，並主張一個中央集權化的專制政府，由獨裁領導者所率領，嚴格的經濟和社會組織化，並強力鎮壓反對勢力。」這些對於法西斯主義的定義大同小異，包含著極致民族主義、革命及復興等元素。

作為制度的法西斯政權是以強制、恐怖為特徵和手段的組織結構和政治制度，以追求民族復興的意識形態來統攝人們的思想，同時伴有海外軍事擴張或軍事占領。極端形式的法西斯主義通常還持有「種族純淨」或「優等民族」的信仰。歸納歷史上曾經出現的法西斯政權和運動，通常具有以下特點：(1)黨制國家，黨國一體，有一套從上到下貫通每個環節的組織體系，作為政策執行和大規模政治動員的平臺；(2)公權力支配社會，個人絕對服從集體的需要；(3)有一個獨裁領導人，通常是具有卡里斯馬（charisma）即超凡個人魅力的領袖，凌駕於組織之上，組織成為貫徹領袖意志的工具；(4)有一套關於民族復興的意識形態學說，驅動民眾的愛國主義、民族主義和國家主義情緒來整合國家，進行政治動員；(5)國內統治以強制為手段，有時也通過暴力，不允許反對意見和政治反對派的存在；(6)政權看似具有強大的社會和經濟的統一執行力；(7)追求一個思想純潔的社會。

上述七點尤其黨治、領袖獨裁、大規模動員和不容忍異己可看作法西斯主義的標配。以此來對照中國，毛時代是典型的法西斯國家。改革開啟到習上臺前期的三十多年，雖然最核心的黨治這點沒變，對政治反對派的打壓依舊，但黨對社會的控制確實有所放鬆，民間社會的雛形形成，在某些階段，民間議政的言論空間存在。這個階段的中國可稱為強威權國家。此種相對寬鬆的氛圍在胡時代後期收緊，習上臺後的頭兩年政治空間就變得相當窄了，但此時尚未像習自封核心後達到嚴厲程度。習的中後期開始有意識地營造個人崇拜，到二十大達到高潮，將領袖置於黨之上，通過反腐和政治忠誠的測試在黨內製造恐怖氣氛，清洗政敵，要全黨服從他一人。對社會，則強化黨治，以黨代政，將黨的觸角深入到民間和企業；嚴控輿論，取消公民結社，暴力鎮壓異議人士和政治反對派，借助現代監控技術，對民眾實施最嚴厲的監控。尤其疫情三年，對民眾的監控已到一個相當駭人的程度。在意識形態上，以混合了民族主義和民粹主義的所謂不忘初心洗腦大眾，「純潔」人們的思想和靈魂，打造一個「乾淨」社會；並用中華民族偉大復興的中國夢，迎合、鼓動和激發民眾的民族主義和國家主義情緒。因此，從學理上看，習的新時代的中國是符合法西斯國家的定義和特徵的，至少在關鍵的方面帶有法西斯主義的元素。

儘管如此，本文還是以「類法西斯政權」來稱呼中共，這是因為，今天人們談論法西斯，是有特定含義的，即發動二戰的德、義、日這三個國家。它們所以自然地和法西斯的稱號掛鉤，不僅在於它們是現代最早出現的法西斯國家，公然打出法西斯旗號，也是因為對大多數人而言，把它們認作法西斯國家，似乎更主要的是它們對外發動了侵略戰爭，實施了對某個特定種族的清洗和屠殺，如希特勒對猶太民族的大屠殺，日軍對南京民眾的大屠殺。這是人們對法西斯國家的一般認知。

中共雖然邪惡，但沒有出現此種意義上的對某個種族或群體的集體屠殺行為。西方指控中國對新疆維吾爾族實施了「種族滅絕」，更多是在「文化滅絕」而非「人口滅絕」的意義上講的，爭議很大。另一方面，雖然習像希特勒一樣，打著民族復興旗號，但兩者背景還是截然不同，後者混雜著革命的因素，因為上世紀二、三十年代同時也是一個革命的年代；習的民族復興沒有當年納粹那種對民族和國家的危亡感，相反，他是在中國國力上升的時候提出民族復興的。中國在崛起後也加強了軍事現代化，甚至在海外建立了個別軍事基地，但這種軍事擴張現在來看還不像德、義、日等國要侵占別國領土，它最多是在南海、釣魚島和藏南有爭議的地區維護自身利益，未發動戰爭把爭議領土搶過來。也許和經典法西斯國家的一個最大不同，是中國有數量眾多的私人企業，占比很大的私人經濟和私人資本。雖然中共對各類經濟的管制越來越嚴，但無論如何，它不敢宣布不要私人企業，不敢不要外資，不敢關閉國門，特別是在嚴峻的經濟形勢面前，中共不得不轉而保市場主體，扶持私人企業，再次要擁抱私營經濟和民間資本，在經濟規律面前，習的個人意志不得不有所退卻。

此外，儘管對言論的打壓和對民間反對派的鎮壓，習創下了改革四十年來之最，這一點本文在習的反對派和支持者一節有詳細分析，然而，當局對社交媒體還是無法做到完全禁絕批評，在有關非政治性的議題上，有時似乎也網開一面，容忍民眾對它的不滿和指責，以免激怒民意，這在一定程度上說明，當局並不能為所欲為，完全不把大眾當回事，真正做到讓社會鴉雀無聲，也要適當照顧大眾的情緒。當然，民間的議政空間在習統治的十年尤其最近幾年，幾乎完全消失，黨的宣傳機器在製造個人崇拜、一個領袖和一個主義方面已經公開化並越來越肆無忌憚，對政治反對派的鎮壓越來越毫不留情。因此，用類法西斯政權來稱呼習政權，是恰當的，且在這條路上狂奔不已。

習建立絕對權力或類法西斯政權取得了相當部分成功。在他統治的第二季或下半場，中國會變成一個非常沉悶、壓抑和無趣的國家。習對經濟管制的一定程度的放鬆，不會重演毛文革結束後的過渡時期因經濟自由的增加對社會特別是政治帶來的衝擊，從而使得政治有某種程度的開放這樣一個過程。原因在於，毛的去世讓中共黨內的改革派得以崛起，他們和社會要求開放，廢除對國民的嚴厲管制的呼聲互相配合，使得承續毛的衣缽的當時的領導者也不得不讓步；但現在的情形完全不是這樣，習壓制了黨內改革派，儘管黨內和社會有諸多不滿，然而這種不滿反被他當作進一步收緊政治控制的理由，因此，對希望呼吸新鮮空氣的人民來講，恐怕還得等一段可能是漫長的歲月。

如果外部環境沒有什麼特別的變動，除非是習的某項重大戰略決策出現嚴重錯誤，否則，在嚴厲的近乎無死角的科技和大數據的監控下，中國社會內部包括黨內難興起成規模哪怕是局部的反抗力量，即使有這樣的反抗，也會被當局壓制。二〇二二年十一月底，因為無法忍受當局疫情防控的清零政策，在中國爆發了「白紙運動」，蔓延到全國二十多個大城市，年輕人走向街頭或者在校園內集會表達抗議。這是在習統治的十年出現的一起最大社會抗議運動，在過去難以想像。「白紙運動」迫使當局不得不提前結束清零政策，表明他「親自指揮親自部署」的這場抗疫是失敗的，從而對其形象形成重大衝擊，損害了習統治的合法性。某種意義上，可以說這是他的一場重大危機。

不過，「白紙運動」和清零的被迫放棄尚未讓人們看到對習的權力有太大觸動。在當局的應對下，「白紙運動」不到一週即被平息。雖然對人心帶來改變，但沒有觸及政權，對政權的結構沒有改變，原因在於，「白紙運動」的總體規模雖然很大，但力度不足，抗議的時間也不長，抗議人群的主要訴求還是結束封控，未上升為政治訴求，抗議局限在大學，社會響應不夠。這場運動發生後，雖然今後形勢惡化時，不排除類似的抗議會出現，但當局也會加強防範和打擊，免得形成星星之火。

雖然清零的失敗不意味著習今後不會再有其他的政策和戰略失誤，但目前人們能夠想像到的，對習的統治產生致命影響的戰略失誤，可能是武統臺灣，發動臺海戰爭。兩岸一旦兵戎相見，美、日很可能會出兵相助臺灣，如果解放軍被打敗，習政權就會垮臺，中共大概率會崩潰。很多反對者把「寶」押注於此。在他們看來，即便美、日不出兵，西方對中國的全方位制裁和圍堵也會讓中國經濟崩潰，進而帶動和引發連鎖反應，最後導致習下臺。

從概率上說，這種後果是不排除的，然而，若反對派將「寶」押注於美、日的軍事干預和西方的經濟制裁，也會有很大風險。對習來說，他一旦決定武統，勢必成為一場在軍事上不能輸的戰爭。憑兩岸軍事實力的差距和近海作戰的有利地理條件，美軍並無必勝把握。美國和西方對俄羅斯的制裁和禁運並沒有達成預期效果，以中國的經濟體量和科技實力，它反制裁的能力也很強，中國經濟會遭受重創，但這種重創是否會帶來政權的垮臺，並無必然聯繫。何況，如果習收回臺灣，挾「統一之父」的政治光環，他為應對西方制裁而採取的任何管制措施，都很可能得到民眾的理解和支持，至少短中期如此。所以，武統臺灣不大可能是習下臺和中共崩潰的必然選項。

本文的看法是，習建立的類法西斯政權的垮臺甚至黨的崩潰很可能發生在習「光榮」退位後，習統治的第二季或下半場也許社會有激烈的抗爭，但政權大體能夠確保無礙，劇烈的變局會出現在他從獨裁寶座退下來後，不管他以什麼方式退位，是和平交權還是突然暴斃抑或通過一場軍事政變。政治的鬆動最有可能發生在統治看似最堅固但也完全失去彈性的時候。

這就涉及本小節開頭提出的對習還要統治多久的評估問題。從其建立絕對權力的主觀願望以及他在位時不大可能出現劇烈變局來看，他至少應該還能執政十年，到二○三二年底卸任。這個時間跟他所作的二○三五年中國現代化第一階段實現的時間表的規劃大體吻合，那時他七十九歲，正好和今天拜登的年齡差不多，所以從身體和智力兩方面來看，若繼續執政五年到八十四歲退位也沒大太問題。習如果在他的第四任期社會雖然毫無活力但也沒有大的危機，是極可能再幹五年到二○三七年的。

然而，不管習在十年還是十五年之後退位，他退位後中國不會再出現像他這樣的政治強人，則幾乎可以肯定，統治階層內部會圍繞繼承人問題以及爭奪權力而展開殘酷的政治博弈，甚至達到殊死的程度；就黨和社會來說，過去長達二十多年的強力控制也會隨著他的下臺而減弱甚至突然之間消失，被專政強力壓制的種種不滿會爆發出來，並和黨內高層的權力鬥爭相呼應，撕開絕對專制統治的口子，中共因此很可能被分裂，出現三種情形：一是由於沒有一個能夠統攝全黨深孚眾望的領導人，黨內形成至少兩個不同勢力均衡的派別，兩者之間相互制衡，開啟中共向民主化的轉型；二是軍隊捲入政治鬥爭，習的繼任者或者某位領導人得到軍方支持，掌握大權，開啟軍人統治時代，必要時對社會實行軍管；三是習突然駕崩，權力出現真空，或者他雖然指定了接班人，但接班人軟弱無能，無法號令高層，這個時候中共最有可能進入潰敗期，失去政權指日可待。

上述三種情形對中共和中國來說，比較好的選擇是第一種，也是最有可能實現的一種。由於中共掌控了中國的大部分財富和資源，包括於社會發展和維持穩定最重要的資源，中共自身的民主轉型整體上對中國是有利的，對大部分黨員和官員——強硬派除外，亦符合他們的利益。因為一旦開啟民主轉型，中共或許要改名，但在未來的政黨格局中，它依然會是一個主要的政黨，甚至像日本的自民黨一樣，成為長期執政的政黨。其他的政黨無論從資源、黨內人才的儲備以及執政經驗來看，都比不上改名後的中共。第二種情形從民主化的角度說，對中國最為不利，如果軍人統治中國，或許能夠實現穩定，讓經濟得到恢復和發展，但軍人干政的代價就是民主會再次拖後。第三種情形對中共則是最不利的，因為它有可能快速失去政權，對中國來說，倘若中共潰敗後能夠較快實現國家轉型，縮短陣痛期，則是上帝對中國的眷顧，但如果這一過程變得漫長，社會勢必進入混亂和失序的狀態，就像茉莉花革命後的一些中東國家一樣，中國還有可能分解。不過，不管上述三種情形出現哪一種，它都要強過目前的習政權，尤其從個體自由的角度來說。習政權雖然帶來社會穩定，但這是一種極度高壓下的穩定，個人沒有自由，社會沒有活力，人民看不到希望，經濟也停滯不前——

這種社會是所有壞的社會中最壞的一種。

在習統治的第二季或下半場，中共是否有可能也碰上好運？百年中共史，靠好運渡過難關有過幾次。社會雖然壓抑，但經濟得以恢復，並持續增長，中國的實力由此得以繼續累積，中共的合法性得以加強，習將這個局面交給他的接班人，中共得以避免崩潰的命運並繼續統治中國一段時間，這種可能性不排除。然而，大概率還是面臨前述三種情形之一種。因為經濟雖然是政權的基礎，同每個人的利益切實相關，但是政權的崩潰很多情況下並非是在經濟最壞的時候出現。換言之，經濟的惡化或蕭條也許構成政權崩潰的一個背景，但不是決定性因素，有時在經濟沒有出現大的蕭條的情況下，政權由於其他的因素而崩潰。可以說，在後習時代，中共可能的崩潰取決很多原因，經濟只是眾多原因中的不重要的一個。

尾聲：不合時宜的人民領袖，歷史的趨勢究竟是什麼

從政治的角度，人民是一個神聖的字眼，好比宗教中的上帝，事實上，在民主政體裡，人民就是上帝。中共號稱人民政權，政府是人民的政府，軍隊是人民的軍隊，法院是人民的法院，教育是人民的教育，醫院是人民的醫院，舉凡政權的一切，包括江山，都是人民的，都屬人民，都要冠以「人民」稱號。這是因為，人民具有天然的合法性，只要掛上人民的招牌，就變得神聖不可侵犯。習所鼓吹的「江山就是人民，

人民就是江山」，除要強調中共政權來自人民，得到人民支持這層含義，亦是要表達它的神聖不可侵犯性。然而，正因「人民」太神聖，中共幾代領導人，只有毛澤東被稱作「人民領袖」，連鄧小平都不敢，鄧甚至沒自稱或讓他人稱他為領袖。

毛之所以被稱為「人民領袖」，當然在於他是這個政權的締造者。另外，在中國的意識形態裡，人民領袖意味著受到人民群眾的衷心愛戴。這一點對毛來說是恰如其分的。至少在中共建政後的大部分時間裡，由於黨的造神，人民群眾確實是發自肺腑地熱愛擁戴毛。在今天看來，文革中的紅衛兵對毛的狂熱崇拜，可說是愚昧，但也是真誠的。故在此意義上，毛的「人民領袖」稱號受之無愧。

習也想成為「人民領袖」，像「核心」、「舵手」、「領航人」、「領袖」等稱號，他都有了，唯獨就缺一個「人民領袖」。雖然官媒也曾用「人民領袖」來稱呼他，然而只是一種偶然情況，並未流行開。就習對中共和中國的改造來說，其力度之大或許也夠得上「領袖」的稱號，但是，他無法得到像人民群眾衷心愛戴毛那樣衷心愛戴他，無論官方怎麼宣傳人民群眾和他心連心，從前文分析的十一路反習大軍來看，很多人不但不熱愛他，反對他恨之入骨，盼望他早日下臺。這就是真實的民意。

不過，這並不妨礙當局將習描述成「人民領袖」，官員喊他「人民領袖」，但這是不合時宜的「人民領袖」，因為他開歷史倒車的政治路線和行為，恰恰背離了人民的基本意願。

「人民」這個詞是現代社會的專有名詞。前現代社會只有臣民，沒有人民，人民的誕生意味著近代化（現代化的前期）的開啟。近代化也就是民主化的過程。簡單地說，從政治形態而言，現代化等於民主化，現代國家和現代社會就是民主國家、民主社會。從這個角度看，那些仍處於專制獨裁的國家，本質上是前現代國家。雖然它們表面上也有現代國家的形式和職能，但卻是按照前現代國家的運作模式進行治理的，那裡的民眾依然是臣民，而不是人民或者公民。人民本質上意味著由民作主，多數人統治，也即民主。人類歷史真實的演化邏輯，就是民主從無到有，從少到多，從弱到強，在今天成為一種主要的統治形式。

雖然人類的這條民主道路最早發生於西方，是從西方的政治傳統和政治文化中孕育出的，帶有西方文明的體溫，就此而言，它是西方文明的產物，似乎談不上普適性，不是放之四海每個國家都可套用的。另外，民主政體經過兩百多年的發展，到今天確實也存在很多問題，有些問題甚至是致命的，尤其長期被看作民主燈塔的美國，現如今民主也出現了一定的倒退，削弱了民主對專制國家民眾的感召力。然而，這不能成為否定民主拒絕民主的理由和藉口。人類有幾千年的歷史，多數時候實行的是專制統治，現代民主不過兩、三百年時間，放在人類歷史的長河，它還是一個新事物，不是已經完美無缺，仍須繼續探索，出現這樣那樣的問題是難免的，甚至出現一定的反轉，比如由民主重新進入專制都很正常，過去這樣的事不是沒發生過。但民主有糾錯的機制和功能，從人類歷史看，民主越來越浩浩蕩蕩，今天世界上多數國家都是民主國家、民主政體，就是最好的說明。如果我們不否認人的基本理性是趨利避害，那麼，越來越多的國家成為民主國家，就是人民選擇的結果；換言之，為什麼其他的各種非民主體制都被人類揚棄，而選擇民主體制？原因就在於它合乎人的最基本人性，能夠幫助一個國家一個民族乃至人類整體趨利避害。

正因為民主的這種功能，雖然中共實行的是一黨專政，習實行的是個人獨裁，當局仍然要把專政和獨裁打扮成民主，稱中共在做的是一種全過程民主，全過程民主是最適合中國國情、得到人民擁護的民主制度。黨的御用理論家們用實質民主和形式民主來為中共的專制辯護，認為中共的統治是一種實質民主，以區隔於西方的形式民主。他們不敢公開承認中共的專制。然而，民主如果不能通過一套嚴格的形式和程序來保障，就不可能有什麼實質民主。中共津津樂道的所謂民主協商、問計於民，都是以是否符合統治者的最大利益為尺度和前提，只有在符合它的利益的情況下，才會接納外部的意見、建議甚至一定程度的批評。因此，無論是中共宣稱的全過程民主，還是御用理論家們推崇的實質民主，不過是一種不能成立的偽民主。

先賢說，面對浩浩蕩蕩的歷史潮流，順之者昌，逆之者亡，民主乃是這樣一股歷史潮流。若干年後，人類或許能找到一種超越民主的更好的治理模式，但在當下及可預見的未來，民主還是我們正在經歷的最好的統治形式。習在二十大上宣稱的無論是中國式現代化，還是全過程人民民主，不過是新瓶裝舊酒，被中共冠以一個現代化和民主的名號而已，與人類已經走過並還在走的真正的現代化和民主在本質上是不搭架的，或者是現代化和民主的歧路和變種。習倘若要真成為十四億中國人發自內心認可的「人民領袖」，最起碼廣開言路，讓人民暢所欲言，沒有任何顧慮地說他們想說的話。可現實卻是萬馬齊喑，十四億人只能聽到一個人的聲音，這在中國五千年的歷史上，都是極不正常的。不消除這種現象，改變歷史的航向，中國這艘巨輪，很可能在黑暗的海洋上觸礁沉沒。

最後，本文要指出的是，「人民領袖」不是自封的，也不是由他人廉價奉送的。當人民在領袖眼裡，根本就是螻蟻，這樣的「人民領袖」只能自欺欺人、不合時宜。

中共二十大，習近平的「加冕禮」

中共二十大毫無懸念地以習近平的完勝而結束。他不但如願以償第三次連任，而且獲得了黨內高官對他的「人民領袖」——這個以前專用於對毛澤東的稱號。儘管二十大政治報告的內容沒有超出筆者預期，但從人事安排來看，外界還是要重視這次黨代會釋放的種種信號，因為它的召開，至少在未來十多年，中國這輛列車將在過去十年已經走過的軌道上，加速和不可逆地奔向一個事實上已知的終點，只是不清楚這個終點是否乃偽裝的懸崖。

二十大可以從兩個層面來分析。一是政治報告和黨章修改的內容，二是政治局及其常委會的組成。此類黨代會，每五年舉行一次，政治報告的內容涉及中共和國家大事的方方面面，今次報告一共分十五個部分，雖然每個部分看起來都很重要，但筆者認為值得關注的是報告對新時代十年的偉大變革、中共歷史使命和中國式現代化、高質量（品質）發展與新發展格局、共同富裕與完善收入分配、全過程民主、二〇二七年建成現代化軍隊以及要發揚鬥爭精神的論述。

習要三連任必須有個「說法」，任何要贏得正當性統治的領導人不能僅憑權力去壓服別人接受自己的統治，而是給大家一個有說服力的「理由」，這個「理由」就是他可以繼續統治下去的根據。對習而言，「理由」是在他領導下的過去十年，採取一系列戰略性舉措，推進一系列變革性實踐，實現一系列突破性進展，取得一系列標誌性成果，禁受住了來自政治、經濟、意識形態、自然界等方面的風險挑戰考驗，中共和國家事業取得歷史性成就、發生歷史性變革，推動中國邁上全面建設社會主義現代化國家新征程。也就是報告說的「新時代十年的偉大變革」，它在改革開放史、新中國史、黨史、社會主義發展史以及中華民族發展史具有「里程碑意義」。

對中共、中國、中華民族和世界社會主義做出過如此巨大歷史貢獻的領導人，他領導的十年具有如此彪炳史冊的意義，簡直是宇宙的稀世天才，是英明的人民領袖，中共怎麼可能不繼續由他領導，中國怎麼可能不繼續由他統治——這就是習要通過政治報告昭告全黨的含義，有了這十年的「偉大」成就，習的連任就具有了正當性即合法性。至於過去十年是否真的取得了歷史性成就、發生了歷史性變革，事實本身不重要，重要的是必須這麼說，必須這麼造神。

過去十年的成就雖然為習的連任奠定了「正當性」，但是，既然要連任，就不能躺在歷史的功勞簿上，還要為全黨和全國規劃未來，畫一個「大餅」，讓全體黨員放心，有他領導，跟著他走，前途是光明的。這個「大餅」就是報告提出的，以中國式現代化推進中華民族的偉大復興。

中國式現代化不是首次提出，但是首次寫進黨代會的政治報告，因此意義還是不一樣的。中國式現代化不僅是一條現代化的道路，習還賦予了它制度和文明史的價值：如果中國在中共領導下實現了現代化，建成為一個文明富裕強大的社會主義現代化國家，將為人類開闢出不同於西方現代化的另一條道路。這個價值豈不十分偉大？

按照報告表述，所謂中國式現代化，是人口規模巨大的現代化、全體人民共同富裕的現代化、物質文明和精神文明相協調的現代化、人與自然和諧共生的現代化、走和平發展道路的現代化，它的本質要求是堅持中共領導，堅持中國特色社會主義，實現高質量發展，發展全過程人民民主，豐富人民精神世界，實現全體人民共同富裕，促進人與自然和諧共生，推動構建人類命運共同體，創造人類文明新形態。從中國式現代化的特徵和要求看，它實際是二十大的政治路線，報告的其他部分，是對該主題的闡述和深化。從現在起，中國式現代化將是中共的中心任務和歷史使命。人類迄今實現了現代化的國家基本是西方國家，或者受西方文化影響，實行西方制度的國家。假如習帶領黨和國家走通了這條現代化道路，西方現代化的普世意義不就不攻自破，中國不就重新定義了什麼是現代化、怎樣實現現代化嗎？從而中共也贏得了國際話語權。這又是多大的功德。

在中共確立了中國式現代化這個歷史使命和中心任務後，要完成這個任務需要什麼樣的條件、做出什麼樣的部署中，首先還得看經濟。有觀察認為，二十大報告對安全的重視超過經濟發展，其實這是不準確的。安全再怎麼重要，也是建立在經濟這個基礎上的，其實不但是安全，國家的一切活動，包括執政安全，都是以經濟為基礎，沒有這個基礎或者這個基礎不扎實、不牢固，本身就會出安全風險。所以報告重提發展是第一要務。報告提出加快構建新發展格局，意思就是在重視安全的前提下更好地發展經濟。

新發展格局當然也不是一個新提法。報告對它的論述，包括構建高水平社會主義市場經濟體制，推進高水平對外開放特別是穩步擴大規則、規制、管理、標準等制度型開放，都是十九大以來的既有說法。不過，有一點是首次寫入二十大報告的，即「經濟實現質的有效提升和量的合理增長」。眾所周知，中國經濟過去幾年出現了快速下滑，二〇二二年的中心工作就是穩增長。雖然習強調高質量發展，似乎意味著不像過去一樣追求高增長，但是，高質量發展不等於低速發展，還是需要一定的增長，在能夠快速發展時就應該快速發展。畢竟中國只是解決了絕對貧困問題，從絕對貧困到低水平的小康相對容易，從低水平小康到中等發達程度，以中國的人口體量很難。因此將經濟發展「質的有效提升」和「量的合理增長」相提並論，而不是對立起來，意味著必須穩住經濟增速，使速度和質量相互促進。未來幾年的一個重要任務，是如何化解目前的各種下行壓力、穩住經濟增速，特別是如何釋放民間活力、挖掘增長潛力。

二十大報告亦再次提到共同富裕。這既是一個經濟問題，也是一個社會問題，同時很大程度上還是一個政治問題。正因為共同富裕的這個性質，當官方去（二〇二一）年嘗試著將共同富裕擺上工作議事日程，馬上引發社會軒然大波，嚇得資本和企業家躺平和跑路。

鄧小平曾經把不搞兩極分化看作社會主義的本質，不搞兩極分化就是要共同富裕，它也被習視為中國式現代化的重要特徵。如果把中國式現代化的內容做一個簡化，它就是共同富裕，因為西方式現代化的一個嚴重後果被認為是製造社會的兩極分化，要避免此後果，證明中國式現代化好於西方現代化，就要實現全體人民的共同富裕。這是中國式現代化的內在邏輯必然帶來的。

共同富裕在現實中的實現途徑，一是在初次分配中加強勞動所得的分量；二是調整國民收入分配體系，提高居民收入在國民收入分配中的比重，強化國家的救濟能力。二十大報告在闡述這一點時，表示要規範收入分配秩序，規範財富積累機制，這很容易使人聯想到官方這幾年實行的抑制乃至在一定程度上剝奪資本的政策。中國民眾傳統上對共富的理解是均富，即將地主老財的資產拿來吃大戶，平均分配。官方當然也明白，共富的前提是發展，把蛋糕做大做好，儘管官方在不斷喊話，共富不是搞平均主義，不會再來一次「劫富濟貧」，但在中國經濟下行壓力下，要滿足民眾的共富願望，同時不傷害資本和企業家，確是個難題。

中國式現代化在政治方面的表現是所謂的全過程民主。這當然也不是一個新事物。十九大後，中共將它在政治上的一套做法冠之以「全過程民主」，二十大報告承接以前的說法，指全過程人民民主是社會主義民主政治的本質屬性，是最廣泛、最真實、最管用的民主，但其實還是老一套，那些體現全過程民主的做法，包括加強人民當家作主制度保障，全面發展協商民主，積極發展基層民主，鞏固和發展最廣泛的愛國統一戰線，壓根與現代民主一點都不搭邊，只是好聽而已。

不過，中共把專政打扮成民主，不能簡單看成宣傳需要，是一種欺騙，至少在習看來，中共的這套專政做法，是一種中國式民主。用官方學者的話講，中國的民主不像西方一樣，強調形式和程序，而是追求實質，是實質民主，西方則是形式或者程序民主。後者看似具有民主的形式，然而實質上是由金錢即大資本控制的民主。中國的民主表面看老百姓沒有投票權，但他們的意見意願訴求可以通過各種途徑的協商和徵求意見得到實現和滿足，老百姓最後得到了真民主，西方的民主是假民主，因為西方的民眾投票過後，民主就結束，政客兌不兌現諾言，他們也沒有辦法；而中國的民主是在整個過程中都要體現的。

因此，二十大報告進一步強化全過程民主的論述，目的是要和西方爭奪民主的定義權和話語權。就好像公知這個說法在中國成為一個貶義一樣，民主這個好東西被中共這麼一搞渾水，很可能在中國民眾眼裡也變成一個不好的東西。

如果說二十大政治報告最能體現習雄心的是中國式現代化，那麼最使他憂慮的是國家安全和社會穩定。報告提到安全的次數超過十九大，視國家安全為民族復興的根基，社會穩定為國家強盛的前提，表示要堅持以人民安全為宗旨、以政治安全為根本、以經濟安全為基礎、以軍事科技文化社會安全為保障、以促進國際安全為依託，統籌外部安全和內部安全、國土安全和國民安全、傳統安全和非傳統安全、自身安全和共同安全，統籌維護和塑造國家安全，夯實國家安全和社會穩定基層基礎，完善參與全球安全治理機制，建設更高水平的平安中國，以新安全格局保障新發展格局，堅定不移貫徹總體國家安全觀，把維護國家安全貫穿黨和國家工作各方面全過程。正因為安全如此重要，就像前面提到的，有觀察認為二十大對安全的關心和重視超過了經濟發展。

在各種安全能力建設上，報告尤其重視國家政權安全、制度安全、意識形態安全以及糧食、能源資源、重要產業鏈供應鏈安全。前面三類安全實際說的是一回事，也即政治或政權安全；後面三類大致也可以歸為同一個安全，即經濟和產業安全。這兩種安全互相影響和強化，特別在當前中美對抗，中國外部環境非常惡劣的狀況下，糧食、能源和資源以及重要產業鏈供應鏈安全，會直接影響經濟增長，如果發生糧食和能源危機，或者像芯片這樣的科技產業的供應鏈完全被切斷，不但經濟嚴重受損，很可能造成餓死人或凍死人的情況，衝擊社會穩定，進而觸發統治危機，累及政權安全。就此而言，經濟和產業安全，也是政治安全的組成部分。

中共近年來越來越把政權安全放在首位，同時對經濟和產業安全也絲毫不敢掉以輕心，既反映了習的危機意識確實非常強烈，同時亦說明中國的外部環境更趨嚴峻，而這一切很大程度上是由他的內外政策和高壓統治造成的。追本溯源，根子出在他的施政上。

在二十大報告中，還應關注對解放軍的表述。這是因為，如果中國最後不得不武統臺灣，就會加快對解放軍的現代化能力建設。報告提出了這方面的目標任務和要求，表示要加快軍事理論現代化、軍隊組織形態現代化、軍事人員現代化、武器裝備現代化，提高解放軍捍衛國家主權、安全、發展利益戰略能力，如期實現建軍一百年奮鬥目標，加快把解放軍建成世界一流軍隊。

解放軍建軍一百年的時間節點在二〇二七年，恰好是習第三任期的末尾。如果習要開啟第四任期，就面臨著如何說服黨內同意的問題。雖然他提出了中國式現代化作為自己連任的合法性依據，然而，以中國當下的狀況，在未來五年，中國式現代化能夠取得多大成效，存在很大的不確定性。如果沒有取得耀眼的成績，甚至這條路走得非常艱辛，第四任期還要連任，缺乏說服力。因此對習來說，收回臺灣是最好的繼續連任理由。這亦是許多觀察者認為未來五年臺海發生戰爭的原因。即使習基於各種考量，不用戰爭來解決臺灣問題，也一定會通過使用武力，逼臺灣坐上談判桌。所以強軍是習第三任期的重點之一。建設一支強大的軍隊，保證臺海爆發戰爭時能夠打贏，是解放軍的唯一使命。二十大報告對強軍目標的錨定，反映了習確有在未來五年解決臺灣問題的想法。軍委的人事任命，亦坐實了這點。

二十大政治報告最後應該關注的一點是它透露出的鬥爭精神。整個報告看起來有些平淡無味，缺乏亮點和新意，一些人批評報告對過去五年中國面臨的各種危機和困難視而不見，只是用大而化之的語言帶過，不敢直面問題，儘管如此，報告的字裡行間卻有一股強烈的鬥爭味兒，習在報告中吹響了鬥爭的號角。

習是一個喜歡鬥爭的人，他的「四個偉大」有「偉大鬥爭」，報告也多處提到鬥爭。在總結過去十年的成就時，有義無反顧進行具有許多新的歷史特點的偉大鬥爭的表述。「三個務必」有務必敢於鬥爭、善於鬥爭。談到中共未來必須把握的五個原則，其中第五個原則是堅持發揚鬥爭精神，增強全黨全國各族人民的志氣、骨氣、底氣，不信邪、不怕鬼、不怕壓，知難而進、迎難而上，統籌發展和安全，全力戰勝前進道路上各種困難和挑戰，依靠頑強鬥爭打開事業發展新天地。這次黨代會甚至把發揚鬥爭精神、增強鬥爭本領的內容寫入黨章。鬥爭思維完全是習的思維，他現在要把它變成全黨和每個黨員的思維。

但外界不能把習指的鬥爭僅僅看成人事和權力方面的鬥爭，今天的中共沒有傳統意義上的政治鬥爭或路線鬥爭，鬥爭的含義說的是面對各種困難，要有鬥爭精神。所以偉大鬥爭的背後，其實反映了習有著很深的危機感。他並非盲目樂觀，知道自己有很多「內外敵人」，路途不那麼平坦、那麼一帆風順。用報告的話說，中國發展進入戰略機遇和風險挑戰並存、不確定難預料因素增多的時期，各種「黑天鵝」、「灰犀牛」事件隨時可能發生。全黨必須增強憂患意識，堅持底線思維，做到居安思危、未雨綢繆，準備經受風高浪急甚至驚濤駭浪的重大考驗。這裡的「風高浪急」和「驚濤駭浪」無疑有具體所指，雖然外界不清楚這個具體所指是什麼。前面說的各種安全關切，就是習的憂患意識的體現。在他看來，要渡過各種「驚濤駭浪」的考驗，就必須要求中共及其每個黨員有敢於鬥爭善於鬥爭的精神。

習的這種鬥爭精神也反映在新一屆中央委員會尤其政治局及其常委會的人事布局上。如果說政治報告和黨章修改至少沒有出乎筆者的太多意料，政治局特別是常委會的組成人選讓包括筆者在內的絕大多數觀察者跌破眼鏡。在這些觀察者看來，高層人事對習最有利的組合是總體保留「七上八下」規矩，局部打破，這樣李克強、汪洋等未超齡的上屆常委在二十大能夠繼續留在最高層，對習接下來的施政是有利的。因為儘管他們在一些具體的政策上同習有分歧，但在習掌控大局的前提下，可以通過他們的專長和領導能力，對習的粗暴做法產生的後果進行某種程度的修正和改善。

另外，從政治角度說，他們的留任還對那些反感習、對習不滿的人多少會產生某種期待，認為有他們在臺上，這個政權還沒有壞到澈底。而這股力量在中國不是少數人，它代表的是中國的廣大中產階級群體，特別是知識界和企業家。可現在最高層這個組合，儘管上屆常委有王滬寧和趙樂際兩位留任，但王、趙二人的留任恰恰是他們不願看到的，而且這兩位老常委在二十大的政治局中起不到很突出的作用。新政治局由習氏人馬全面控制，包括重要的總理一職由其親信擔任。這個權力布局雖然體現了習對中國政局的絕對控制，讓習的意志和想法能夠更好地在高層得到貫徹和實施，然而，它不出事則已，一出事必定後果非常嚴重，因為不但沒有制約的力量，而且也沒有在事情發生後為他化解麻煩、減緩衝擊力度的救火人。

習之所以在政治局有這種似乎對自己不利的布局，跟他要在全黨推行的鬥爭精神和鬥爭意志有關。他大概要在他的第三任期幹成幾件大事，尤其很可能要收回臺灣，因此不想在高層受到不同意見的干擾，而是同心同德，要高層全力支持他。在他看來，在經受驚濤駭浪的考驗過程中，一個集體沒有鬥爭精神是成不了大事的。所以大家都要跟著他發揚鬥爭精神，把制定的目標任務完成。胡春華的意外受挫是他這種鬥爭精神在高層人事安排的最大犧牲品。李汪的退場站在習的角度，某種程度上是可以理解的。胡從過去幾月的表現看，已經對習澈底臣服，他年輕，又是兩屆政治局委員，即使習為裝點一下門面，也應該入常，這就是不管哪種版本的入常名單都有胡的原因。退一步，入不了常，現有的政治局委員應該保留。但胡只是中委，除非明（二〇二三）年他被安排擔任國家副主席，否則這就是對胡的羞辱。

除習的親信完全上位外，二十大政治局委員的組成還有兩個現象需要注意，一個是航太幫或者廣義的軍工系統的崛起，這次具有軍工背景的政治局委員有四人，習看重他們，可能是欣賞他們的執行力和做事的效率；二是黨校幫的出頭，有兩位政治局委員出身黨校系統，這兩人同時還是書記處書記，被習委以重任。這當然是因為習在做中央黨校校長時所形成的特殊關係，也和他們個人的能力有關。

雖然二十大的高層布局似乎有利習的目標的達成，然而他也忽視了另外一個因素，即這種人事安排對內對外釋放的信號都是糟糕的，中國內部會有更多人同習政權離心離德，棄他而去；外部則對中國更加警覺，從而對他要推行和實現的目標構成障礙。未來到底會出現一種怎樣的結果，取決在人事布局之後採取的政策。

可以說，通過二十大，習完成了他作為人民領袖的加冕禮。

中國的國家主義與習近平政權的過渡性

習近平對中國的統治無疑在改革開放後將中國帶入史無前例的危機，然而讓人無奈的是，自由民主力量似乎對此無能為力，習近平不僅牢牢掌握了大權，其地位比新冠疫情前穩固，而且美國雖全力圍堵中共和中國，但迄今為止，這場圍堵還談不上實質性削弱了中共統治。如何穿過現實的迷霧看清歷史的走向？我們是否應對未來保持某種程度的樂觀？本文擬從中國國家主義的興起、習近平政權的過渡性和特朗普對華政策檢討等幾個方面進行闡述。

中國／中共國家主義的全面興起

隨著美中疫情和圍繞香港的對抗加劇，中國也完成了從民族主義到國家主義敘事話語的轉換。

這裡說的中國／中共的國家主義，是指借用民族國家的敘事話語，將中共對中國社會的統治包裝成中國的民族國家利益，旨在動員大眾對抗外部世界特別是西方國家對中國的遏制和圍堵。

中國／中共的國家主義捍衛的不是抽象的民族國家利益，而是中共作為代表的現實的民族國家利益。因此，它雖然有一般的國家主義的特徵，但是特別強調中共的歷史選擇的正確性，也即歷史選擇了中共，作為中國國家利益的代表，中共對中國的統治是維護國家利益的最好方式。

此意義上的中國／中共的國家主義並不是今天才有，而是在中共統治中國的那一天就存在。但是在過去，它還沒有發展成為大眾認可和接受的意識形態。中共當然一直想把這種意識灌輸給全體民眾，可無奈它需要一些前置條件，而過去欠缺某些條件，它們包括對中國悠久歷史的榮譽感、強烈的民族受害者意識、現實中國的崛起幻覺以及外部對中國的圍堵。四者缺一不可。其中前兩者構成民族主義的核心要素，崛起幻覺嵌入了國家主義的因子，但只有真實發生的外部圍堵和對抗，才會把上述三者都激活，而這四個條件，在中共建政後的多數時期，並不總是同時存在。改革開放後，中共放棄原教旨的馬克思主義轉而用民族主義來作為事實上的動員社會的意識形態。

中國／中共的國家主義是在民族主義基礎上的進一步「昇華」，它和民族主義的關係是，單純的民族主義只是一種被動的或者反應式的民族主義，而國家主義是一種進攻型的民族主義。許多人尤其自由派對中國的民族主義多有批評，指責它有破壞性，然而，嚴格來講，改開以來雖有官方和官媒對民族主義的灌輸和強調以及在某些特殊時期用民族主義煽動大眾，但總體上中國的民族主義呈現的是一種「挑戰－回應」特徵，在此意義上，它具有被動性，特別是當它顯現破壞性的時候。我們考察本世紀頭十年幾場大的反美、反日以及前幾年的反韓遊行，無不是對方先挑戰中國的利益（如美國轟炸中國駐南使館、南海撞機，日本在釣魚島海域將中國漁船撞沉，韓國允許美國部署針對中國的薩德等），雖然官方在這些事件中做了片面甚至不實的宣傳和鼓動，但對大眾來說，中國是受害一方，表現的是受害者意識。

國家主義一反單純民族主義的受害者意識，而變得積極主動，具有進攻性。中國歷史上被列強的欺凌只構成一種背景，在官方崛起的敘事鼓吹下，加上民眾實際感受到的中國實力的強大，在以黨政事業單位和個體工商戶、中小企業主以及自由職業和中高收入雇員為主體的中產階級，廣大的底層民眾間，形成了中國崛起的意識幻覺，他們對外部世界對中國的反應和態度非常敏感，將國際關係中正常的矛盾和爭執看成對中國的冒犯，缺乏容忍心，不再像過去一樣，是在認為國家利益受到侵害後的一種被迫的、忍無可忍的反擊，而採取主動出擊的進攻姿態來維護國家利益。故可把國家主義稱為進攻型的民族主義，它是前述四個條件的混雜物。

中國／中共的國家主義在二〇〇八年的北京奧運會後開始嶄露頭角，奧運會讓大眾揚眉吐氣，一掃百年東亞病夫的積鬱，變得自信昂揚起來。但那個時候，中美雖有摩擦，中國總體上給人國力向上的感覺，美國卻似乎在走下坡路，兩國並不構成真正的對抗，或圍堵與反圍堵。國家主義沒有成為大眾普遍接受的意識形態。

轉折點是習近平上臺之初提出的中國夢。中國夢是一個以民族主義形式出現的國家主義官方宣言。在此之前，甚至更早的一九九〇年代末期，中國新左派、自由派、新儒家的部分學者已經轉向國家主義的論述，但這部分學者還局限在學術界，雖然他們極力想和權力聯姻，但此時的官方對國家主義不是太感興趣，它致力的是埋頭發展經濟，所以學界的這股國家主義潮流在民間沒有什麼顯著影響。以通俗讀物形式在民間產生影響的是二〇〇九年《中國不高興》這本書的出版，它倡導的「帶劍經商」由於中國國力的上升在民間很有市場。同一作者十多年前曾經寫過一本轟動一時的《中國可以說不》，然由於那時中國的國力比較弱小，民眾並沒有對該書鼓吹的國家主義當真。但二〇〇九年不同，某種程度上，它反映的是民間的情緒。

習近平首次闡述中國夢是在二〇一二年十一月，他在帶領六常委參觀國家博物館復興之路展覽時發表了他的感想：「實現中華民族偉大復興，就是中華民族近代以來最偉大的夢想。這個夢想，凝聚了幾代中國人的夙願，體現了中華民族和中國人民的整體利益，是每一個中華兒女的共同期盼。歷史告訴我們，每個人的前途命運都與國家和民族的前途命運緊密相連。國家好，民族好，大家才會好。……我們這一代共產黨人一定要承前啟後、繼往開來，把我們的黨建設好，團結全體中華兒女把我們國家建設好，把我們民族發展好，繼續朝著中華民族偉大復興的目標奮勇前進。」以後他多次提到中國夢，當局把它的具體內容概括為國家富強、民族復興、人民幸福。

從這段話看，所謂中國夢，典型體現了國家主義的一般特徵，即以民族國家為載體的整體高於個人，國家和民族在先，個人在後，後者利益的實現必須服從和讓位於國家利益，是實現國家利益的工具，當且僅當在國家利益實現的前提下，個體的存在和價值才有意義。

除此外，這段話也反映了中國／中共國家主義的獨特內涵：中國夢首先表現為民族復興之夢，這表明，中國曾經有燦爛光輝的歷史，只是在某個階段，它衰落了，現在要復興它，但誰來引領復興？只能是中共，因為中共說它是代表先進生產力和全體人民利益的，故引領民族復興的力量，非中共莫屬，別的政治力量沒有資格。要引領復興，就需把黨建設好。可見，在習近平的中國夢中，黨是中國復興的前提和關鍵，它隱含的邏輯結論是，既然中共才有資格帶領中國復興，那麼誰反對黨的領導和中共統治，誰就站在敵人一邊在阻擾中國復興，因此，為著這個復興大業，對反共勢力，是要鬥爭和消滅的，且必須把它消滅。

中共就這樣將黨的利益包裝和偷換成國家利益，至少是成為國家利益的核心部分，也是它似乎理直氣壯打壓國內反對派的理由。對此，中共並不避諱，在向外界闡述何謂中國的核心利益問題時，直言包括中國現行政治制度。從邏輯上看，中共的這個三段式論述似乎沒有問題，但問題不是出在邏輯，而是出在事實的無法檢驗，因為歷史是不能假設的，不能像自然科學一樣可以在實驗室重複驗證。這個「事實」就是，中共統治中國七十年的歷史，它的災難和取得的成就，無法假定另一個黨領導時，是會比它做得更好或更壞。中共的「狡猾」就在這點，用一個不能驗證的「事實」，宣稱自己最有資格帶領人民實現民族復興的中國夢，讓人無法反駁。

當中共「意識到」它承載著中國復興的「天命」且只能以此作為統治中國的合法性後，也就不再像過去一樣，被動地跟在別人後面跑，「學習」別人的經驗，而是向國際社會輸出自己的經驗和價值觀，爭取制定國際規則的更多權利，乃至局部改造國際秩序，讓它對中國／中共更有利，故外界看到，中國的外交在習近平時代顯得相當的積極進取，奮發有為，如部署一帶一路、成立亞投行，要建立人類命運共同體等。與此同時，對反對自己的國內外力量，特別是敵對勢力，中共也不再像過去一樣，僅限於被動回應和應戰，而是主動出擊，不怕鬥，敢碰硬。這也是習近平提出「四個自信」並在「四個偉大」中包含「偉大鬥爭」的原因，有偉大夢想和偉大事業，必定需要偉大鬥爭去實現和保障。習能夠這樣，是因為他相信，中國現在最接近實現中華民族偉大復興的時候了。

中共這個中國夢的國家主義號召，及對大眾進行的政治動員，收到了效果。儘管不少人——主要是有自由主義理念的人和黨內改革派——對習在這一過程中的政治左轉和高壓不滿，然而，對國家富強民族復興本身沒有異議，或者即使有不同看法和反對意見，也不能公開提出，否則會被輿論貼上西方反華勢力在中國的代理人標籤。另外，以整體主義的一元論的國家富強會壓制個體的自由和幸福，在普羅大眾中也沒有多大說服力。事實上，受制於中國的特殊歷史和特定宣傳，即中國在歷史上曾經長期處於文明的先進行列只是到近代才被西方列強欺負這一被官方灌輸的歷史事實，多數中國人包括一些自由派，文化基因裡或多或少都帶著國家主義的因子。這在統一問題上表現得非常明顯，一些自由主義者不反對甚至鼓吹國家一統。此乃中國自由主義者的尷尬，也是極左和極右都容易滑向國家主義的原因。

中國的左派和國家主義只有一扇門之隔，它們的理論元素和敘述話語基本上差不多，從左滑向國家主義沒有理論障礙。右派中的一些人如上所說，如果存在這個歷史情節，也容易倒向國家主義。但無論左右的國家主義者，他們對民間的影響不是很大，主要是學理式的話語系統削弱了他們在民間的影響力。大眾對官方國家主義的接受，特別是對黨帶領國家強盛看法的接受，主要是來自前述的無法選擇和檢驗的事實。中共對中國的統治，是一個無法選擇的存在，而它假定只有自己才能引領中國強大，也無法驗證，因為以往的歷史不能推倒重來，人們只能在現有的約束條件下去展望未來，而現實是中共還在統治中國，所以只能根據這一事實去推想中國的未來。中共說它能帶領中國實現民族復興夢，人們只能用過去的歷史去比照。這樣一看，雖然一路走來磕磕碰碰，包括給中國造成過巨大災難，但中國也是在中共的領導下經濟上成為世界老二的。歷史容易遺忘，特別在中共選擇性敘述歷史的情況下，對它不利的歷史更容易被民眾所遺忘。人們往往注重現實的感受和體驗，而世界老二這個事實讓多數民眾相信，按照已有的道路走下去，在不遠的將來，在經濟上趕超美國，成為世界第一，是可以實現的。中共也用它的經濟成就不斷來論證和強化國家主義的正當性。

中國的國家主義雖被多數民眾接受，但要成為一種對抗外部的思想武器，還需要事件的出現。恰恰因為習的強硬作風，對內的政治高壓，對外的出擊，讓西方特別美國警覺，習近平治下的中國是要作為一股修正主義力量，對現有的國際秩序進行改造或者接管，這直接損害了美國利益，於是華盛頓改變過去的接觸和融入政策，對中國發起了全面狙擊。中國的國家主義也就在美國和西方的一系列圍堵之下，得以壯大，成為官方和民間共同信奉的思想。它經過四個階段即美中貿易戰、對華為的打壓、香港反修例抗爭，以及疫情對抗才完成。

二〇一八年開始的美中貿易戰一直談談打打，直到二〇二〇年一月達成第一階段貿易協議，從協議內容看，中國是貿易戰的輸家，協議對中共而言乃城下之盟，不得已簽署。但中共在這一過程中不時表現出的強硬態度以及官方宣傳中把貿易戰和晚清屈辱歷史掛鉤的做法，宣稱中國任人宰割的時代已經過去，卻很好地迎合和刺激了大眾既脆弱又自大的民族情節，成功地把貿易戰塑造成美國看不得中國人民過上好日子，要打壓中國的發展，中共的反擊則是在捍衛中國國家利益和民族尊嚴這樣一種較量，從而使得大部分民眾對美國採取敵視態度。

如果說貿易戰美國還有一個對中巨額逆差的藉口，在貿易戰後不久美國即以國家之力和動員盟友來對付華為，包括孟晚舟在加拿大的被捕，讓更多的中國民眾對美國更加不滿，因為華為被認為是中國最成功的科技企業，已成中國的象徵，是中國人的驕傲，美國要置華為於死地，表明美國實現貿易平衡是假，真正的目的是要發動科技冷戰，扼殺中國製造二〇二五。因此，美國的行為直接助推了大眾對華為的支持，在多數民眾心裡，支持華為就是支持中國，支持中國政府和美國對抗。

二〇一九年五月香港出現的反修例抗爭，如果只針對逃犯條例的修訂，或者即使有雙普選的民主訴求，在很多中國民眾看來，那也是香港內部的事情，但外界特別是美國的介入使得他們相信中共的說法，即美國要利用勇武派及其港獨訴求，在香港發動顏色革命，把香港變成反中基地。這無疑讓大眾聯想到美國支持的疆獨、藏獨和臺獨等，因此它直接挑戰了中國的領土和主權，在港獨問題上，國家立場是包括部分自由派在內的多數中國民眾的衡量標尺。他們支持中國政府對香港抗議的處理，甚至嫌北京的立場還不夠強硬。

疫情本來應該成為美中彌合分歧改善關係的一個機會，可雙方反而激化了矛盾，滑向全面對抗。疫情首發中國的事實以及中國初期的瞞報，讓美國抓住把柄將自身抗疫不力之責轉嫁給中國，出於國內政治鬥爭和選舉需要，美國政府對中國追責和索賠的支持，也使中國政府對美國發起了反擊。另一面，中國對疫情的較早控制以及美國感染和死亡人數遠高於中國，包括之後因黑人弗洛伊德之死而在全美引發的騷亂，不僅大大強化了中國官方的國家主義敘事，也讓美式民主的光環在中國大眾中變得黯淡，大眾反而轉向認可和接受中共的這套治理模式和國家主義立場。這方面的一個典型就是「方方日記」的輿論反轉。方方的疫情日記曾受到包括官媒在內的中國社會的一片讚揚，但在中國快速控制疫情後，輿論由讚轉罵，方方成了專揭中國陰暗面、宣揚美國價值觀的壞典型。民眾對抗疫模式和國家主義的支持，讓中共心裡有底敢於和美國對抗下去。

簡言之，國家主義固然是中共為著穩固政權及對抗外部敵人所選擇的意識形態和動員方式，然而，它成為普羅大眾認可和接受的國家「宗教」，也與美國對中國的全面打壓有關。後者出於地緣政治的目的，不僅反共也反中，勾起了民眾深藏於心的屈辱的歷史記憶，這種歷史記憶和現實的中國崛起幻覺混合在一起，遂使大眾相信中共一向宣傳的美國亡中之心不死的信條，將其看作中國的敵人。故而美國客觀上對中國國家主義的興起起到了催化劑作用。

可以說，在過去幾年，中共利用上述事件，成功地把自己打扮成國家利益和民族尊嚴的捍衛者，爭取到多數中國民眾站在自己一邊，雖然習近平對疫情的處理讓民眾怨聲載道，讓一度得到部分修復的中共合法性又有所弱化，但如果未來一段時期中國沒有大的社會經濟危機的發生，習的一尊地位是難以撼動的。這才是中國和世界的悲哀。儘管被中共國家主義話語陷阱裹挾的中國，不大可能具有當年納粹德國國家主義的那種外部擴張性和侵略性，可在膨脹的民族心態和國家主義的支配和驅使下，中國統治集團為維護一己之利益和統治，隨時有可能將內部矛盾外部化，這會給中國和世界帶來怎樣的後果，不能不察。

習近平政權的過渡性

國家主義意識形態的興起暫時穩固了習近平的地位和中共統治，讓習近平儘管有新冠疫情的影響，但其權力看似巋然不動，這使得海內外曾經期待疫情將動搖習的權力和中共統治的許多反對者頗感沮喪，然而，如果我們從一個長時段——比如今後十年——的角度去觀照和審視習近平政權，就不應該像如今這麼悲觀。

自習在二〇一八年全國兩會修改憲法、廢除國家主席任期制，為其第三任鋪平道路後，有關他是否要做終身領導人的猜想一直沒有停止。我的基本判斷是，他修憲廢任的目的，不是如毛澤東一樣尋求名義上的終身制，而是像鄧小平一樣做事實上的終身領導，其任期在十五至二十年間，在為中共和中國建立起了一套新的基本的制度框架並解決某些他認為非他不能解決的問題後，會把權杖交給他選定的接班人。

這麼說並非只是為了傳達一種樂觀情緒，事實根據是，除了當今各國政權不允許存在名義上的終身制外，就中共自身而言，它的黨章還寫有反對領導幹部終身制的條文。在二〇一七年中共十九大至二〇一八年兩會之間的這段時間，雖然習近平的修憲廢任在黨的高層遇到一定阻力，但他終於把此事做成了，這表明，如果他在同期啟動的黨章修改中刪除不准搞終身制的條文，事實上是可以辦到的，而他之所以不在黨章中剔除這句，留著一個「尾巴」約束自己，只能用他沒打算要恢復毛時代的終身制來解釋。

人們或許會問，從習目前不受制約的權力看，黨章有沒有此條對他成為名義上的終身領導人關係不大，若有必要，他明天就可以讓它在黨章中消失。習若要蠻橫起來，的確可以做到，然而，他並非是個失去理智的領導人，黨章中保留這一條，也與此為黨的傳統有關。接受毛澤東終身制給黨和人民事業帶來的慘痛教訓，最高領導人不准搞終身制是中共領導層的一個最大公約數，從鄧小平時候起成為中共一個有力的傳統。雖然中共其他的「好」傳統一個一個基本被習近平破壞掉了，但這個傳統是不可以輕易毀掉的，即便如習，他可以做事實上的終身領導人，但不可公然在文本上廢除這一條。廢除它，中共就變成了一個真正家天下的組織，不僅觸犯了其他中共領導人的切實利益，也使中共作為統治中國的一個組織的最後合法性，被自己損毀。對中共的各級領導人而言，不管他的權力多大，是個人依附於組織，而非組織依附個人，若中共沒有了合法性，處於組織中的個人就沒有了合法性。所以，假如還要以中共名義統治和執政，就不能不在中共黨章中，保留不准搞終身制的規定。

保留該條，不妨礙事實上的終身制。鄧小平就是一個例子，自鄧自封第二代領導人核心，儘管他從來沒有做過名義上的最高領導人，但直到去世，他都是那個背後擁有最後決斷權的人。習近平在這點上效法的是鄧而非毛，在為中共和中國建立起一套新的制度框架，給接班人留下自己的制度遺產後，他退下來還能繼續掌控黨和國家的發展方向。

只有一種情況例外，即在他統治的後半段，中國國內發生了足以顛覆中共統治，以及國家受到侵略的事件，前者如人民的起義，後者如武統臺灣引發的美中戰爭，習有可能以拯救中共和中國為藉口，而實行終身制。

然而，即便出現這種事情，習近平政權也難逃它的過渡性。

所謂「過渡性」，在這裡指的是，習近平政權只是夾在它前後的兩個政權之間的中間過渡狀態，它之後的政權——假如還是中共統治的話——在性質上將會恢復和延續它之前的政權的統治方式和策略。

如何來理解這點？假使習在兩個任期結束後，再統治中國十年，從人的自然年齡看，似乎和終身制沒有太大區別。政權的過渡性雖然和時間長短有關，然放在歷史的長河中，二十年甚至更長一點其實並不顯得長。

在中國歷史上，三國、兩晉、南北朝和五代十國這兩個歷史時期，前者約歷三百餘年，是後者的四倍多，但都算作過渡時期。魏晉南北朝是從兩漢到隋唐的過渡期，五代十國是從唐朝到宋元明清的過渡期。中共統治時間，剛好超過七十年，在上述六個朝代中，已超隋逼近元，如果它的壽命和元帝國差不多長，那麼習近平政權正處於統治末期，習之後將是一個新「王朝」。雖然我們不知道這個「王朝」的性質如何，是民主的中國還是繼續延續專政，但習政權完成了它的過渡使命。假如中共命該不絕，像唐宋明清一樣統治中國兩、三百年甚至更久，那麼習政權在中共自身的循環中也具有過渡性。

因此，我說的「過渡性」不單單基於統治時間考慮，正如前述定義，它更是習近平之後的中共新政權，不會延續習的統治方式和風格。習精心打造和布局的這一套統治術，在他交權後，少則一、兩年，多則三、四年就會轟然倒塌，被他的接班人否定。邏輯和歷史將會證實這一點。

第一，從習政權自身來看，它是一個變異的政權，這種變異性不能成為中共持續統治的穩定特徵，會隨習的下臺而回歸正常的歷史發展態勢。

世人多認為習政權繼承了毛的衣缽，在政治上回歸毛，拋棄了鄧埋頭發展經濟的務實路線，強調意識形態，大搞個人崇拜，用毛的統治術統馭中國。但與其說習政權回歸毛，不如說它是毛和鄧的變異體更恰當，是他試圖嫁接毛鄧而結成的一個怪胎。習政權本質上並沒有拋棄鄧的「一個中心、兩個基本點」的基本路線，只不過把「兩個基本點」的「堅持四項基本原則」放在比過去更突出、更顯要的位置，乃至在一個時段，有點架空經濟建設這個「中心」。

在鄧時代──其政治含義包括江湖時期──「兩個基本點」服務於經濟建設這個「中心」，邏輯上它就會造成「四項基本原則」讓位於「改革開放」的局面，因為只有後者才能保證「以經濟建設為中心」。中共的改革事實上也是這麼過來的。但放鬆黨的控制和意識形態的一個後果，就是腐敗盛行（雖然這非腐敗的真正原因），到習近平上臺時，腐敗威脅黨的統治。因此在習看來，經濟建設要搞，但腐敗也要除，否則，江山易幟，經濟再發展也沒意義。習這些年來重點抓的兩件事就是黨內反腐和黨的政治建設，重新強化黨對中國社會的全面控制，但這樣一來抑制了改革開放，也使得經濟建設靠邊，此或許是習沒有料到，又或是他料到了但必須承受的代價。在這一過程中，另一副產品是把習個人的權威抬高，變成了個人崇拜。後者或許是習作為一個工具來使用，然而，鑑於權力的本性，一旦搞起個人崇拜，權力就會自動將工具作為目的來使用，習本人未必意識到這種變異性。

美中貿易戰後，隨著中國的內外環境變得嚴峻起來，特別是疫情對經濟的嚴重衝擊，習被迫調整了他的政策。經濟建設事實上重又成為中心，尤其二〇二二年以來這點表現很明顯，開放也在外界壓力下持續推進。雖然美國不斷威脅對中國脫鉤，但至少在未來一段時期，中國的開放之門不會關閉。只要還在繼續開放，中國就不會真正回到毛時代，因為毛時代的根本特徵，就是意識掛帥，閉關鎖國，不與外部世界接觸和交流。

中國不可能重回毛時代的另一原因，是習個人的權威從來沒有達到毛的程度，也許習在高層一手遮天，然而，他對整個民族的精神影響，不可能像毛一樣。今日之中國，當局再怎麼壓制言論，都不可能達到文革程度。如果說毛在當時的中國多數人眼裡，是神一般的存在，習至多是一個俗人的權威，即權力意義上的權威，還有很多人把他看作小丑，這個意義上的權威，只要把權力的基礎抽掉，權威也就不復存在。

作為毛鄧的變異體，在習下臺後，他的接班人不會讓中共政權繼續處於這種緊張的怪胎狀態，因為兩種形態糾結在一起會出現排異反應，要麼回歸毛，要麼回歸鄧，而歷經四十年改革開放後，統治集團本身就不願也不可能回到毛時代。另外，毛式政權需要的是政治強人，習之後的領導人不大可能再是這種強勢角色，毛式政權強調的是空洞虛假的精神生活，這也為當代多數人所厭惡，因此，重新回歸鄧是後習近平政權的必然選擇，如果中共還想統治下去的話。

第二，後習時代的中共領導人不會有強烈的紅色江山即打天下坐天下的意識和使命感，從而因襲由此而來的治國路線和統治策略。

習的反腐、政治集權和全面強化黨的領導，很大程度上也是他作為紅二代和太子黨特有的保紅色江山代代傳的意識在作祟。如果將這點和政治上已經失敗的薄熙來對比，就顯得更明顯。後者主政重慶推行的「唱紅打黑」為的就是要預防其父輩打下的紅色江山落在非紅色基因的人即紅二代眼裡的「外人」手裡，習不過是放大版的薄熙來，他的使命是確保中共政權永遠掌握在紅色貴族手上，這可能是他在胡溫時期形成的頑固信念。作為胡溫時代選定的接班人，目睹這兩位平民子女出身的中共領導人不能有力地領導反腐敗，讓習有一種深深的危機感，不能將紅色江山毀在自己手上。

胡溫是在毛時代接受的教育，雖然接班人意識和江山意識在毛時代無處不在，但相對紅二代由父輩特意灌輸和耳濡目染的這兩種意識，他們應該還是沒有那麼強烈，且會因自身遭際加強或弱化，比如溫家寶公開倡導政治民主，中共傳給他的江山意識可能就比較弱。紅二代雖然也遭受了毛時代的磨難，但除少數大徹大悟外，其江山意識不但沒有減弱，反而在改革開放後因特權需要進一步被強化。當習近平成為中共最高領導人後，不管他願不願意，他所屬的特權階層要求他必須保住紅色江山不能毀在他手裡，並且代代傳。從這個意義說，他別無選擇，若做不到這點，他在這個群體就失去了合法性。

但後習近平時代的中共領導人，無論是習現在的親信還是更年輕的一代，不可能有習這樣強烈的江山意識和使命感，不是他們不想有，而是骨子裡就沒有，在他們成長的青年時代乃至走向工作崗位後的很長時期，他們是夢想不到有朝一日會成為這個國家的領導人的。他們的接班人意識是在他們成為中共權勢集團的一員後才產生的。他們不大可能時刻想著要把這個政權交回給紅二代、紅四代。作為非紅二代出身的他們，也不願把中共政權交給紅三代或紅四代，即便習近平把政權交給紅三代，由於代際鏈條的拉長以及這一代人在一個更開放和國際化的環境下接受的教育和成長經歷，其紅色江山意識只會遞減。

紅色江山意識弱化後，基於這個意識和危機感而建立起來的一整套統治路線和策略，就不可能在新的領導人那裡原封不動地繼承下去，習的遺產勢必會拋棄，開始是部分拋棄，等到新領導人立足後，會大部甚至全部拋棄。

當然，一種制度和思想意識形態有時也很頑固，如毛的思想，在其作古四十多年後還陰魂不散，時不時被統治集團撿起。習近平這套統治術特別是他混合著民族主義和國家主義的意識形態，如果在十五到二十年甚至更長時間裡固化成形後，可能內化到許多人的基因裡，要把他對中共和中國的改造再改過來，可能困難不少。然而也不必誇大它的難度。我們從鄧對毛的否定和習對鄧的部分否定中看到，後習時期的中共領導人對習的否定會很快完成。

毛統治中國三十年，到鄧手上，他的那套制度遺產基本被鄧否定，雖然鄧保留了毛思想這個空殼，原因很簡單，它完全與人性背道而馳，人們早已在心裡否定了它，鄧不過是順應人民的意願。習對鄧路線的部分否定，也是因為腐敗和貧富差距引發人們的不滿。但現在習所做的這套，同樣背離人性，考慮他的權威是建立在權力之上的，當他無權時，他給中共和中國打上的習氏烙印很快會被人們抹掉。別看高級官員對他誠惶誠恐，言必稱習，那是因為投機和害怕，並非出自尊敬和認可。尤其後習時代的中國社會的主體人口是一九八〇到二〇〇〇年代出生的人。這三代人所受教育和成長環境完全有別於他們的前輩，是在一個全球化時代完成的。雖然不能因此過高估計他們的民主意識和思想，但讓他們長久臣服於強調空洞意識形態和禁錮個人自由的制度之下，難以想像。

所以，後習時代倘若仍處於中共統治下，無論那時中國是否繼續保持崛起態勢抑或已經衰落下去，歷史的正常發展狀態是鄧的路線而非習的變異體，更非毛的路線，我們理應對習政權的過渡性感到樂觀。

美國曾經成功地改變了中國

假如上述兩節的分析有道理，那麼美國政府的對華政策是值得檢討的。

從中國社會自身來看，目前沒有力量動搖習近平的統治，因此只能借助於外力，而從全球言，這個外力只有西方主要是美國。

美國政府給人的印象沒有一個穩定的對華戰略，從特朗普的前國家安全事務顧問博爾頓（臺譯波頓）的新書披露的內容看，特朗普和他的白宮幕僚班子的對華意見是不一樣的，前者更多從實利和是否有助於連任考慮，只是在新冠疫情發生後因為對選情衝擊太大，才不得不採納其幕僚的對華政策。這就是白宮二〇二〇年五月出臺的對華戰略報告宣布以「有原則的現實主義」來處理對華關係的原因。但報告對於何謂「有原則」，並未下一個清晰定義，根據一些中方學者的解讀，大概強調美國對華戰略在回歸現實主義的同時，更著重於美國外交一向存在的理想主義，即糾正自老布什（臺譯布希）到奧巴馬（臺譯歐巴馬）幾任美國總統在對華外交中忽視的人權、民主和自由的價值觀，在以這些價值觀為指導下同北京打交道。

「有原則的現實主義」並非現在才提出和實施，事實上，特朗普二〇一七年聯合國的首次演講已經有了這個提法，當然那時非僅針對中國。華盛頓的對華外交和戰略，儘管前面指出穩定性不強，但包括美中貿易戰，對華為的打壓，科技和人文交流，南海自由航行，臺灣、新疆和香港問題在內，大體是按照該思路進行的。它是建立在美國過去四十年對華接觸政策失敗的認知前提之下，在美國兩黨和包括華爾街在內的菁英階層看來，「（接觸政策）沒有達到美國原先預想的讓中國在經濟上和政治上發生美國希望的根本性改變的目的」，所以特朗普政府一改接觸政策，而採取與中國競爭——實際是遏制——的方式。

很多中國人，包括自由派和左派及民族主義者，在關於對華接觸政策失敗的認知上，和美國兩黨和菁英階層享有共同的看法。不過，中國左派和民族主義者是從反面來看待這種失敗的。美國反思過往的對華政策，對其進行必要的修正是應該的，但將過去四十年的對華接觸用完全失敗來形容，這個評估本身是錯的，相當一批對中國有真正瞭解的中國學者和人士，基本不認同這一看法。

美國對華接觸政策其實並未失敗。

如白宮戰略報告所說，華盛頓過去四十年的外交目標是要達到「讓中國在經濟上和政治上發生美國希望的根本性改變」，若這裡的「根本性改變」是指改變中國的社會制度和政權，那麼顯然，對中國這樣有著悠久皇權歷史的國家，這個時間太短，目標本身顯得不切實際，或者過於急功近利。歷史曾經確實給中國和西方這樣一個機會——此即六四——使許多人誤以為要改變中共政權和制度不是難事，從這個角度說，現在看到中共還在牢牢統治中國，並向美國發出挑戰，有一種希望越大失望就越大的心理，可以理解。然而也必須指出，在六四之後，再用蘇東前社會主義國家的垮臺來樂觀預測中國在三、四十年的改革開放和全球化中也會步前者後塵，從而來設計對華政策，這個錯不在中共和中國，而在美國對華政策圈子。像白邦瑞在《百年馬拉松》一書聲稱的中國對美國進行百年戰略欺騙，根本是胡扯，當且僅當在此意義上，對美國過去的對華接觸政策進行一定修正是必要的。

然而，如果美國對華外交政策目標的「根本性改變」不是指中國的政權和制度，而是指中國在美國的引導下走向自由民主道路，著重一個方向目標，那麼縱然在習近平治下，中國看來離這個方向目標越來越遠，甚至完全相反，但實際上，美國過去四十年的對華外交已經取得相當大成功，以致差點就讓中國改變顏色——對同一個事件的評價，角度不同，結論也會不同。美國或者廣義上西方，不是沒有改變中國，而是改變了很多，若一定用一個百分比衡量，至少改變了百分之七十，中國自由派和黨內改革派的崛起而且長期在中國社會和黨內占有輿論話語權就是明證，以致在中共內部，還出現了如溫家寶這樣的公開倡導政治民主的總理，即使在習時代，李克強——這個在學生時代相當自由化的人——也處於二把手的位置。

中國是一個菁英主導的國家。廣義上的菁英，包括權力階層、知識階層、企業主階層和除上述階層外的處於中產階級上部的具有相當程度財務自由的階層，後三個階層對民主自由的信奉最強烈，人數也最多，因為對他們來說，財產和自由是兩個需要保障的東西，而只有在民主制度下才能做到這點；以公務員隊伍為主體的權力階層雖然享受了權力的好處，但對體制的洞察也讓他們中的相當部分人知道體制是靠不住的，遲早也要改變。權力階層的上層即那些真正握有權力的群體，黨內鬥爭的殘酷也讓他們把西方作為一個選項。他們其實非常清楚，一旦政權有變，出走西方是唯一的避險方式，所以他們把子女送往西方留學移民，把資產轉移到西方。他們現在之所以還要維護體制，是想在體制倒塌前，撈取最大利益，完全是出於一種實用的投機心態來對待這個政權。

既然中國的菁英階層多數相信普世價值，如何解釋習近平上臺後輕易背離鄧小平的改革開放務實發展經濟的路線，政治上專權，大搞個人崇拜，扭轉了中國的政治生態，將中國帶向一條和西方對抗的不歸路？前一節的討論已經涉及這一問題，這裡進一步分析：雖然在具體的權力運作中涉及一系列的手腕和權謀，但邏輯而言，習的紅色背景讓他對西方的和平演變和普世價值非常警惕，他要確保紅色政權不在他手上弄丟，就必須重新強化黨的正統教育，而中共普遍的腐敗使得黨內的中高級幹部包括元老集團不敢正面對抗習的紅色改造，因為他發起的反腐運動得到大眾支持，這讓他能以反腐之名對黨內對手輕易進行政治清算，再用政治規矩和政治紀律緊緊捆綁全黨尤其黨的高級幹部，將自己的意志貫穿全黨，從而大大壓縮了黨內改革派和自由派的存在空間。經過十年的統治，習基本上將黨內的改革派和自由派摧毀，將中共變成了習家天下。儘管如此，我在前面也說過，鑑於習政權是一個毛鄧混合體的變異政權，其變異性不能成為中共持續統治的穩定特徵，以及後習時代的中共領導人不會有強烈的打天下坐天下的意識和使命感，權威性不足，因此，在習交出權力後，習氏統治術很快會被拋棄，就像鄧拋棄毛，他拋棄鄧一樣。

故而，華盛頓的目的如果如彭斯前副總統所說，僅僅是為了讓中共回歸鄧的改革開放，而非改變中共體制，十至十五年之後是大概率能夠實現的。從歷史邏輯看，習統治的二十年左右在中共歷史上只是一個過渡階段，美國應該清楚，像中國這樣一個超大體量國家，中共這樣一個有著九千多萬黨員的超大政黨，它的變革總是很慢的，中國有句俗話，心急吃不了熱豆腐，要想在一個相對穩定並且是在發展的狀態下促使中國發生激烈的乃至根本的變化，四十年是遠遠不夠的，晚清在千年未有之變局的狀況下，還拖了半個世紀之久，而且是在很多偶然事件的觸發下才被終結的。今天的中國遠比晚清實力強大，中共遠比腐朽的清王朝更穩定，對中共被終結必須眼光要放長遠，懂得忍耐，不能心急，在耐心中等待和尋找時機才行。

華盛頓會說，美國不能被動等待，再容許中國和平發展十年，中國的國力進一步壯大，中共對美國和國際利益的挑戰那時美國或許就沒有力量阻止了。這不是要美國「被動」等待，假如美國繼續實施以前的接觸或接觸加遏制政策，沒有引起習近平對美國意圖的警覺，雖然改革派和自由派被習壓制，隨著中國更多人進入中產階層，在一個全球化的交往中，美國是可以在觀念和思想上繼續影響中國，引領更多的中國民眾轉向普世價值的。

另一方面，讓中國再發展十年就認為美國難有機會遏制中國對美國利益的挑戰，實際是華盛頓在判斷中國時犯下的第二個錯誤，即過高估計了中國的實力。無論特朗普時期的白宮對華戰略報告用中國有「足夠」實力挑戰美國主導的國際秩序，還是拜登時期的白宮戰略報告將中國塑造為未來十唯一挑戰美國的系統性對手，都是誇大了中國實力。不錯，經過四十多年的發展，中國無論經濟總量、科技水平和軍事力量，都有長足提升。經濟總量按名義匯率計算是美國的百分之七十多，在高科技和先進製造業方面，中國在某些方面也快速趕上美國，解放軍借助雄厚的經濟實力，武器裝備也早已升級換代，作戰能力大大提高。然而，也要看到中國龐大體量的「虛胖」成分，它並非像表面上顯示的那麼強大。專制體制特別是這種一人專權體制的特點是，報喜不報憂，哄騙領袖，中國的各種統計數據連它的總理都不相信。李克強在二〇二〇年五月召開的兩會上透露中國還有六億人每月收入不足一千元人民幣，足以說明，中國真實的富裕程度絕非如它的統計數據呈現的那樣。因此，中國即使有實力開始挑戰美國的利益，也缺乏持續性，何況，北京在文化價值觀、同盟體系等軟實力上基本為零。

中國現在被誇大實力，是不是十年後實力就和美國接近甚至超越美國了？假如中國再和平發展十年，實力會在現有基礎上個臺階，這種可能性不排除；然而更大可能性是，這十年累積的錯誤有可能在習之後帶來非常大的麻煩，甚至在習的統治末期就爆發。領袖體制什麼事都由領袖一人說了算，而個人的智力總是有限的，它必然會助長習的專斷和好大喜功，導致一系列決策失誤，只要一個大的決策錯誤出現，就有可能觸發雷區，出現連鎖反應。清零政策的進退失據已經顯示了這點。另外，地方特別是基層政權對矛盾的壓制也會使得矛盾越來越多，越積越重，民眾的不滿越來越強，一旦壓制不住，矛盾爆發，社會的不滿將引燃，和上層的決策失誤形成共振效應，或者決策失誤引燃底層被壓制的大眾不滿。在普遍的造假和討好領袖下，握有權力的人沒有多少對國家的未來真正負責，他們關心的是自己的仕途和利益，不願擔責，只追求短平快的項目政績，對那些於國家發展十分緊要卻又短期內出不了成績的項目，不重視。以芯片為例，如果美國不打壓中興和華為，即使像華為這樣非常具有危機意識的企業，可能在未來十年的發展中，還是以外購芯片為主，這就使中國的芯片更將嚴重依賴外部。總之，如果美國不驚動中共，讓中國再平穩發展十年，它會出現什麼後果呢？一人專權體制過去所有的缺點在未來十年將繼續存在而且只會進一步強化，有可能達到一個臨界值，雖然中國經濟總量有可能超美，然而在關鍵領域關鍵產品上落後美國受制於美國的情況會更嚴重，屆時美國再採取現在對中共卡脖子的遏制政策，中國將會像稻草人一樣，輕輕一擊就倒，美國所付出的代價遠小於現在。

北京對國際秩序的修正是「以進為退」的策略

特朗普和拜登兩任政府的對華政策在本質上可以概括為「有原則的現實主義」，它涉及對中國修正主義角色及更為根本的中共政權的擴張性的認識問題，中國有沒有權去追求和自己的體量和實力相稱的權利／權力和地位？中共本質上是一個擴張的獨裁政權嗎？這些問題需要釐清，否則，建立在這些認識基礎的對華政策勢必出錯。

本質上講，每個國家尤其大國都是修正主義者，隨著自身實力的增減和外部環境的變化調整自己的對外政策。當然，美國對中國冠之以「修正主義」的稱號有特定含義，特指中國要推翻至少是修正目前以美國為主導的國際秩序，現有的以聯合國體系為主體的國際秩序是自二戰結束時美國主導建立的，中國是一個重要的參與者。這個體系反映的最主要是美國利益，但現在七十多年過去了，世界早已發生巨變，它的規則若一成不變，不能恰當地反映現實的國際秩序，已發展起來的國家對它不滿，進而產生改變它的衝動是可以理解的。

中國被認為是冷戰結束後全球化的最大受益者，中共自己也承認這一點，就此而言，中共應該沒有改變現有國際秩序的想法，北京也多次針對美國的指控而強調它還在維護現行國際秩序，因此，北京至多只是想接管國際秩序而不是想推翻它。其實，北京真正的目的也不是接管而是和華盛頓共管世界，習近平雖然自大，但他也清楚中國目前的實力是不能和美國並駕齊驅的，刺激起北京這個念頭的，有美國一些學者的「功勞」。早年美國有學者提出「G2」概念，誘發了北京的「妄念」，但它也知道，華盛頓不會容忍中國和美國共管世界，更不可能把自己的領導權拱手相讓給北京。所以在和拜登的會晤中，習表示中國無意取代美國。儘管在國際貨幣基金組織和世界銀行等主要國際金融機構中國的投票權有所提高，在高管隊伍中也有中國面孔，但至今這些機構還由美歐等西方國家把持，中國還處於次要地位，這是北京另起爐灶成立亞投行以及推行「一帶一路」的原因，其目的有二：(1)以此作為工具和手段，逼美歐在上述國際組織中讓出權重給中國，以及(2)若該目的達不到，則北京通過亞投行和「一帶一路」等，按照自己的意圖塑造世界經濟版圖，擴展中國的地緣政治影響力。只有在這個意義上可說北京另起爐灶。

華盛頓會覺得自己「冤枉」，它不是要阻攔給予中國更多權重，但前提是北京必須遵守美國定義的國際規則，行為透明。北京則堅持必先提高中國權重，後談遵守國際規則的問題，否則，現行國際規則和秩序對中國就是不公。這是雙方衝突的癥結所在，站在各自立場，似乎都有道理。

華盛頓之所以強調北京必先遵守規則，除了北京表現出的不遵守國際規則的行為外，也跟它認為北京共產政權本質上是一個擴張性的政體，要在世界傳播共產主義直接相關，這其實也是美國乃至西方學界的一個共識。但這恐怕又是西方對中共政權的一個誤判。

不錯，習近平這些年來在對外關係上實行可稱之為「進攻性現實主義」（攻勢現實主義）的政策（民間則以「戰狼」稱之），重塑中國的民族主義和國家主義，但正如前文闡述的，此乃服務於其確保紅色江山不變色的目的，因為自共產主義破產後，要贏得大眾支持，中共就必須給民眾灌輸只有它才能帶領中國復興的信條，訴諸於民族主義，而恰好在習近平時期，中國的國力有比較大的上升，習近平認為他有能力帶領中國獲取更多利益。就此而言，如果中國的國力持續上升，對外表現出的進取性或進攻性將不會停止。

然而，這並不表明中共政權本質上就是一個好戰的、擴張的政權，要向世界輸出共產主義。中共在組織體系上雖然是一個列寧式的政黨，但在思想和意識形態上北京早已沒有了要用共產主義一統天下的「雄心」。儘管它表面上念念不忘共產主義，黨的一些理論家把習近平思想吹捧成二十一世紀的馬克思主義，不斷宣稱要用「中國方案」治理全球，但在黨的九千多萬黨員中，有百分之一真心信仰共產主義，就非常不錯了。因此，與其說這已經或者將要變成一種外交戰略，不如說為了服務內政，是中共的輿論宣傳泡沫更恰當。習近平確有這方面的想法，這從他提出「人類命運共同體」即可知，但從他多次闡釋「人類命運共同體」看，是絕不包含共產主義在內的，因為他清楚世界不會接受共產主義，所以，真要把「中國方案」實施於全球治理，也不會是共產主義那一套。

事實上，目前的中共，不是正統意義上的共產黨，目前的中國，也不是馬克思意義上的社會主義國家，而像很多論者指出的它實際是一個以馬克思主義面目出現的極右政權，是被儒家和法家等中國傳統文化改造的中共，雖然它還掛著共產主義的招牌，習近平還假裝要求回歸中共創黨初心。美國前國家安全事務顧問奧布萊恩（臺譯歐布萊恩）將習近平稱作斯大林的繼承人，是華盛頓決策圈對中共的集體誤讀。自毛澤東在文革時向世界輸出共產革命失敗後，中共早已放棄了這個「野心」，很長時期也沒有這個能力。確切地說，在世界社會主義陣營崩潰後，中國成為世界上名義上的社會主義大國的獨苗，中共一直在小心翼翼地防止政權被顛覆。北京最高層更多想的是美國、西方「亡我之心不死」，中共本質上是一個防禦性政黨，沒有向外擴張和侵略的野心。只是到了習近平時代，隨著國力大增，認為現在有實力反擊西方的和平演變，把本來就屬中國的利益拿回來而已，是一種「以進為退」的策略。

因此，如果對毛之後中共的本質認識偏頗，又誇大中國的實力，帶著現在不阻止中國今後就沒有機會或代價更大的焦慮心態，全面發起對中國的競爭／遏制，除非美國做好了持久對抗甚至和中國打一場熱戰準備，否則，它勢必會激起中國全力報復，不但使美國遭到本不應該受到的損失，也會使「原則現實主義」失去在中國的同盟軍——中共黨內的改革派和社會的自由派。按照華盛頓的闡釋，美國要把中國人民和中共區分，美國的目的不是尋求遏制中國，而是中共，黨內改革派和社會自由派理該成為它極力爭取的打倒中共的同盟軍。但在黨國不分體制下，人民和中共事實上無法切割，何況黨內改革派和自由派本就是中共的組成部分，打擊中共當然使這個對美國而言極重要的潛在同盟力量面臨選邊站的問題，但可想而見，在這種態勢下，他們一定不會選擇美國，而是選擇和黨緊緊綁在一起。因為黨沒了，他們已有的一切已就沒有了。

「回應式極權」：對習近平政權性質的判斷

準確地判斷習近平政權的極權性質及類型，對認識中國和採取正確的行動策略至關重要。但這也是個難題。

在多數政治評論家或觀察者看來，中國是一個極權國家，習近平政權是一個極權政權，它表現出了極權政體的典型特徵，如領袖獨裁，一黨壟斷國家權力且企圖控制一切，意識形態的唯一性且不可挑戰等。這在描述的意義上是對的。但僅有此還不夠，因為即使同為極權，在不同的歷史條件、社會文化環境和領袖性格下，其程度和呈現形式也有很大不同。如希特勒的德國和墨索里尼的意大利（臺譯義大利），軍國主義的日本以及斯大林的蘇聯四者之間，極權類型就很不相同。我們需要分析其中的差距，而非泛泛指稱。

「極權主義」的英文名是「Totalitarianism」，又稱全權主義、全能主義，含有全能、總體的意思，即國家控制一切，德國納粹學者、近年來被中國國家主義者奉為導師的卡爾・施米特就把它稱為「統治一切」，墨索里尼也是在這個意思上把它定義為「國家掌控一切，沒有例外，一切不得反抗國家」。從這個角度說，人類歷史上經典的極權主義或極權政體，可能只有德國的希特勒政權、蘇聯的斯大林政權、中國的毛澤東政權、柬埔寨的波爾布特（臺譯波布）政權以及朝鮮的金氏政權。習近平也想效仿毛澤東，宣稱「東西南北中，黨領導一切」，而且把它落實為政策，將黨的觸鬚深入到私人企業、外國資本、非政治性的民間組織和團體等中共過去不曾或比較少觸及的領域。然而，毛澤東能做到真正將黨的統治，他個人的思想深入到社會的每個角落甚至大多數人的靈魂，還有一系列的制度配套，特別是消滅私有制，實行單位制和物資的供給制等。但現在這個配套體系沒有了，雖然習近平的專政程度比過去大為強化，而且有毛時代沒有的科技和數字技術相助，可要做到毛時代尤其是文革那種黨／國家對社會的控制，事實上是不可能的。今天的中國，儘管多數公共生活已經泛政治化，但畢竟不用「早請示晚彙報」，同政治關聯不密切的公共空間還存在，人們在社交媒體上還可以發洩對國家權力的不滿，雖然也存在被「喝茶」的風險。另外，它還基本侵襲不到大眾的私人生活。

換言之，習即便要複製和復興毛的統治方式，將黨凌駕於一切公共空間上，其實是辦不到的。這不是他的能力不夠，而是歷史根本不可能提供給他這個條件和機會。就此而言，四十年改革還是給中國帶來了翻天覆地變化，這種變化堵死了中國重回毛式文革之路。現在很多人批評習要把中國引回文革，習或許有讓中國在思想和觀念上重回文革的想法，但在社會結構和制度上是沒辦法將中國強行拉回文革的。

和經典的極權主義不同，習近平的極權統治是在一個開放、數字技術以及強調所謂國家治理現代化這樣一個價值指向的背景下進行的，這就為它帶來了許多不同的特徵和表現形式，包括：一邊是政治上的封閉和壟斷，一邊是經濟上的有限改革和自由貿易與開放；一邊殘酷打壓政治反對派，一邊把改善和提高民眾生活水平作為中共的「初心和使命」，對民眾進行儒家式的「討好」；一邊在意識形態上掛著馬克思共產主義的招牌，一邊用民族和國家主義作為思想輿論動員工具；一邊倡導依法治國，一邊將法律工具化，實行法家式的統治；以及一邊沒有展現出對外領土擴張的戰略野心和在全球輸出共產主義，一邊在全球治理中要向世界提供中國方案。

1、極權主義的本質是國家實質上壟斷公共權力、公共事務並試圖壟斷私人生活和公民的個人道德，其壟斷的程度也就構成了極權的程度。就對權力的壟斷而言，中共自全國建政開始，就是一個極權政體，只是在改革開放後的一段長時期，它對權力的控制有所放鬆，也嘗試著和社會分享權力，但在習近平上臺後，中共重又收緊統治權，尤其在他成為黨的核心，提出「黨領導一切」後，政治空間幾乎完全封閉，黨成了公共權力的唯一主體，凌駕於法律和憲法之上。可以說，它和傳統社會主義國家的政治極權沒有什麼程度上的顯著差別。

不過，得益於改革開放，在經濟結構和經濟制度上，與毛式極權和斯氏極權不同，中國擁有了私有經濟，且比重還不少。習近平雖曾一度表現出要節制私有經濟的發展，扶植和壯大國有經濟和國有企業，但隨著中國外部環境的惡化，不得不放棄對私企的歧視，並著手推動經濟改革和經濟開放。中美貿易戰開打後，為應對外部壓力和促進經濟發展，經濟改革有所加強，尤其在開放上，力度比較大，至少對外展示出要接過美國自由貿易的旗幟，積極倡導多邊主義，先後建立了海南和上海自貿區，在深圳開展社會主義先行示範區的試驗，並在二〇二〇年底和東盟十國等簽署了RCEP以及和歐盟完成了投資協定談判。

需要指出的是，雖然中共政治極度僵化，可在外部壓力和內部不滿的共振下，也表現出某種靈活性，未來不排除在某些敏感的領域政策不會不出現調整。RCEP的達成涉及法律和政策的修改，中歐投資協定談判，據報導，中國是以和歐盟同一標準，即發達國家的身分談判的，並在歐盟壓力下承諾要對勞工和環境政策以及新疆的強迫勞動問題做出某種修正。習近平還表示要加入CPTPP並提交了申請，眾所周知，CPTPP在勞工和環境上是黃金標準，對加入者的條件要求很高，中國如若成為其中一員，勢必就要修改國內相關政策和法律，如允許成立獨立工會。這將有可能迫使中共在政治上做出某種讓步。

當然，這些變化並非出自習近平的本意，而完全是為應付同美國的競爭壓力。但也說明，即使僵化如習，只要外部壓力足夠大，是有可能推動他的極權統治出現某種調節和改變，並非完全一成不變。我們應該看到這點。

2、這些年來讓外界強烈痛恨習近平極權統治的，是他不僅以反腐之名在黨內整肅政敵，大權獨攬，更是對包括黨內和黨外的政治反對派殘酷打擊。習上臺八年，被當局抓捕判刑入獄的包括律師在內的維權人士、異議分子、持不同政見者的人數，大大超過江胡時代，特別是二〇二〇年這種情況更嚴峻。其中代表性的有七〇九律師群體、任志強、許章潤和張展等。當局除了動用專政工具嚴厲打壓政治反對派，還對他們中的一些人採取凍結銀行帳戶等手段進行經濟懲罰，無所不用其極。當局也強硬對待香港抗爭，出臺港區國安法捕獲香港抗爭的活躍人士，強行將香港的反抗運動壓制下去。應該說，習近平對政治反對派的殘酷壓迫，還是起到了「效果」，中國國內的異議之聲基本被控制。

對公民不服從的鎮壓充分顯示習式極權的殘忍，但另一面，對支撐中共政權群眾基礎的大眾，當局又通過「精準扶貧」決戰扶貧攻堅、低水準的全民健保，以及改善公共服務有條件回應大眾抱怨等方式，以改善和提高他們的生活，緩解民怨來贏得支持。做好這些本來是一個政權的分內事，但習近平把它包裝成共產黨的「初心和使命」，博得民心。中共組建的初心是要革命，習把革命改造成「為人民謀幸福，為國家謀富強」，並把完成該「初心」看作中共使命。也許是因為有在農村做知青的經歷，習本人對農村的貧困問題確實表現出非同尋常的重視，但這種重視更多的是服從黨的利益的需要。習的七年知青歲月可能讓他體認到農村的貧困對共產黨長久統治的危害。所以他把完全脫貧作為全面建成小康社會的一個先決條件，而小康社會的全面建成在他領導下實現，可以被用來作為證明中共有資格統治中國的一個「功業」。習是從此一角度去對待全面脫貧和全面建成小康社會目標的。

表面看，習政權的全面脫貧和全面建成小康社會的「功業」帶有儒家「仁政」的色彩，與前面提到的對政治反對派的殘酷打壓產生鮮明對照，但這實際上正是習政權的精心雕琢之處，是用後者來掩飾前者，是它的兩手統治策略，共同服務於保政權的目的。習政權是一個披著馬列毛（現代化）外衣的中國傳統式王朝，至少帶有很多傳統王朝的統治特點，包括儒家的仁政和後面要談的法家的「法治」。如果說，脫貧和小康顯示的是儒家的仁政，那麼打壓政治反對派顯示的就是赤裸裸的法家式「專政」。正因此，習政權並不像有些自由派宣稱的那樣沒有群眾基礎和支持力量，它用掌控的財力和儒家式的「為人民服務」「討好」大眾，尤其是底層民眾，讓他們對自己感恩戴德。特別是在中國較早控制疫情而西方卻疫情氾濫後，中共的合法性很大程度上得到了修補。這一點外界也應看到。

3、中共從它成立的第一天起，就是一個列寧主義的政黨，它師承的是馬克思主義隊伍中的極左一派即布爾什維克主義，它的黨綱、組織結構和動員方式都是布爾什維克式的。在很長時間裡，一直到文革結束改革之前，中共都抱有世界革命的理想，毛發動文革，也有著這方面的成分在內。至今，它的意識形態雖然拋棄了「世界革命」理想，但還保留了馬克思主義的共產主義理想，其組織結構仍然是嚴格的等級制，並終於在習近平時代變成了習的一人獨裁。

然而這並不是說中共沒有改變，改變最大的是中共的動員工具或者動員內容（請注意！不是動員方式），儘管中共還在用共產主義的海市蜃樓要求它的黨員和教育全國民眾，但它現在更願意用一套民族主義和國家主義的話語體系，即「民族復興」的說詞來打動和感召民眾，這也即習近平提出的「中國夢」。中共的這個轉變不是從習近平開始，只是他比起前任來更明確地意識到這一點。這當然是因為到習時期，中國的國家發展已經到一個臨界點。另外，也是因為中共雖然是以革命起家，但它也是一個民族主義的政黨，其成立初衷，確實也要為中華民族找出路，只是受俄國革命的影響，認為應通過革命的方式。毛澤東在中共的崛起和成功，是中共擺脫共產國際和蘇聯影響，獨立性即民族性加強的一個表現。但中共要完全放棄革命的意識形態和敘述策略，則要等到改革開啟特別是蘇東垮臺世界社會主義陣營崩潰之後。

如今的中共，應該說已經完全沒有了世界革命的理想，即使習近平要回歸中共的創黨初心，他也是把這個初心解釋成民族主義的復興和民粹主義的幸福。中共雖然還保持著共產主義的遠大理想，然而，這可能更多是出於延續歷史連續性，維護其統治合法性的考慮。共產主義作為馬克思設想的人類社會的美好藍圖理想，它在現實中的承擔者和推動者是各國共產黨，它曾經也吸引了中共的廣大黨員，為中共贏得政權。儘管這個理想過於遙遠，對講究功利的現代人包括中共黨員來說沒有吸引力，且它在人類實踐中造成的災難讓許多人放棄了它，但在中共看來，黨需要有一個「無私」的理想作為招牌遮掩它實際的自私自利，同時和中共自身的歷史不能割斷。

當然中共知道共產主義理想已經失去了對中國現實和未來的解釋力，所以它只在黨綱和一些特殊的場合才祭起共產主義這面大旗，它也以此要求黨員，但完全變成了一種形式化。在黨綱和日常宣傳中，包括所有重大的場合，它都以民族復興的使命代替共產主義理想。民族復興既是民族主義和國家主義的敘述話語，同時也是回歸漢唐盛世，以此喚醒大眾的民族自豪感的同時回歸傳統王朝的治理。小康社會和「人類命運共同體」這兩個概念就充分顯示這點。前者前文已有分析，這裡說說後者，「人類命運共同體」並不反映習近平要在全球推廣共產主義，它只是中國儒家「大同」理想的現代翻版，從這點來看，它和小康社會一樣，有著傳統儒家的「仁政」色彩。但這個現代版大同理想是否是傳統的以中國為中心的朝貢體系的擴大版，由於習沒有給出該概念的具體內容，不得而知，然而有一點清楚，它不是要在全球推廣共產主義。

4、前面指出習近平政權是一個穿著馬克思主義外衣的傳統王朝。它既體現在用所謂的儒家德治和仁政治理現代中國，更體現在用法家的「法」來治理中國，包括用「酷法」辦理政治案件。這就是中共提出的「法治」和「國家治理現代化」的內涵。後者的價值導向看起來是現代化的，但它衡量治理能力和治理水平的現代化標準，是要在全社會做到有「規矩」可言，規矩即「法」，凡事皆有規矩／「法」，按規矩／「法」辦事，就是治理能力和水平提高的標誌。

然而實際上，這裡的規矩或「法」，雖然也包含著現代的法律（主要與政治無關，涉及經濟和社會治理的領域），但主要是中共特別是習近平意志的一種法律化、條文化。從這個角度說，中共推出的「治理體系和治理能力的現代化」和習近平在黨內搞的「政治建設」是一回事，兩者都是要建規立矩，而這個規矩或者法律的首要目的，是確保中共的統治及習近平的權力和權威。

現代國家都是法治國家，權在法下，以法治理，法即是權。這是現代國家、現代社會區別傳統國家、傳統社會的標誌，後者不是說沒有法，但傳統國家的法一般是「朕即法」，有權就有法，這個法是隨統治者的權力和意志而變的，因此，它不是我們現在所說的法，或者說是「權法」。

習近平也要葉公好龍，他要使中國成為一個現代國家，免得被人批評為前現代國家和社會，所以提出了中國式現代化，但要真正成為現代國家和社會，就要建立真正的而不是假裝的法治，以法來約束和限制權力，中共就必須在法之下治理社會。然而，習近平的依法治國，以及他要建立的法治中國，雖然形式上也強調法在國家治理中的重要，在某些與政治無關或關係不大的事情上，也強調程序正義，然而，它無法做到權出自法，共產黨必須在法之下，而非高居法之上。因為這樣一來，他本人的權力就必須受法制約。但習不想自己的手被法捆住，所以，中共的經典表述是它「領導人民制定法律」，換言之，中共作為一個組織是不受法約束的，中共的依法治國本質上還是權大於法。這些年中國對建設法治國家投入了大量資源，建立了一個形式化的法律框架，事事看似有法可依，改變了過去「無法無天」的情形，似乎這樣就現代化了，但中共的法治實際上還是「權治」，法碰到權一點都硬不起來，只是被中共當作工具使用，給權力披上一件法的外衣而已。

中共法律工具化的一個方面，就是政治問題、政治事件法律化，中共現在不承認有政治鬥爭、政治反對派、政治犯，將言論問題、政治反對派的行為當作刑事問題和刑事案件，用刑法來處理。它必然會損害法的精神和法律本身，這樣，在適用刑法方面，完全取決於當權者的看法。大量的維權案件和言論問題，最後都是作為刑事案件被處理，很多人都被判了重刑，就體現了這點，這方面的一個典型案例是任志強。

可以說，和中國傳統王朝一樣，習近平政權也是一個典型的馬（馬克思）表法（法家）裡的專政政權。它的治理雖然有馬克思主義做外表，揉進了一些儒家的成分，但法家色彩明顯要多於儒家，法家式治理占主導。法律（包括黨內「政治建設」）成為習近平集權和為中共統治保駕護航的工具，是一姓一家的「法律」。

5、習近平政權對內實行政治高壓，對外也拋棄了鄧小平時代的韜光養晦。中國外交當局對引起國內外廣泛批評的「戰狼外交」明確表示不放棄。不過，習近平釋放的外交政策信息和外交目標也是含混的，它是否如西方憂慮和批評的那樣要向世界輸出共產主義，改變冷戰後格局，推翻現有的國際秩序，取代美國的國際領導地位，主宰全球，需要審慎評估。

毫無疑問，隨著中國崛起，習近平和中共要為中國謀求和自身實力相稱甚至超越國力的地位和權力，乃至要讓中國成為全球權力的中心。他是有此野心的，他本人並不掩飾這點，多次宣稱中國正在向世界中心走進，說太平洋足夠大，可以容納中美兩個大國共存。這背後的潛臺詞很明顯，如果中國還不能取代美國成為全球老大，也至少應該和美國平起平坐，共同主導世界。他提出的民族復興的「中國夢」，其目標當然是要像中國歷史上的漢唐盛世一樣，成為世界的中心。中共並為此也在做努力和部署，如成立亞洲基礎設施投資銀行，要求改變現有的國際金融機構，提高中國在其中的權重。中國最引起西方警覺的「一帶一路」，雖然不是一個外交戰略，但是它帶來的地緣政治結果，必定是改變中西特別是和美國的全球力量對比。

儘管如此，仍要區分謀求成為世界中心是否和顛覆全球現有秩序一致，野心是否等同結果，中國是否有實質的推翻後冷戰國際格局的戰略、政策和舉措，有輸出共產主義的行動。之所以外界特別是西方會產生中國要改變世界，取代美國成為全球新霸主的印象，和在這些問題上的混淆是分不開的。

前面指出習近平有讓中國成為世界中心的野心。但也許在他看來，這個世界是可以有兩個或多個中心的，正如他本人和中國政府多次表示的，中美可以共存，意思是：我不吃掉你，你不吃掉我，我們共同領導世界。這可能更接近習近平的真實含義。從第三者的角度觀察，中國的崛起速度固然有些超出預期，習對中國實力膨脹的認識也可能產生誤判，即過高估計了中國的實力，然而，有理由認為，習沒有自大到覺得中國現在就可以取代美國成為全球老大的地步，即使他有這樣的妄念，他的顧問班子也比他理智得多，會認識到中美之間的實力差距還是很大的。換言之，中國現在有實力在某些方面挑戰美國的領導地位，而且特朗普四年「美國優先」的政策也給了中共這樣的機會，但要完全取代美國的霸主地位，相信習近平沒有這樣的想法。

人們看到，在中美貿易戰、美中對抗中，中共外交當局多次強調中國無意挑戰美國也無意取代美國，中國更不會去試圖改變現行國際秩序，因為中國自己就認為，中國是美國領導下的國際秩序即全球化的最大受益者，所以當美國搞單邊主義，頻頻退群時，中國反而維護全球多邊主義和多邊秩序，因為它知道這是其利益所在。外交當局這樣的宣示不僅僅是對美國和西方「虛偽」的示好，的確也是在這輪美國對中國的極限打壓和圍堵中認識到中美無論經濟科技以及總體實力都還有很大差距，現在就盲目公然挑戰美國的領導地位，只會給中國繼續崛起製造更大障礙。邏輯上也是，既然一個國家自稱在現有的國際秩序中獲利最大，它又要改變這個於己有利的格局，說不通。

所以，客觀解讀，習近平的想法應該是，中國不會改變美國領導下的國際秩序和格局，但要和美國一起領導這個世界，至少美國要把更多的國際權力分享給中國。如此理解我們就明白，為什麼中國一邊「喊冤」，宣稱自己不改變國際現狀，一邊卻又高調表示要給全球治理提供中國方案和中國智慧。當局這麼說，是它認為，現行國際秩序有很多不完善不公平的地方，中國有責任使它變得完善和公平，那麼這個「責任」就是為全球治理提供「中國方案」。要說「中國方案」完全不會塞進中國制度和中國模式那套內容，是不可能的，但它也不完全是中國模式的國際翻版，而更多可能是中國為世界設計的一套治理版本。就兩者的關係而言，中國方案和中國模式有關聯，但不能等同。在習近平看來，它不僅僅代表中國利益，也代表廣大的發展中國家改革國際政治經濟秩序的願望，習把這套方案貼上道德標籤，以此來回應西方要中國承擔更大責任的指責。

從以上分析看，關於習近平極權政權的性質，對它某種程度的複雜性要有認識，此種複雜性可用「糾結」一詞來形容。借用美國學者沈大偉十多年前研究中共提出的「調適」概念，今日的習近平政權儘管非常僵化僵硬，但依然沒有完全喪失應變的能力，尤其在經濟領域。當然這是外界壓力的結果，但也表明，它會根據外界環境的表現，改變某些政策和法律。即使在敏感的政治領域，它也可能以政治經濟化的方式做出某些調整，以回應外部世界。如獨立工會和強迫勞動的問題，若中歐簽署投資協定和中國要加入CPTPP，就無法迴避。就此而言，當中國的地緣政治極度惡化，開放倒逼政治改革的可能性還是存在的。

習近平政權無疑是人類歷史少有的極權政體，說「少有」不是指它的極權強度，在這點上，它比不上它的先輩毛澤東和斯大林，而是指有效性。借助於高科技和數字控制技術，它實施了對大眾最嚴密的監控，對試圖挑戰它的力量，包括政治反對派構成了有效威脅。但畢竟人類的政治文明在四十年的開放中在中國扎根，這是習式極權與毛式極權最大的不同，也是習式極權不可能重回毛式極權的根本原因。儘管人們會對這種極權恐懼，但不會有全民崇拜，雖然習近平很想人們崇拜他。相反，很多人雖然基於各種考量，包括自身利益不會公開起來反抗他的統治，然而也絕不欣賞附和，對他存在很大不滿，包括統治集團內部。在這點上和毛式極權有著本質差別，那時大多數人對毛式極權是不自覺，心生混沌的。這些都是未來變革的條件。

正是考量到上述特點和區別，可以把習近平政權看作有某種彈性或調適能力而非完全僵化的極權政體，用一個詞稱呼，叫做「回應式極權」。這是在現在的科技條件和開放環境下，又遭遇外部圍堵的中共以應對外界對它的變革要求而正在創造的人類尚未遇到的一種新式極權。從這個角度說，它還真是習近平和中共對人類極權歷史的一大發明和「貢獻」。但也說明，用過去破解極權的方式對付它，可能會有難度。

此種新式極權的生存力究竟會有多強，不好預估，但鑑於當下中國的國力、民眾對習政權的認可度以及西方尤其美國自身的問題，反極權的抗爭恐怕要進入一個較長時期。

論中共的持久戰

習近平上臺後，「持久戰」一詞第一次出現在中共的會議報導中，是在二〇二〇年七月的政治局會議上，表面看，「持久戰」在會議報導中只提到一次，似乎沒有特別含義，強調的是黨面對經濟形勢的複雜嚴峻和不確定性增強的現實，要有打持久戰的意識和準備，然而，這個詞出現本身就意味著一種特殊性，因為在中共的政治文化中，「持久戰」有著特殊含義，它與毛澤東有關，是毛在抗戰初期中共和中國處於最艱難的時候，發表了後來被中共歷史書寫的具預見性和指導性的〈論持久戰〉一文。

毛的〈論持久戰〉是駁斥抗戰初期流行的害怕日本的亡國論和輕視日本的速勝論兩種論調，指出雖然敵強我弱，但日本侵略戰爭是退步、野蠻，人力、物力又不充足，國際形勢又處不利；中國抗戰是進步、正義，人多，物豐，又有大國支持、多家援助，因此，中日戰爭的這個基本特點決定了國人對抗戰既不能盲目樂觀，輕言成功，也不能被困難嚇倒，而將是一場艱難的持久戰，戰爭分三個階段，即戰略防禦、戰略相持和戰略反攻。毛詳細分析了每個階段的時局特點，條件和變化以及作戰方式，提出了中共在抗戰中的總的指導原則、戰略戰術和採取的應變策略。雖然日本最後戰敗並非敗於中國，更非中共，但大體說來，戰爭是按毛預測的三個階段走的，更重要的是，中共在八年抗戰中成功崛起，從原來的落寇陝北、疲憊之師成為同國民黨競爭中國政權的第二大政治和軍事集團，三年後打敗前者。所以〈論持久戰〉被中共史家看作毛的〈隆中對〉，作為弱國戰勝強敵的經典戰略案例。

有理由相信中共高層在中美激烈對抗的當下，重溫了毛這篇著名的文獻，並至少試圖在毛的文章所闡述的原則指導下，做好和美國打一場「持久戰」的初步設想和相應準備。美、中兩國今日狀況雖然和八十年前不同，但中共會認為，「持久戰」中毛對問題的精闢分析和提出的一系列帶有指導性的戰略、原則和方法，也是適用中共今天處理這場同美國新冷戰的。

本文因為材料的問題，不可能給出一個中共「持久戰」的全盤戰略規劃的解釋，而只提出其中的要點，它包括四個方面：(1)中美的基本國情及戰略優勢與劣勢、(2)中共「持久戰」的三個階段及其大致的時間劃分、(3)中共在每個階段採取的對策，以及(4)美國需要注意什麼。

中共對中美基本國情和戰略優劣的判斷

當年毛正是基於對中日戰爭基本矛盾和特點的判斷而認為這是一場持久戰的，儘管他對那場戰爭基本矛盾和特點的一些分析在今日看來是不準確的，但沒有妨礙他得出的結論。同樣，中共要同美打一場「持久戰」，前提也是要準確分析和判斷支撐美中新冷戰的雙方的有利和不利條件。

美強中弱是這場新冷戰的現實，但和抗戰初期的「日強中弱」相比，這裡的強弱是有程度差距的。如果說後者的強弱近乎於絕對，即當時日本是世界強國之一，而中國陷入近代屈辱，處於半殖民狀態，是世界最貧困的國家之一，儘管在抗戰爆發前，中國也有過十年的民族工業的發展，但這個發展的力度很弱，而且在這十年中，國內戰爭不斷，國民黨只是形式上統一了中國，中央政府的權威低下，民眾不能有效動員起來，以致毛把對民眾的政治動員作為打敗日本的一個先決條件。但現在的美中強弱則是相對的，中國被普遍看作崛起的大國，有實力挑戰美國，正因如此，美國才要打壓中國，至少這是原因之一。換言之，今天的中美差距不像當年的中日差距那麼懸殊，無論從硬實力還是國民的精神狀態來看。

下面具體論述美中的戰略優勢和戰略劣勢。

1、美國

美國的戰略優勢是綜合性的，它是競技場上的全能冠軍，而非僅僅是單項冠軍，包括政治、經濟、軍事、地緣政治、科技、文化、創新力等各方面。

美國的民主體制在常態下可能對國民的向心力不強，但在危機時，特別是被確立起了一個威脅美國民主的外部敵人後，其民主制度能夠迅速修復國內因黨爭或種族等造成的裂痕，將大眾動員起來團結對敵，美建國兩百多年的歷史尤其和蘇聯的冷戰及「九一一」恐襲事件等已證實了美國的民主具有強大的修復和動員能力。現在中共被美國的輿論塑造成威脅西方民主和美國霸權地位的最大外部敵人，在打擊和遏制中國上，兩黨、朝野和民眾具有高度共識，區別只在方式方法。

最近兩年美國的經濟雖然因新冠疫情下降幅度較大，然而經濟本身沒有太大問題，要比中國經濟更健康，鑑於美中新冷戰是一個長過程，雖然美國面臨通脹（通膨）壓力以及可能的經濟衰退，但經濟恢復到疫情之前並保持增長是可預期的。未來幾年美中經濟差距會拉小，然而美國經濟仍將保持領先。還須指出的是，美國的金融比實體經濟對中國更具威脅性，美元在全球貨幣的主導地位對中國的威脅其實不亞於軍事。

美國強大的軍力也是中國不能比的，美軍的體系優勢和全球投放能力保證美軍在戰時能夠對中國的商品和貿易輕易進行堵截。

美國還具有基於意識形態的全球同盟體系。在關鍵時刻，盟友的力量能夠彌補美國某個單項力量的不足。

科技是未來美中競爭的關鍵，現在看來，美國在高科技的大多數領域都要領先於中國。技術服務是美國的優勢。

美國的文化和市場比中國更開放，能吸引全世界最優勢的人才為美國服務。

所有這些方面結合起來產生的化學反應所導致的創新力，美國要遠高於中國。而國家的競爭，本質上不外乎是否在創新上能夠保持領先，這個創新包括科技文化、商業模式、組織體系甚至政治制度。

美國的不利之處在於，政治上，特朗普總統的四年已經使美國的民主體制有很大損害，政黨政治的極端化，貧富差距的擴大和種族、移民問題搞在一起，導致美國國內也極度分裂，板結化的趨勢開始顯現，這些都削弱了美國民主的吸引力，同時，美國式的政治正確也妨礙自由。這些問題如果不能儘快得到扭轉，將會損害美國民主的優勢，削弱民主的修復能力。

經濟上，美國製造業的回流會是一個緩慢過程，5G產業的落後會影響美中未來的競爭，美國科技的創新力似也有下降趨勢。美元霸權雖然能夠打擊中國的金融體系，但是這可能同時也意味著美元在全球主導地位的終結，屬雙刃劍。

地緣政治上，特朗普四年的外交上的單邊主義、貿易上的保護主義和政治上的民粹主義及其退群行為已經損害了美國在全球包括盟友中的影響力和領導地位，拜登上臺後加強了和同盟的聯繫，恢復了美國的全球領導力。可如果二〇二四年總統大選共和黨選勝，特別是特朗普捲土重來，美國和盟友的關係可能又會受損，法、德主導的歐盟會強化戰略自主；東亞的美、日、韓同盟由於朝鮮問題韓國不大可能加入美國對中國的圍堵；東盟（東協）多數國家雖然和中國有領土之爭，但貿易上的緊密聯繫以及中國和東盟中的某些政治盟友關係也使得東盟作為整體倒向美國的可能性不大；印度雖然已經和中國形成半敵對關係，然而，顧忌巴基斯坦和南亞後院的問題，完全參與美國的對華遏制也很少。總之，在同盟體系上，雖然西方反中已經成形，但只要中國應對得當，在關鍵時刻這些盟友是否會全部站在美國一邊圍堵中國，可能性不大。

美國還有一個民主國家普遍存在的問題，即領導人的更換及由此導致的政策連續性。在黨派政治極化和民眾分裂的情況下，即使在打擊中國上大家一致，但國內政策的分裂和被阻止會使得政策的效力下降，從而影響美國國家能力的發揮，甚至導致國力下降。

2、中共

美國的戰略優勢自然是中共的戰略劣勢，但美國的戰略劣勢則不必然表現為中共的戰略優勢。這裡不是非黑即白的對應關係。戰略優劣是相對的，而且在一定的條件和正確的應對下，也是可以轉換的。

但這不是說，中共沒有戰略優勢，其優勢大致表現在以下幾點：

中共的極權體制雖然是它的一個負擔，但它的某些方面在一定情況下很可能變成優勢，領導層特別是核心的穩定在中美新冷戰中能夠保持政策和政治的相對穩定、連續和一致，減少政策變動所帶來的人為干擾因素，有利一個長期目標的達成。另外，民族主義和國家主義也有利於中共對大眾的政治動員。

中國的經濟也在快速追趕美國，雖然新冠疫情拖累了經濟增速，但兩者的差距還是在縮小，若按平價力（購買力平價）計算，中國的經濟總量已經超過美國。儘管在國家的發達程度上中國遠不如美國，但就國家競爭而言，主要看總量而非人均。假如中國在經濟總量上像經濟學者預測的那樣在未來十至十五年趕上美國，那麼中共就可以把經濟實力投射到政治、科技、對外關係特別是軍事等各領域，全面提升國家的總體實力，增強和美國打持久戰的能力。

在中國的經濟中，特別要指出的是中國的全工業製造能力，中國是否為全世界唯一的具有全工業製造能力的國家，有待考察，但肯定是最大的國家，其工業製造能力是美、日、德的總和。中國十四億人的市場規模、發達的基礎實施和快速高效的物流體系對外資還是有很大的吸引力，能夠分化美國的同盟體系。中國在某些產業如5G、新能源、電動車、人工智能也領先美國，或者和美國並駕齊驅，科技能力和科技水平有大幅提升。中共還在利用新的舉國體制，克服一些產業短板如芯片。中國的地區差距是中共的一個弱項，但在特殊時期，它也是拉動經濟增長的一個手段。這種綜合優勢使得中國經濟具有一些經濟學者所稱的很強的韌性和抗打擊能力，也是美國貿易戰未能對中國經濟產生嚴重衝擊的原因。

解放軍的總體作戰能力和美軍相比當然差距甚大，但自上世紀九十年代後，中共就在加強解放軍的武器和裝備建設，在近海如臺海和東海，可以利用中導優勢至少在中期內有能力拒止美軍介入，對美軍構成威脅。解放軍也在發展航母戰鬥群，已經擁有了第三艘航母，此外，在超高音速武器方面，解放軍亦領先美軍。

中國某些資源和產品，前者如鎢等稀有金屬，後者如多數藥品原材料，在美中持續對抗下，也可能被中共拿來作為反擊美國的武器。鎢廣泛用於尖端武器和科技產品，藥品原材料則關乎每個人的健康，若中共把它們當作打擊美國的武器，對美國尤其是民眾的利益會有很大損害。

地緣政治上，中共雖然沒有美國建立在意識形態基礎上的同盟體系，然而這並不表明中共在國際上就沒有盟友，中國在廣大的發展中國家還是有很大的影響力，在東亞、南亞、中東有沒有盟友名義的實質上的盟友，也打入歐盟內部，在東歐、南歐培植勢力。此外，中國跟朝鮮、伊朗、俄羅斯、委瑞內拉的關係也是抗衡美國的一個重要因素，尤其在俄烏戰爭後，莫斯科更主動地靠攏北京。

相對美國，中共的戰略優勢不是很明顯，戰略劣勢則非常明顯。在政治體制上，前面說到的領導體制和政策的穩定與連續性前提是政策不出錯，或者不出大的錯誤，但領袖專權導致政策出錯的概率很大，一旦決策失誤，要修正就非常困難，直到產生實際的政治後果，而此時往往釀成大錯，喪失改正時機。政治上的第二個不利是，大眾既可以被國家操縱，驅使去完成國家的目標任務，然而反過來，無數看似原子式的沒有力量的個體一旦組成一個集體，它就變成了一個束縛政治的因素，如果因政策變動或處境惡化而導致這個集體的大多數人利益受損，有可能會使它成為一個破壞性的力量。專制統治最擔憂的就是人民的反水。

經濟和科技上，中國雖是第二大經濟體，但大而不強，有全產業鏈的優勢，但大都處於產業鏈條的中低端，容易被美國卡脖子。美國幾年來鍥而不捨的對華為的打壓，使這家中國最頂級的5G設備供應商陷入了很大麻煩，影響中國5G產業的布局和推進；對其他科技企業的制裁和打壓，特別是對高端芯片的斷供，嚴重影響到中國某些優勢產業的發展。另外，美中經濟和科技脫鉤也使得外資撤離中國市場的步伐加快，影響中國全工業製造能力。

外交和地緣政治上，中共真正的盟友本來就不多，更基於意識形態的短板，這少數幾個盟友要麼是出於地緣戰略的需要，要麼是出於某種共同的利益，因為共同價值觀而結成盟友的沒有。這就使得中共盟友的紐帶不牢靠，尤其是基於利益而結合的盟友，隨時有可能因利益而背叛和反水。

北京和華盛頓都在詳細評估在這場決定政黨、國家命運的對抗中各自的優勢和短板。新冷戰既是一場地緣意義上的老大對老二的競爭，也是一場政治制度和意識形態的對抗，同時還是一場一定程度上的中西文明之爭，它是在全球化進入拐點後的美中兩國從經濟、政治到外交、軍事的全面的綜合的較量，是一場帶有新冷戰性質的總體戰。

中共「持久戰」的三個階段及採取的對策

認識了美中新冷戰的性質、基本特點和雙方的戰略優劣後，中共也將仿效毛把同美國的這場「持久戰」分成三階段，分別是，第一階段戰略進攻（美）／戰略防禦

（中），第二階段戰略相持，第三階段戰略退卻（美）／戰略反攻（中）。下面對三個階段的詳細情況進行分析。

第一階段：戰略進攻（美）／戰略防禦（中），時間二〇一八年五月到二〇二〇年十一月

當年毛將一九三七年七月全面抗戰的爆發到一九三八年十月廣州失守算作抗戰第一階段，時間一年三個月。美中新冷戰的宣告雖然現在公認為蓬佩奧的演講，但美中對抗從二〇一八年的貿易戰就開始了，從貿易戰的規模和程度而言，它理應是新冷戰的組成部分，因此，中美「持久戰」的第一階段應從二〇一八年五月美國宣布向中國徵稅開始，結束於二〇二〇年十一月三日的美國大選。

第一階段又分前期和後期，前期從二〇一八年五月發起貿易戰到二〇二〇年一月十五日簽署美中第一階段貿易協議，以貿易戰為主，輔之以對華為的打壓以及在臺灣、新疆、西藏和南海等問題上的部分交鋒。後期從貿易協議簽署之後到美國大選前，主要是圍繞疫情，美中從之前的局部對抗進入全面對抗，兩國對抗的程度超出美蘇冷戰。

對中共來說，無論是美國挑起貿易戰還是藉新冠疫情對中國進行似乎無底線的打擊，升級與中共的全面對抗，同中國脫鉤，並且明確把矛頭指向中共和習近平，聲稱

美中新冷戰的目標就是要圍堵和改變中共，「似乎」都很突然，沒有太多的心理準備。這裡用「似乎」，意思是中共其實並非完全沒有意識到美國會這樣做，因為特朗普在打貿易戰前已經發出了信息，但鑑於美中緊密的經貿和文化聯繫與交流，雙方幾乎在各方面都有千絲萬縷的關係，都有大量的利益在對方，特別是中方把兩國的經貿往來當作中美關係的壓艙石，這個壓艙石是不能輕易撼動的，否則美中這條大船在航行中就容易傾覆，對此美方也清楚，故不但中共，國際社會也沒有料到特朗普政府真會和真敢拿貿易懲罰中國，掀起貿易戰，而且貿易戰的規模迅速擴大。

新冠疫情是一個意外事件，若沒有疫情，美中可能主要還是圍繞貿易和科技鬥爭，在疫情前期，即疫情主要發生在中國的時候，美國還對中國伸出了援助之手，然而當疫情在美國蔓延不可收拾後，原本外界期待的是美中能夠藉疫情擴展合作，攜手共抗疫情。中共雖然早期隱瞞，並且拒絕國際社會對疫情源頭進行調查，但在美國發生疫情後，認為中共袖手旁觀，看美國笑話，也不對。根據中共的說法，迄今為止，美國向中國採購的抗疫醫療物品，包括中國援助的醫療物品很多。因此，至少中共有藉疫情來緩和同美緊張關係的想法。但中共和外界同樣沒料到，特朗普政府轉眼就以中共隱瞞疫情向世界傳播病毒為由，挑起了同中國的全面衝突。在這一過程中，中共在香港頒行《國安法》進一步毒化了雙方關係，美國在政治、經濟、金融、科技、人權、人文、香港、臺灣、新疆、外交、南海等各個方面發起了一波又一波的對中國的打擊，手段越來越狠，直接把矛頭對準中共和習近平，給外界的感覺是，特朗普政府為打擊中國，只有人們沒料到，沒有美國做不出的，國際社會於是開始憂慮美中出現局部戰爭的風險。

由於沒有做好美中關係自由落體式下墜和全面脫鉤的足夠準備，又或中共在這一過程中始終抱有對美國的一丁點幻想，認為美中利益互纏的現實決定了中美關係「好也好不到哪兒，壞也壞不到哪兒」（鄧小平語），或者把這看作特朗普為大選的操作手法，所以，當美國的打擊突然而至，中共事實上有點懵了，第一反應是「兵來將擋，水來土掩」，「以眼還眼，以牙還牙」，在貿易問題上同美國針鋒相對，在言詞上刺激美國，在其他問題上，只要中共的工具箱裡可以反擊美國的，進行對等反制，如針對美國制裁中共官員，也對美國相關人士進行制裁，美國撤銷中國領事館，也撤銷美國駐華領事館，將美國駐華新聞機構登記為美國政府的代理人，等等。

中共的這些舉措有點類似抗戰第一階段國軍對日軍發起的陣地戰。從中共是個習慣鬥爭的黨來看，有這個反應很自然，它既是一種被動式的應對，也是為了激起全民的民族主義情感，將中共塑造成不畏美國打壓、維護國家利益這樣一種形象，以增強中共在人民中的合法性。但既是「陣地戰」，對中共也就有很大傷害。當然，鑑於今日中國的國家實力和當年國民黨統治時的中國不可同日而語，「陣地戰」對中共的損害也沒有大到抗戰對國軍損害的地步。

在中共倉促應戰的陣地戰中，在香港實施的《港區國安法》需要重點一提。港區國安法是中共在外界壓力下精心組織的一場「陣地戰」，雖然它惡化了中國同美國等西方國家的關係，但也確實扭轉了過去在香港管治的被動處境，就此而言，它有點類似國軍組織的台兒莊戰役，後者雖然沒有改變抗戰初期日強中弱、陷入挨打的局面，但它的勝利也打擊了日軍不可戰勝的神話，為鼓舞軍隊和全國士氣，鞏固國民黨和蔣介石的領導地位具有很大作用。港區國安法的強行頒行，也對中共起到了這個效果。

不過，也正因此，毛後來在「論持久戰」中主張中國對日作戰方式應以運動戰為主，以游擊戰和陣地戰輔助之，批評國民黨的陣地戰打法，徒耗軍力，面對強大的日軍，不要硬碰硬，而要保存實力，放棄大城市。中共的「陣地戰」打到二〇一九年十月和二〇二〇年七月中旬兩個時間點，也發生變化。在前一個時間點，中共發現，由於中美貿易的不對等，中國是貿易盈餘國，如果將全部五千多億美元讓美方徵稅，中國沒有反制手段，經濟也將承受不了。在貿易戰開打前，中共的沙盤推演很可能認為中國可以承受美國的全部貿易戰的壓力，但貿易戰的實際影響要複雜得多，讓中共擔憂打下去的後果，因此也才會有在美國壓力下簽署第一階段貿易協議的城下之盟。

新冠疫情和港區國安法引發的中美對抗也是一樣，中共到七月中旬發現，若和美國硬槓，美國卡中國脖子的地方太多，特別是在科技和金融領域。特朗普政府的「清潔網絡」行動以及對抖音、微信和華為的打壓，對中國的科技損害太大，兩國科技脫鉤正在成為事實。再加上選情對特朗普不利，如果隨著他的節拍起舞，正好中了美國鷹派設下的套，因為誰也說不準特朗普下一步會對中國做出什麼舉動，假如特朗普政府祭出核彈級的經濟制裁，或者乾脆宣布和臺灣建交，在南海轟炸中國島礁，中共將會被推到真正生死攸關的地步，為避免這種最壞後果，必須緩和同美國的衝突，至少是在宣傳和言語上降調，觀察十一月的美國大選再制定下一階段的戰術。這就是外界看到的中共對美國態度的軟化，降低對抗程度，用中共的話說，既不會隨美起舞，也不會任美胡來。

第二階段：戰略相持，時間二〇二〇年十一月美國大選到二〇二五年底，大概貫穿中國第十四個五年計畫時期

按照毛的設想，戰略相持階段有一個敵我兵力彼削此長的過程，因此對「我」來說，該階段也是準備戰略反攻的階段，對敵則是準備戰略退卻。同時這也意味著，在這一階段，敵我雙方力量對比的變化是緩慢的，尤其在進入該階段時，敵方整體上還占據主動，有很大戰略優勢，挾戰略進攻階段的氣盛，繼續對「我」進行碾壓。

在美國十一月三日大選前兩月，美方使用的「武器」，除了核彈級的金融排斥、美臺建交和軍事衝突這三項尚未動用外，該用的基本都用了。雖然特朗普沒有如人們認為的那樣為了救選情而對中國動用上述三項「武器」中的一種或兩種，但是，拜登政府在遏制和圍堵中國方面，不比特朗普來得軟。拜登的抗中手法更精準和細膩，發動盟友，在人權與民主、臺灣與印太事務等各方面全面圍堵中國，用「小院高牆」的做法，切斷美國和西方在科技和關鍵供應鏈同中國的聯繫。眾議院議長佩羅西二〇二

二年八月不顧北京的恫嚇，訪問臺灣。

美國中期選舉已經結束，共和黨重掌眾議院。候任議長麥卡錫（編按：麥卡錫為共和黨的眾議院領袖，一度因共和黨內部分歧而未能在眾議院議長選舉中獲得過半數的支持，後於二〇二三年一月七日確定當選為眾議院議長）已公開表示，將在眾議院推行更多的反中政策，並在當選議長後訪臺。《臺灣政策法》在美國新的國會議事後如果出臺，取代《臺灣關係法》成為美國政府處理臺灣問題的法律依據，將嚴重衝擊中美關係，因為該法的精神實質是承認臺灣為主權獨立國家，現在它在參院外委會已通過。二〇二四年是美國的總統大選年，無論兩黨哪個上臺執政，在大選年期間，都會比賽加碼反中，難以想像未來兩年華盛頓的政客們會對中國做出怎樣的舉動。總之，戰略相持的五年，將會是中共最艱難的時期，外部的戰略環境會進一步惡化。由於擔憂雙方的實力逐漸接近，美國只會加倍地報復和打擊中國。這就好比抗戰在一九三八年進入相持階段後，為儘快結束對中國的戰爭，好全力對付美國，日本加強了對中國的轟炸和掃蕩，使國統區和解放區的日子比抗戰初期更艱辛。

然而亦要承認，美國在第一階段對中國的遏制，雖然重創了中國，主要是惡化了中國的發展環境，對某些產業如芯片和某些企業如華為構成了生死威脅，潛在地也影響到中國產業鏈的循環和升級換代，拖延了中國繼續崛起的步伐，但是，對中國總體的經濟和貿易尚未到傷筋動骨地步，儘管美中貿易額有所減少，可減少的幅度並不大，中國對美的貿易順差依然很大。如果從美國打擊的目標是要削弱中共統治來看，在第一階段，這一目標非但未實現，中共統治合法性似比疫情前反加強。故而，假使美國在第二階段對中國使出前述核彈級手段打壓，對中國造成的震動和衝擊固要大大強於之前，然鑑於它們對美國自身的殺傷力也巨大，例如，將中國排除在美元支付系統，後果有可能是美元的霸權從此崩潰；或者美臺建交誘發中美大戰，很可能美國在付出戰爭代價的同時臺灣最後還是丟了，這都是一個兩敗俱傷的結果，如果這幾仗沒有打垮中共，意味著美國之後對中國的遏制將力不從心，它的政策箱裡沒有多餘的工具再打壓中共，雙方的戰局成一種膠著狀態，形勢可能對中共有利。

因此，為避免或拖延這種情況的到來，中共會在第二階段不和或者少和美國正面交鋒，而採取和第一階段疫情後半期的拖字術或者熬字術，爭取時間，建立一個安全的經濟邊界，將科技、金融和軍事方面的戰略漏洞和短板補上，以待中美最後的決戰。二〇二二年十一月習近平藉 G20 的平臺和拜登會面，釋放緩和信號，就是基於此考慮。在這一階段，中共將著力做好以下三方面的事情：

一是構建一個以國內循環為主體的雙循環經濟新發展格局。所謂雙循環，指的是以內循環為主體，即扭住擴大內需這個戰略基點，使生產、分配、流通、消費更多依託國內市場，在此前提下，讓經濟在國內和國際兩個市場循環。中共認為這樣就將擺脫對國際市場特別是西方市場的過度依賴。因此本質上講，內循環為主體的雙循環實際是中共的經濟「備胎」，預防最壞情況的出現對中國社會和中共統治帶來的不利影響。

對中共來說，最壞的情況莫過於世界形成一個以西方為主導、囊括了大部分新型國家和發展中大國在內的陣營，和中國這個單一陣營，最多再加上幾個反美國家的對壘，這種極端情況儘管發生的概率很低，然而即使某種程度的出現如美國建立起了圍堵中國的民主聯盟，那麼對中國的經濟也將是災難。經濟一旦受困，接下來就是就業和財政危機，最終威脅中共統治。而雙循環，就是為中國的經濟建立一個「免疫」系統，以逐步減少對國際市場尤其西方市場的依賴。在這個意義上，雙循環也是經濟備戰，包括和美國真刀真槍的戰爭打響後西方切斷中國的外貿渠道，有了雙循環，中共對西方的制裁和圍堵就不用太大擔心。

二是在產業和金融上重點補短板，以新型舉國體制儘快突破關鍵核心技術，提升自主創新能力。雙循環最多能保中國的經濟平安，不威脅中共統治，但不能保中國強大，在和美國的對抗中抵抗美國的壓力乃至打贏美國。所以在雙循環的基礎上必須把產業、金融和科技上的短板一個個補上，集中力量攻克易被美國和西方卡脖子的技術，提高自主創新的能力。中國雖有全產業的優勢，但根據二〇二〇年八月參加習近平主持的經濟社會領域專家座談會的經濟學家樊綱的說法，中國不僅在信息技術領域、芯片、AI、區塊鏈等高新科技領域落後，且許多產業仍處在低端或中低端，不少領域還受制於人，目前全球有十萬種產品，中國現在只能做三萬種，且多數在中低端。要改變這種情況，就必須用舉國之力去攻克和突破。在中共看來，中國有社會主義集中力量辦大事的優勢，再結合市場經濟，用這個新舉國體制，主導發展一批關係國防和經濟安全的戰略型產業，提高經濟和產業的自主創新程度，此乃第二階段的重要任務。

三是大力發展軍備，打造一支能夠抗衡美軍，打贏高科技局部戰爭的國防力量。中國軍事的現代化，直接涉及中共的國防安全和統一大業。中美對抗現在變成了一場涉及地緣政治、政治制度和意識形態乃至中西兩種文明的衝突和較量，是一場總體戰。這個性質決定了矛盾的不可調和性，從而極可能通過一次真正的大戰來解決。中共明白這一點，華盛頓也明白這一點。隨著美軍更深介入南海和臺海，頻繁在南海進行自由航行，對中國進行抵近偵察，派軍艦穿越東海和臺灣海峽，兩國發生軍事衝突的風險越來越高。解放軍最近幾年頻頻在周邊海域進行實彈演習，尤其是二〇二〇年八月藉著佩羅西訪臺進行的圍臺軍演，為的是檢驗戰爭打響後的軍隊作戰能力。而在武器和戰力方面，解放軍和美軍的差距還是相當大的。在戰略相持階段不解決這個問題，縮短兩軍差距，中共將始終受到美國壓制。

未來五年中國做好了這三件事，中共可以對美國進行戰略反攻了，美國將奈何不了中共，持久戰就將轉入第三階段。

第三階段：戰略反攻（中）／戰略防禦（美），時間二〇二六年後

雖然一些經濟學家預測，中國的 GDP 在未來十年左右即到二〇三〇年前後趕

上美國，但中國的總體國力包括軍事力量到時依然要弱於美國。這也是一個普遍的看法。假如該判斷大體屬實，那麼二〇二六年後中美戰略態勢發生轉變是不是早了點，而按照一種極端看法，未來一百年中國也趕不上美國，中共就別提什麼戰略反攻了。

此處說的戰略反攻或者持久戰，當然根本上取決於國家的實力，但也受制於其他因素，比如國家的意志、民眾的反應、國際援助等。這些因素在階段上會增強或削弱總體實力，使在階段上表現出的國家實力強於或弱於國家應有的實力。抗戰時期中國在進入戰略反攻階段，總體國家實力和軍事實力同日本相比依然相差很大，但由於日本在外部戰場頻頻失利，在美、蘇的幫助下，中國取得了戰場上的主動權和主導權，日本處於戰略劣勢。越戰是又一例子，越南和美國的國家實力差得太遠，沒法比較，但越南背後有蘇聯和中國的幫助，美國國內還有民眾的反戰，所以美國在評估下，最後撤出越南。

如果中國在未來五年大體建成了一個不依賴外部市場的內循環經濟體，尤其是在一些關鍵性技術和產品上不被美國卡脖子，那麼中共很可能在這場和美國的新冷戰中從後者那兒奪得主動權和主導權，削弱美國的遏制意志，有力量在總體上對美國的遏制和圍堵發起戰略反攻。

從目前來判斷，中共的戰略反攻大概率會選擇臺灣作為突破點，武統臺灣會成為中共用來扭轉自身戰略被動的關鍵一著棋，甚至很有可能在習近平第三任期的末期即相持階段的後半段也即二〇二四至二〇二五年就拿臺灣開刀。

之所以這樣判斷，是因為臺灣回歸中國是一個繞不過去的坎，中共要實現民族復興，就必然要統一臺灣，而臺灣不管是事實獨立還是法理獨立，都意味著中國沒有實現民族復興，哪怕中共宣稱實現了民族復興使命，民眾也不會買帳。這個「陷阱」是中共自己製造的，在喪失了共產主義的說服力後，為使民眾認可和支持自己的統治，中共只能擁抱民族主義和國家主義，以帶領中國實現民族復興、國家富強、人民幸福來吸引民眾，復興和富強當然內在地包含國家統一，如果臺灣不能回歸，國家不能統一，不論從事實還是邏輯言，中國就不能說已經復興。因此，中共要跳出自己挖的「陷阱」，它必然要統一臺灣，文的不行，就來武的。

過去中共解決這個兩難矛盾的方式，是把統一問題無限期往後推，宣稱解決臺灣問題的條件還不成熟。但二〇〇五年的《反分裂國家法》從法律上把這條路堵死了。儘管實際上中共還可以繼續宣稱條件不具備，把統一問題押後，但習近平又把它堵死了。他不會把統一中國的偉業留給其他中共領導人，這不僅是他的私心，也是他認為，中共現在已經有能力讓臺灣回歸。很多中國人也持有同樣的認識，認為這個問題拖得越晚，反而對中國越加不利，增加很多變數，尤其在美國遏制和圍堵中國的態勢下，華盛頓勢必用臺灣問題來鉗制和打擊中國，鼓動臺灣獨立，而臺灣內部的分離勢力也會自覺配合美國，尋求獨立。

習近平當然必須考慮武統的後果所帶來的對中共統治的威脅。然而美國對中國的遏制和圍堵除了尚未對中國實行貿易禁運外，其他該做的基本上程度不同地做了，假如未來幾年美國將中國踢出美元交易體系，甚至對中國禁運這樣的事情發生，後果無非兩種：一是造成中國經濟崩潰，民不聊生，一夜回到改革前，國內掀起反共運動，中共統治搖搖欲墜；二是隨著中共在戰略相持階段的布局發生效果，美國的禁運雖然對中國的經濟和糧食、能源等產生很大衝擊，但尚不足以動搖經濟體系，構不成對中共統治的太大威脅。前者無非就是武統臺灣的後果，若這種情況真的出現，對中共來說，為什麼不用武力把臺灣要回？後者更會誘發中共武力犯臺，因為和美國打一仗也不可能對中共統治產生致命後果，也就更有動力去收復它。所以，無論哪種情況發生，邏輯上都指向中共會用武力收復臺灣。何況，在經過五年的精心籌備後，解放軍抗拒美軍介入的能力也會提高。

因此，在戰略反攻階段，習一定會打臺灣，甚至在相持階段的末期，當中國抵制不住美國的戰略圍堵壓力時，不排除中共主動選擇打臺灣來扭轉戰略被動局面。前面講了，武統臺灣最壞的結果就是美國對中國的禁運，但對美國來說，會大大提高美國遏制中國的代價，包括戰場上死傷大量美軍。同中國這樣一個大國打一場全面戰爭，對美國經濟和國內政治會產生什麼衝擊和後果，同樣是難以預料的。一旦美國經濟受到很大衝擊，民眾生活水平急劇下降，國內掀起反戰運動，美國是不是有意志和中國再打下去，也是一個問號。這就為中共扭轉被動局面，掌握戰略主導權提供了機會。

故中共一旦開啟戰略反攻，會選擇武統臺灣，反之，中共一旦開啟武統臺灣，表明它對美國要實行戰略反攻。

留給美國遏制中國的戰略窗口期在五年左右

從上面的分析和討論中，可以得出一個基本結論，留給美國遏制中國的戰略窗口期只有五年左右。

換言之，如果中共在戰略相持階段完成了在經濟雙循環、提升產業鏈水平補自主創新短板以及擴軍備戰等方面的布局和準備，那麼也就意味著，美國遏制中共的時間窗口只有五年左右。這大概可能是美國鷹派的想法。因為屆時美國就很難遏制中共，拜登政府已經宣告，中國是美國未來十年唯一的系統性戰略對手，決心用十年時間在美中競爭中打敗中國。從這個角度，可以理解美國鷹派的焦慮心態。

為了更好地說明這一點，有必要再來簡單評估截止目前美國對中共／中國的遏制效果，是否達到了美國的意圖。本文第二部分的戰略相持階段的分析曾涉及該問題。

二〇一八年五月美中貿易戰開打後，美國這輪對中國的打擊和對抗已經持續了四年多，關於是否實現美國的階段目標，人言人殊。國內自由派和海外反對派似乎對此持樂觀態度，認為美國的打擊作用很大，對中國的經濟和產業鏈的衝擊產生了實質性效果，動搖了中共統治，中共倒臺只是時間問題，它已經進入了崩潰的倒計時。

由於很難從中國內部獲取真實信息，美國遏制政策對中國產生的影響難以量化分析，但是，如果秉持客觀理性的態度而非情緒性地去觀察，儘管信息不完備，恐怕對美國打擊中共的效果不像自由派和反對派估計的這麼樂觀。可以從以下幾點來分析。

一是美中新冷戰惡化了中國發展的外部環境，並且還將進一步惡化，從而使得中共將自身模式向全球推廣和謀求更多國際經濟治理權和地緣政治空間的對外擴張戰略不得不收縮，這點外界是有目共睹，能夠感受到的。

二是它也使得中共收緊內部政治空間，導致中產階級、商業菁英和中共內部相當一部分黨員對中共和中國未來的前途不看好，甚至悲觀，很多人在有條件的情況下紛紛移民國外，特別是企業家階層和技術人才出走國外。這種預期和士氣會從內部牽制中國的發展和中共的統治。

三是美中貿易戰和美國對以華為為代表的中國科技企業的制裁和打壓，打擊了中國的外貿出口企業，尤其是民營出口企業，和外資撤離中國市場，一定程度上衝擊了中國經濟；而科技產業的部分脫鉤，對中國整體高科技的發展，特別是芯片產業和5G技術有重大衝擊，威脅著中國全產業鏈的優勢及其轉型升級，致滯了中國經濟和高端產業的發展步伐。

四是美國對中共官員的個人制裁，有可能會製造中共內部的不穩，加劇中共的分化，也威脅中國的金融安全。

大概到現在為止，美國打擊中共所起到的作用表現在這幾方面。所以，認為對中國只傷著皮毛的看法輕視了美國的遏制戰略，但也不能誇大到已將中共打趴下。未來如果美國動用前面說的幾個核武級別的工具打擊中共，會不會將中共打到只有求饒的份，要看中共應對是否得當，但至少現在，還沒到衝擊和動搖中共統治的地步。就美國意圖分化中共和中國人民的關係而言，由於美國這幾年的民主亂象，這個目的應該沒有達到。

然而事情還有另一面，即美國打擊中共和中國也驚醒了中共和多數中國人民，讓中共徹底拋棄對美國的幻想，看到了中國的戰略短板和劣勢，並有時間去修復。這恐怕不是美國願意看到的。

假如中共之前對美國的意圖不是很瞭解，現在可說對美國拋棄了幻想，也讓它能夠有時間去修補一個個戰略上的短板，包括調整經濟布局，打通內循環，加大自主創新力度，用新舉國體制去攻克關鍵和核心技術，以及強軍備戰等。中共原來對這些戰略短板有些是認識不清，有些是囿於各種條件的限制包括既得利益不願去做出調整改變，但現在美國的遏制激發起了中共作為整體的危機意識，坐實了美帝亡共亡中之心不死的判斷，也使中共看清了不修復那些戰略短板對中共統治和中國強大的危害，另外，面對美國的打壓，在中共民族主義和國家主義的鼓動下，民眾的危機意識也被激活，從而導致中共在民眾中的合法性不但沒有降低反而得到強化。

美國封鎖中國的國防工業，結果在二十多年中，使中國的國防工業自成體系發展起來，以中國目前的整體國力、技術能力以及儲備的技術人才，對於美國封鎖的芯片等高端產業，中共大體上用五年或更多一點時間應該能夠趕上發達國家，在高端產業上初步建立一個自己的技術標準體系。比如對華為，很多人判斷美國的禁令對華為是死刑。但華為會不會死，估計不大容易。華為即使不生產手機和其他與芯片有關的產品，但它的軟件設計能力、5G技術還是很高的，所以，至多可以說這個意義上的華為會暫時休克，然而一旦大體解決了高端芯片問題，華為很可能在5G產業上捲土重來。

這裡的一個關鍵，是中國強大的製造能力。如果美國無法扼殺中國的製造業尤其高端製造業，就將很難打垮中共。現在的情況是，如果中共不升級和美國的對抗，對美國遏制不進行對等反制，美國也就難下決心對中共祭出金融脫鉤、將中國剔出美元交易的手段，更不用講全面禁運，因為這對美國也會造成極大傷害，美國是不容易下這個決心的，從而給中共贏得建立內循環和補技術短板的時間。所以，如何在升級圍堵中共和不給美國造成大的麻煩之間進行平衡，也考驗著華盛頓的執政團隊。未來五年，美國遏制不了中共，以後就沒有機會了。

中共百歲長壽「祕訣」

二〇二一年七月一日，是所謂中共百年誕辰。中共舉行了隆重儀式，慶祝建黨百年。從政黨的生命週期來說，百歲政黨雖然可能不是很多，可也不少見，但是，能夠連續執政超七十年的政黨絕對沒幾個，僅有的兩、三個要麼政權垮臺，要麼淪為小黨，有鑑於此，曾經流行著一個「七十年大限」的說法，從此意義而言，中共稱得上罕有的成功。

想想看，一百年前，中共在南湖的一條小船上宣布成立時，能夠料到不用三十年就會奪取天下嗎？五十多年前，毛澤東將自己建立的政權和建設的國家折騰得奄奄一息，他臨死時恐怕也不知這個黨還能存活多久。四十多年前，鄧小平雖然通過鎮壓保住了中共政權，但在民心盡失以及外部制裁下，普遍認為紅色江山很難挺過十年，可中共不僅活過來了，而且居然顯得似乎比以前更強大，政權更牢固，這讓許多反對和敵視它的人頗感沮喪。五年前，特朗普對中國發起了貿易戰，動用美國全部國力打擊中共，許多人預言這回它的日子長不了，因為中共面臨六四以後最嚴峻的國際形勢，西方形成了對中共的圍剿態勢，但時至今日，雖然中國的外部環境沒有好轉，然而恐怕沒有多少人還會做出這個樂觀的預言了。總而言之，百歲中共統治中國七十多年而不倒，確實是世界政黨的奇蹟。

那麼，這個「奇蹟」是怎麼創造的？中共有沒有成功的祕訣，如果有，「祕訣」又是什麼？二〇〇八年奧運會後，國際漢學界探討中共成功的文章和書開始多起來了，到二〇一九年中共統治中國七十年時達到高潮，中國的官方學者特別是中共的御用學者加入到了這場頌揚中共統治成功的「合唱」中，並成為主唱。比如，被譽為中國通的美國知名學者沈大偉二〇〇八年在中國出了一本書名為《收縮與調適》的書，解釋中共在中國改革後統治策略的變化，在他看來，中共作為一個建制正處在不斷萎縮的狀態，但它也有能力在一些關鍵領域進行重大的調適和改革來逆轉收縮過程，因而中共實際上處於一種轉型過程之中。而曾寫過《歷史的軌跡：中國共產黨為什麼能》一書的中央黨校副校長謝春濤二〇一九年撰文把中共統治成功的原因歸之於中共有一系列優秀特質——遠大理想追求，科學理論引領，選賢任能機制，嚴明紀律規矩，自我革命精神，強大領導能力。沈大偉雖然後來對中共失望，甚至鼓吹中共已進入緩慢崩潰的階段，但在他二〇一九年出版的《中國的未來》一書中也承認，如果中共採取軟威權主義，中國會採取溫和改革，並經歷部分轉變；如果中共採取半民主模式，則會讓中國改革成功、澈底轉型。

像沈大偉一樣，海外學者，包括華裔學者和西方學者，對中共的詛咒在近幾年顯著得到強化，他們和專事歌頌中共的御用學者形成了學界兩極，不過，即使這些唱衰中共的海外學者，除個別外，也認為中共的衰敗是一個長過程，不要指望一夕之間奇蹟出現。

要探討中共百歲的「祕訣」，當然可以從各種角度切入，但最好還是回歸到歷史事實，特別是中共在全國建政後實施的統治策略和統治行為本身，尤其是中共幾代領導人的個人秉性和所謂的領導風格給這個黨打下的底子和帶來的印痕，而在中共的領袖中，毛、鄧、習特別是毛對中共的影響超出了其他中共領導人，他們改造了中共，中共還在享受其遺產。以此觀之，可以把中共的發展和統治成功的「祕訣」概括為四個面向；以專政為工具的對人民的殘酷剝削和壓迫，有意識的謊言、欺騙以及長期的意識形態洗腦和思想控制，對高科技和互聯網的嫻熟運用以及數字極權，外加好運。

中共長壽祕訣首推對人民的專政和懲罰。因為只有專政才有人民的服從。毛澤東將中國的國體和中共的政體確立為人民民主專政，但細數中共發展史特別是七十多年的建政歷史，除了某些短暫的特殊時期外，「人民民主專政」只有對人民的專政而人民從無享有民主。這就是中共政權的本質。有三部書對人們認識中共專政的歷史有很大幫助，它們是已故歷史學家高華描寫的中共延安時期的《紅太陽是怎麼興起的》、旅英女作家張戎描寫的毛一生幕後故事的《毛澤東：鮮為人知的故事》，以及新華社原記者楊繼繩描寫文革的《天地翻覆》。這三部書和官方書寫的美化中共統治歷史的多數史學著作不同，它們能讓我們全景式地看到和真實感受到中共對人民的血淋淋的專政歷史。

中共對人民的專政並非起於全國建政後，而最早在江西蘇區時就開始，延安時期

「發揚光大」，所謂延安整風就是對廣大普通黨員和知識分子的專政，四十九年後將延安經驗在全國複製，並最終在文革達於極盛。但這不是說文革之後就不專政了，不過是換了種方式，不再像之前那麼血腥和赤裸裸。暴力和懲罰通常是專政者使用的手段，除此外，中共另兩個常用的手段是人身控制和飢餓，改革開放前，包括戰爭年代，人民就死死地被綁在中共控制的區域，沒有基本的行動和言論自由，而為政權的存活，剝削民眾更是家常便飯。上述三部書有對這些專政術的大量描寫，讓人觸目驚心。

專政不只是讓人民服從的工具，自身即是目的。因為只有對人民的專政成為目的，中共的統治才能維持下去。中共是個龐大組織，有黨員九千多萬，把它組成一個國家，人數也要排在前十五。這個組織和這套體系的運作是需要龐大資源的，尤其是中共高層的特權，像黑洞一樣，將人民創造的財富源源不斷地吞噬掉。因此，沒有對人民的專政，人民一定會起來造反。由此本質和目的決定，只要中共統治一天，它對人民的專政就勢必延續一天。

改革開放後，中共接受過去的教訓，不再使專政顯得赤裸裸和血淋淋，而在多數時候顯示某種文明和「仁慈」，當然，這也得益於社會財富規模的擴大，讓中共不必為了財富而露殺機。但不等於中共就會放棄暴力本色。只要民間社會的反抗讓中共感覺政權不安，它隨時會扣動扳機。六四就是一例。習近平對國內採取的高壓特別是對維權人士的殘酷打壓又是一例。可以說，對人民的專政將伴隨中共統治的始終。

祕訣之二是謊言、欺騙、洗腦和思想控制。納粹宣傳部長戈培爾有句「名言」：「謊言重複一千次，就變成真理。」中共在用謊言治國方面，更勝納粹一籌，「人民民主專政」本身就是一個最大的謊言。中國革命的勝利也是中共用一個一個的謊言堆砌而成的。

中共的謊言和欺騙可以分成兩個層面，一是在國家基本的政治體制設計上，根本是謊言和欺騙。以憲法為例，第一條宣稱中國是工人階級領導的、以工農聯盟為基礎的人民民主專政的社會主義國家；第二條規定，國家的一切權力屬人民；第四條說，任何組織或者個人都不得有超越憲法和法律的特權。上述每一條都是謊言，充滿著欺騙。二是在具體的政策、政治生活和日常行政中，更充斥著大量的謊言和欺騙，離開謊言和欺騙，簡直寸步難行，人們形容中共，是漂亮話說盡，壞事做絕，這或許有些誇張，但生活在中國社會的人，對於中共的謊言和欺騙，都有切實體驗和感受。

謊言治國，欺騙成性不是說中共天性就是壞，或者是它的創黨領袖以及後來的領導人都心術不正，德行不端。就個人品德而言，中共創黨領袖中很多是懷著救國救民之理想的。當然，也有一些領袖為了權力而不擇手段，如毛澤東。但這樣的人哪個統治集團都有。儘管如此，中共及其領導人的謊言和欺騙明顯遠多於其他政治集團，此乃由中共信奉的烏托邦的共產主義理想以及它對權力的壟斷必然帶來的。理想本身若不能實現，其實就是謊言，而一種理想具有烏托邦性質，要人們相信，除了權力強制外，就只能用一個一個的謊言去欺騙。特別是如果自己不信為了權力又要別人相信，更須借助謊言和欺騙。所以，中共宣傳機器的一個使命，就是每日製造謊言。

權力的壟斷同樣需要謊言和欺騙來修飾，把統治說成是為人民謀幸福，讓人民相信它是出於公心，以減少人民的懷疑和不滿。中共的口號「為人民服務」就充滿欺騙性，先不說它的名與實不相副，既然要「為人民服務」，就需要擁有權力和資源，因為沒有權力和資源拿什麼為人民服務，此乃這句口號蘊含的邏輯。另外，作為一個高度集權的政黨，領袖位於權力的頂端，這種領導體制也使得官場無時無刻不在製造謊言和欺騙，否則官員很難有生存空間。

對於中共的謊言和欺騙，雖然有不少人覺醒，但中共把謊言改造成一套話語體系，將它塗抹上民族解放和民族復興的色彩，長期和系統性地向民眾灌輸，還是具有相當的欺騙性，導致民眾的認識產生混亂，積非成是，將謊言當成真理。例如，中共審定的歷史教科書將民族解放的功勞由它獨攬，儘管真實歷史並不如此，但能夠接觸真相的民眾畢竟不多。即使一些人瞭解歷史真相，可今日中國的崛起似乎確是在中共統治下實現的，中共由此宣稱只有它才能帶領中國實現民族復興，故他們可能也不喜歡中共，但認為除了中共外沒有其他政治力量可以做到這點，從而無形中使自己成為中共統治的同盟軍。

中共長壽的祕訣之三，是對互聯網和高科技的精巧操縱，發展出一套嫻熟的數字統治術，最大程度地化解了新技術對其統治的威脅。互聯網剛出現時對中共是個新事物，它的即時和隨機傳播特點以及傳播範圍的無限擴大大大提高了中共壟斷信息的成本，因此，最初幾年，面對互聯網的飛速發展及它帶給人們的信息獲取的便利，中共有些驚慌失措，不得不笨拙地學習如何管理和控制網絡，建立和外部信息隔絕的防火牆制度。但中共很快適應了互聯網生態，發現網絡在為統治製造麻煩的同時，也能為強化和改善統治服務，成功地發展出了一整套成熟的網絡操控技術，並向其他威權或半威權的國家輸出。

另一方面，中共也充分利用包括監控技術在內的人工智能的發展，將這些新技術運用於對社會的管控。學界將此稱之為數字或高科技極權主義。習近平的極權統治很大程度上和技術的升級有關，它大大便利了中共對整個社會的監控，今天覆蓋中國的上億個攝像頭，為全方位無縫監控每個人提供了可能。植入手機的定位系統，讓每個人逃無可逃。在先進的數字監控技術面前，每個人都毫無祕密。中共在第一階段能夠成功控制住疫情，得益於這套綿密的基於數字監控的社會管控網絡。不僅如此，中共還通過操縱互聯網等新媒體，散布虛假信息，製造外部仇恨，向全體民眾尤其是青少年強化民族主義、愛國主義、紅色江山意識的洗腦教育。可以說，高科技和數字技術已經成了中共極權統治的有效工具。

最後一個祕訣，不能不提運氣。這似乎有點神祕論的味道，中共自成立以來雖一路跌跌撞撞，然而運氣實在太好卻也是事實，以致不得不把它列為中共統治取得成功的一個重要因素。

中共成立之初，只有五十多個黨員，雖然得到蘇聯的一手包辦，但類似政黨，在當時少說也有幾十個。中共發展壯大，得益於孫中山領導的國民黨這個「貴人」。孫為了用武力奪取江山，需要蘇聯幫助，於是按照蘇聯的黨國模式改造國民黨，並在蘇聯指示下讓共產黨員參與國民黨，使中共第一次進入中國的政治舞臺中心。

中共第二次起死回生還是與蘇聯和國民黨有關，再加上日本。當蔣介石將位於江西的國中之國——中共建立的中央蘇區摧毀，紅軍不得不進行所謂的長征，最後落草於貧瘠的延安，日本對中國的大舉入侵救了中共一命。蔣為抗日，需蘇聯援助，後者的一個條件，是要求蔣不能對紅軍趕盡殺絕，承認中共的合法地位。中共隨後在八年抗戰中恢復元氣，並有了大發展，成為同國民黨分庭抗禮的力量，以致毛澤東後來談到中共能夠得天下，由衷感謝日本的侵略。

中共第三次好運則是在上世紀六十年代和蘇聯爭奪國際共運領導權失敗後公開和後者決裂，陷入同美蘇兩面作戰困境，國內又因長期不斷的運動特別是文革接近崩潰，此時美國出現，為反對蘇聯霸權和共產主義，反過來同自己的死敵中國謀和，兩國結成準同盟關係，大大改善了中共的國際處境，使中國在毛澤東死後得以打開大門，向西方開放，融入國際社會，中美的這段黃金歲月直到八九才戛然而止。

八九「六四」是中共的另一個坎，鎮壓使得士氣低落，人心渙散，在西方制裁下，中國經濟重回計劃體制，經濟增速改革以來最低，普遍預計中共是維持不了多長的。然而，仍是美國，在六四之後不久，緩和同中共關係，悄悄接納中共。西方並沒有認真嚴厲制裁中國。九二年鄧小平南巡後，西方國家以為中共會向民主自由轉型，對中國的大部分制裁被取消，美國讓中國的融入戰略讓中共再次獲得新生。南海撞機事件使得兩國關係惡化，但接下來的「九一一」為中共送來了第五次好運。小布什上臺後，美國已經警覺到中共對自由世界的威脅，打算對中國採取強硬措施，但「九一一」恐襲改變了美國的國家安全戰略和對中國的態度，使中國在加入ＷＴＯ後，更深更廣地參與全球化，獲得了十年寶貴的發展時間。

中共第六次好運是二〇〇八年發軔於美國的次貸危機，它讓西方元氣大傷，無力圍堵中國，中國雖也受次貸危機影響，但遠未有美國嚴重，從而使中國再次獲得發展的時間和空間，直到習近平上臺。次貸危機還使得中共的這套發展模式開始受到國際社會青睞，從而在某種程度上確立了中共統治的正當性。

習近平在國內的高壓統治，對香港抗議的打壓，魯莽而富有野心的對外戰略，引起了美國和西方社會的警覺，雖然美國的貿易戰沒有把中國打垮，可大大惡化了中國發展的外部環境，讓中、美兩國的經濟和科技開始脫鉤。疫情最先在中國的爆發以及習近平前期隱瞞疫情、打壓吹哨人等做法，致使中國社會的民心對中共政權的信任跌落到最低谷，無論內政外交，此時的中共真正稱得上四面楚歌，危機重重，然而好運再次光顧。西方特別是美國應對疫情的失誤，疫情向全球擴散，與中共用鐵腕手段和數字科技較快控制疫情形成鮮明對比，成功地改寫了中共的疫情敘述，讓民眾恢復了對中共的信心，從而拯救了中共政權。雖然清零政策維持三年，特別是上海封城以及各種各樣無窮無盡的次生災害已經把中共在疫情前期獲得的合法性糟蹋得差不多了，然而，全球主要國家三年來在抗疫中的表現，也讓多數中國民眾懷疑民主的價值，就此而言，本次疫情多少加強了本已虛弱的中共合法性。這是中共的第七次好運，也是最近的一次好運。

過去一百年，每到中共發展的瓶頸期，上帝總是眷顧中共，使人不能不驚歎，其運氣實在太好。

中共的百年歷史，其成功主要依賴這四個祕訣。習近平之前，主要是通過專政和鎮壓，欺騙和洗腦，再加上好運，統治人民；習上臺後，雖然戰略環境趨嚴，但新科技比過去發達，成為統治工具。四個祕訣之間的關係是，專政和鎮壓讓人民產生恐懼，恐懼使人不得不服從，而謊言、欺騙和洗腦則為專政抹上一層玫瑰色，賦予後者一種歷史的必然和正義性，讓人民產生類似於受害者情節的「斯德哥爾摩綜合症」（斯德哥爾摩症候群），自願服從中共統治。然而即便有了專政和洗腦，若沒有歷史出現的多次好運，中共是否能維持到現在，是要打問號的。中共如今已成巨無霸，又手握新技術，一邊監控人民，一邊為大眾製造新的意識形態春藥，未來若沒有一系列削弱中共力量的事情發生，包括大眾的反抗，要中共改弦更張，放棄極權，是不可能的。

中國的新階級分析

階級分析法是傳統馬克思主義的一個主要認識工具。儘管中國現在不提倡階級分析了，但在當下的大轉折時期，要看清中國社會的未來走向，有必要重新撿起這一認識工具。

大家知道，毛澤東寫過〈中國社會各階級分析〉一文，建立了他的革命理論。中國劇作家沙葉新曾仿照毛文，寫過一篇俏皮的〈中國動物各階級分析〉，用它比照現實也是很貼切的。改革開放前，中國是按毛澤東的階級鬥爭理論來治國的，依照出身，把社會大概分為四個階級或等級，工人是統治階級，農民是工人的同盟軍，知識分子是被改造和爭取的對象，地富反壞右是剝削階級，屬於專政對象。改革開放後，中共不提階級鬥爭了，地富反壞右也被摘帽平反，工農在政治上照舊是領導階級，知識分子則被納入工人階級隊伍成為後者的一部分，實際是「兩階級一階層」，知識分子是作為一個階層存在的，這是從政治成分上來劃分。

但在學術和理論界，「階級」一詞不允許提，學者們在分析中國社會的階級結構時，用「階層」來替換，好像這樣一來，階級就消滅了似的，它的理論根據是，馬克思的階級分析法是以生產資料的所有關係來劃分階級的，而中國是社會主義國家，剝削階級已經消滅，全體人民擁有國家財產，所以中國沒有階級，只有階層。此乃中共典型的掩耳盜鈴式的把式。

中國社會存不存在涇渭分明的階級結構？當然存在。前些年網上流行一個階級劃分標準，它按權力大小將社會分成九級：一級以在任政治局委員、退休常委為代表，二級以在任實權省部級幹部、退休政治局委員、部分大權貴、大富商、大銀行家為代表，三級以一般省部、副省部、特別實權的局級，或是大企業主、一般權貴富商、名牌大學校長、中等銀行家為代表，四級以一般地廳級、實權縣處級、院士、大教授、高級職業經理人、名醫生、名律師、高校校長、演藝明星、知名作家、中等企業主、小銀行家之類為主，五級以小企業主、普通處級副處級或實權科級幹部、教授、中等職業經理人、大城市多套房地主、二三線明星、小有名氣的醫生、律師、工程師等為主，六級以普通公務員、主流企業職員、高校青年教師、普通自由職業者、一般醫生、律師、一般工程師、大個體戶等為主，七級以普通企業工人、邊緣化的體制內人員、小個體戶、城市底層土著、富裕農民之類為代表，八級以血汗工廠工人、普通農民等為代表，九級以大城市底層失業人口、偏遠山區農民等為代表，以城市的基本生活標準要求，這些人在城市基本不能自食其力。其中一至三級是中國的上層社會，普通人非奇遇不能進，通過奮鬥最多能夠達到三級。四至六級是中國的中層社會，分別是高、中、低端中產階級，普通人通過努力，最後能夠定格在第五級就算不錯。七至九級是社會底層，是草根階層。也有按收入、財富分的，這裡就不講了。

從學界來看，對中國社會進行階層分析的也多了起來，比較權威的是已故社會學家陸學藝主持的「中國社會各階層劃分」課題，它根據職業分類，以每個人占有的組織資源、經濟資源和文化資源為標準，將中國社會劃分十個階層和五種地位等級，即國家與社會管理者階層、經理人員階層、私營企業主階層、專業技術人員階層、辦事人員階層、個體工商戶階層、商業服務業員工階層、產業工人階層、農業勞動者階層和城鄉無業失業半失業者階層。

具體來說，國家與社會管理者階層指的是在黨政、事業和社會團體機關單位中行使實際的行政管理職權的領導幹部，包括中央各部委和直轄市中具有實際行政管理職權的處級及以上行政級別的幹部；各省、市、地區中具有實際行政管理職權的鄉科級及以上行政級別的幹部。經理人員階層指的是大中型企業中非業主身分的高中層管理人員。私營企業主階層是指擁有一定數量的私人資本或固定資產並進行投資以獲取利潤的人。專業技術人員階層是指在各種經濟成分的機構（包括國家機關、黨群組織、全民企事業單位、集體企事業單位和各類非公有制經濟企業）中專門從事各種專業性工作和科學技術工作的人員。辦事人員階層是指協助部門負責人處理日常行政事務的專職辦公人員，主要由黨政機關中的中低層公務員、各種所有制企事業單位中的基層管理人員和非專業性辦事人員等組成。個體工商戶階層是指擁有較少量私人資本（包括不動產）並投入生產、流通、服務業等經營活動或金融債券市場而且以此為生的人。商業服務業員工階層是指在商業和服務行業中從事非專業性的、非體力的和體力的工作人員。產業工人階層是指在第二產業中從事體力、半體力勞動的生產工人、建築業工人及相關人員。農業勞動者階層是指承包集體所有的耕地，以農（林、牧、漁）業為唯一或主要的職業，並以農（林、牧、漁）業為唯一收入來源或主要收入來源的農民。城鄉無業、失業、半失業者階層是指無固定職業的勞動年齡人群（排除在校學生）。

在我看來，上述兩種有代表性的階層或階級劃分，一是過於瑣碎，二是劃分標準沒有觸及問題本質，所以並不能真正釐清中國社會的階級結構。階層和階級是兩個不同的概念，當以階層而不是以階級去劃分社會結構時，就抽離出了那些構成階級的因素。

按照馬克思主義的觀點，階級是以所有關係來劃分的，是一種經濟分析法。但馬克思又認為，經濟基礎決定上層建築，你在經濟上占統治地位，那麼必然在政治上也要反映出來。所以，階級又是統治的工具，具有鮮明的政治屬性，是一個政治概念。換言之，除從經濟角度劃分階級外，還必須從政治即權力角度去劃分。南斯拉夫作家、南共中央政治局委員、鐵托（臺譯狄托）前期的親密戰友和後期的反對派德熱拉斯，在被鐵托投入監獄前，寫了一本《新階級》的書，就是從權力角度去分析當時蘇東國家的階級結構，指蘇東國家的共產黨官僚在革命勝利後變成了一個壟斷著絕對權力、利益和意識形態的新階級。他對這個新階級的批判是：「貪婪而不能滿足的，就像資產階級一樣。不過，它並無資產階級所具有的樸素和節儉的美德。新階級的排斥異己正像貴族階級一樣，但沒有貴族階級的教養和騎士風格。」

按照這種經政結合的方式，我們看到，法國大革命前，第三等級為什麼不滿，要起來推翻第一、二等級。當時法國存在三個等級（階級），第一等級是僧侶和教士集團，第二等級是貴族集團，他們是法國的特權階層，但卻不納稅。除此之外屬第三等級，他們包括農民、工人、城市貧民、小手工業者、軍人和資本家等，占法國人口的百分之九十五，負擔著國家的各種稅賦和封建義務，卻沒有任何權利。第三等級由此成為反抗專制的主力軍，法國大革命的爆發就是第三等級不滿自己的政治地位，而將王權推翻。

毛澤東當年鬧革命時，也將社會劃分為五個階級和一個階層，即工人階級、農民階級、民族資產階級、地主階級、大資產階級及知識分子階層。工人和農民階級是被剝削的階級，是革命的主要依靠對象；地主和大資產階級是剝削階級，掌握了國家權力和財富，是革命的主要目標；民族資產階級從性質上說，屬剝削階級一員，但又具有革命的一面；知識分子構不成一個獨立的階級，他們天生具有軟弱性，依附於其他階級之上。無產階級可以將民族資產階級和知識分子改造成革命者。毛依這套階級分析法最終奪取了天下。

我說的新階級分析是借用德熱拉斯的「新階級」概念，將德熱拉斯和馬克思統一起來，像法國大革命前夕一樣，將中國分成若干個等級。毫無疑問，中國是一個階級社會，德熱拉斯意義上的「新階級」比當年的蘇東有過之而無不及。由於中國在改革四十年裡積累起了龐大財富，又由於對權力的擁有和使用以及對財富的支配缺乏基本的規則和監督權，中國的「新階級」早已是一個不爭的存在並成為眾矢之的。

從權力和財富的占有與分配劃分，中國社會的階級結構可分成七個等級。

第一等級：權力寡頭。他們主要由各級政權的領導人和強力機構的掌控者組成。這一等級的特點是，掌握了社會的絕對權力，基本沒有約束，對中國社會起著支配作用。

第二等級：大資本家。他們主要由各種顯性和隱形的富豪組成，還包括國企一把手。這一等級的特點是擁有巨額財富，或者掌控巨額財富，他們通過財富來參與政治，影響決策，特別在地方的政治生態中，這一等級有很大影響力。雖然中共這幾年對資本的打壓讓許多富豪的財富縮水，更是警惕他們對政治的染指，但是資本存在的本身，就會對政治和經濟發揮它的影響力。

第三等級，通常意義的官僚階層，主要包括第一等級外的各級各層次官員，這一等級的特點是，他們是社會的實際管理者，擁有管理權。

上述三個等級構成了中國社會的既得利益者，或者說是既得利益者的主要組成部分，其中前兩個等級更是社會的特權階層，對社會起著主導和支配作用。

第四等級：專業階層。他們主要由各領域各行業的專業人士組成，也包括官僚階層的辦事人員。這一等級的特點是，雖不掌握著社會的管理權，但卻擁有本領域和行業的專業權力，是社會財富的主要創造者，也用專業權力來參與分配，謀取利益。這一等級中的知識階層，事實上還能夠塑造社會的輿論。

第五等級：小資產者。他們主要由各類私人企業主組成。這一等級的特點是，擁有一定的財富，以一定的資產參與分配，但社會的話語權很少。他們的財富隨時處於被侵犯狀態。

這兩個階層構成了中國的中產群體。他們有一定的話語權，其中第四等級的部分專業人士屬社會的既得利益者，是特權階層的辯護士。

第六等級：工人和農民。這兩個群體的人數占社會多數，但在財富的分配上卻是最少的。這一等級的特點是，擁有憲法上的名義統治權，但實際上是被支配被統治的階級。

第七等級：無產者。他們包括長期失業或半失業者、盲流及其他被社會遺棄之人。這一等級的特點是，無權無勢無財，或只有極少量財產。他們是社會的赤貧階層。最後兩個等級是社會的弱勢群體，他們缺乏向上流動的機會和渠道，貧困被固化，在目前的社會結構下，基本不能改變自己的命運。

中國的階級結構由這七個等級組成，其中權力寡頭和大資本家構成了社會的「新階級」，這一結構總的特點是，形成了一種贏家通吃的馬太效應，即強者恆強，弱者恆弱的格局。這個格局現在越來越明顯。

特別一提的還有，在第一等級中，發展出了一個高居於權力金字塔頂端的「絕對統治者」，它和其他權力寡頭的區別，不是量的差異，而是質的不同，具有節制其他權力寡頭的權力，即「權力之上的權力」。其和古代皇權的差別，只是少了名分，理論上受到憲法和法律約束，但也正因此，使得它不能形成單獨的一個等級。

中國社會的這個階級結構如果不是因為中美對抗，會延續很長時間，但對抗有可能加劇其變動趨勢，除第一、第二等級外的其餘五個等級，處境會進一步惡化，尤其是專業階層和小資產者中，以及部分基層官僚利益受損較大，部分小資產者有可能拋入工農行列。

大變局將到來，中國社會是走向民主還是更專制，取決上述階級對時局和自身使命的認識能力及其互動關係。

江澤民改變了中共什麼

如果沒有八九「六四」，也就不會有中共和中國歷史上屬江澤民的十三年。就江作為一個政治人物尤其是專制體制下的政治人物而言，他是幸運的，做到了一個政治人物所能做到的最高職位，因為這個位子本來與他無關；然而，對中共和中國來說，則不能用「幸運」一詞概括，他給中共和中國留下的政治遺產要複雜得多，不能簡單地用好與壞，或幸運與不幸去評判。

一九八九年江滿六十三歲。在花旗銀行董事、美國人庫恩為他寫的那部傳記——《他改變了中國》一書中，江準備在上海市委書記的任上退下來後不走傳統的去人大或政協的安排，而想成為母校上海交通大學的一位教授，但是時代風雲改變了他的命運，六四過後不久，他被中共元老選中成為接替被貶黜的趙紫陽的接班人。作為一個毫無「野心」在高層也沒有政治班底的人來說，這真是天上掉下的餡餅，既喜且驚——因為其時世人都不看好他，包括他自己可能都認為，他不過是個過渡領導人，一個臨時看管職位的人，用江後來的話說：「我感到如臨深淵，如履薄冰。」

只是這一過渡，就足足在中共的最高位子上待了十三年，加上卸任中共總書記一職後又繼續留任兩年軍委主席，行使監國之責，他名義和實際掌控的權力時間達十五年。江的這段經歷可分為兩個階段，前一階段（一九八九至一九九四年）受制於鄧小平和陳雲等中共元老，基本是一個小媳婦的角色，難有作為；後一階段（一九九四至二〇〇二年）是他可以獨立做出決策的時候，他對中共和中國的改變——假如說有改變的話——主要發生在後半階段。

不管人們怎樣評價江澤民，有一點應該承認，他主政的這十多年，將中國從一個「因天安門事件而動盪不安的國家轉變為世界經濟發展的主要發動機和商業文化中心，成為一個充滿活力和開放的國家」（庫恩語）。他推行了經濟和國企改革，在中國建立起了初步的市場經濟，加入了WTO，為中國鎖定了開放之路，允許資本家入黨，提出了「三個代表」的思想，推動了黨內民主的一定發展，擴大了社會的自由。這些當然不主要是江澤民的一人所為，其他中共領導人包括鄧小平和朱鎔基等都起了非常重要的作用，在某些方面和領域，甚至扮演了關鍵的角色，但作為中共最高領導人，若沒有他的同意，事情至少會慢下來。

本文不打算對他的十三年做出全部的評判，而側重於對他對中共政治尤其高層政治帶來的變化。這些變化從歷史而言，有進步性的一面，也有腐朽的、滯遲中國發展的一面，後者的後果在今天全面發酵，形成了習近平的極權統治，江對此是要負很大責任的。

從「讓私營企業家和個體戶傾家蕩產」到讓資本家入黨，江對中共階級基礎的改造，使中共變成一個全民黨或菁英黨

從共產黨的角度看，江的最大政治遺產，是改造和拓寬了中共的階級基礎，使中共從建黨之初就堅持的工農無產階級政黨變成了事實上的全民黨、菁英黨和有產階級政黨。諷刺的是，為了確保自己的地位，他上臺之後的一段時期裡，對私人企業主和個體戶，還曾發出讓他們傾家蕩產的威脅，這反映江思想中的保守一面。

儘管官方文獻沒有記載，從一些知情者事後的回憶來看，「讓私營企業家和個體戶傾家蕩產」很可能是江的原話，而非杜撰，某種程度上這是可以理解的，也符合江的政治理念和當時的實際情形。中共有「寧左勿右」的傳統，「左」表示進步和革命，屬無產階級的立場，具有天然的政治正確性，是中共的政治正統，因為它直接來自馬克思主義。所以只要不放棄馬克思主義的指導地位，「左」就是中共領導人的護身符，哪怕中共變成實際上的右派政黨，在理論和思想上也要打著「左」的旗號。

從江那一代領導人以及當時的政治氣候來說，他頭腦中也有「左」的思想成分，否則他就不會參加中共並一步一步做到政治局委員兼上海市委書記的高位。江被中共元老看中作為接替在六四運動中犯了方向大錯的趙紫陽的總書記人選，原因是他在處理上海的學運中表現出了對黨的忠誠，讓元老們滿意。所以，那個時候的江澤民思想

保守是不奇怪的。六四之後，整個中國的大環境處於越左政治越安全的狀態，連鄧小平都不得不妥協，政治上趨於保守。消滅當時開始初步生長的私有制和私營企業，在經濟上重回「一大二公」是政治正確，因此，不管江內心是否認同——很可能如此——他也要在政治上表現出對威脅到正統社會主義的私有制及其人格化代表私營企業家的憤慨和不滿，以向元老們交心，換取他們對自己的支持，否則，他就真成了一個替元老們臨時看守江山的過渡人物。

不過，在鄧小平九二南方談話力挽狂瀾，改革重新成為時代最強音後，在政治和思想上清算極左就成了必然選擇。就江而言，在其十三年的總書記一職結束後，他要想在中共的歷史遺產中寫上自己一筆，就必須有屬自己的東西。雖然江是中共的主要領導人，但很大程度上九二改革是鄧開啟的，作為改革主要目標的社會主義市場經濟體制將被歷史視作鄧的政治遺產，他似乎注定要隱藏在鄧的光輝中而被歷史遺忘。為表對鄧的尊敬和作為鄧遺產的合法繼承者，在鄧去世後，江把文革結束到一九九七年這將近二十年中國社會的發展變化看作鄧的功勞，是在鄧的推動和指導下實現的，他將中共的指導思想冠之以鄧的名字，把鄧小平理論載入黨章。但這樣一來，江要留下自己的遺產，就須另闢蹊徑，在鄧理論中沒有涉及或關注不多但於中共而言卻又非常重要的領域，打上自己的烙印，讓私營企業主和資本家入黨，改變中共的階級基礎，就是這樣一個東西。

江的「三個代表」思想最早是在二〇〇〇年二月二十五日考察廣東高州時提出

的，二〇〇一年七月一日，在中共建黨八十週年大會的講話中，江又做了具體闡述，和鄧理論並列，成為中共的指導思想。該思想的完整表述是，中共要始終代表中國先進生產力的發展要求，始終代表中國先進文化的前進方向，始終代表中國最廣大人民的根本利益。從其內涵看，「三個代表」思想對以往理論的突破在於第一點，即始終代表中國先進生產力的發展要求，後兩點則在過去也一貫強調。

中共要代表中國先進生產力的發展要求，就內在地必然要求中共拓寬黨的階級和政治基礎，從創黨之初的無產階級的代表轉變為全民的代表。鄧小平有一個重要的論斷，社會主義的本質是解放生產力，發展生產力，在經典馬克思主義看來，工人階級是先進生產力的代表，而農民是工人階級政治上的同盟軍，所以無產階級指的是這兩個階級的聯盟，再加上認同這兩個階級的理念和目標，服從它們領導的知識分子。但是中國現實的改革是要打破束縛生產力發展的體制和制度，將過去被認為是不勞而獲的要素如資本以及不產生價值的知識、管理和技術等要素都算作生產力的組成部分，這樣，資本和知識、管理、技術等的人格化即資本家、企業經理、知識分子、技術專家也就同工人階級和農民一樣，成為先進生產力的代表。

這不僅僅是改革理論的需要，也是改革現實和穩固中共統治的需要。因為現實中多種經濟成分和分配方式的存在與發展，如果把私營企業主和管理技術人員排除在黨的大門之外，一方面會讓他們懷疑中共改革開放的誠意，能夠走多遠，從而不利經濟的發展，說到底，所謂改革就是讓私營經濟名正言順，成為和國有經濟並駕齊驅的第二支力量；另一方面，將這一部分有資本有技術有專業的人不讓他們有一個政治的上升空間，也會滋生不滿，不利中共統治。此外，也有很多黨的幹部下海經商，成為私營企業主，如果不從理論上解決資本家入黨問題，將會把這個本來是黨的力量變成異己力量。所以，必須拓寬黨的階級基礎，吸納資本家和管理技術人員入黨，成為黨的中堅。

「三個代表」思想和江的名字聯繫在一起，是江為中共拓展了政治根基。表面上看，資本家和管理技術人員都能入黨，使得中共從過去以工農為主的政治結構一下子變得似乎向全民開放，成為一個全民黨，但實際上與其說中共變成全民黨，不如說變成菁英黨更恰當。因為與此同時，隨著改革的推進和深化，工人階級和農民的地位大大邊緣化，反映到黨內結構上，就是工人和農民在黨內的占比大大下降。因此，它實際標誌著中共從一個無產階級的政黨向菁英執政的政黨轉型。有產者在中共內部占據主導地位。這種情況影響至今，儘管習近平要純潔黨的組織，但工農在黨內地位的邊緣化沒有本質改善，也無法改善。

中共領導人的和平更替在江手上得以確立，但他也繼承了老人干政的傳統並使之變得更嚴重

專制政權一個難以解決的問題是最高權力的和平交接，由於找不到一種制度化的

權力交接方式，容易導致交接過程充滿著陰謀、暴力乃至謀殺。一些專制政權就是敗於最高權力的更替。

中共長時間來也沒有有效解決該問題。毛澤東終身獨裁，他指定的接班人通過一場宮廷政變被廢黜了，鄧復出後，雖然他不是名義上的黨主席或總書記，但卻是事實上的最高領導人。在他手上，先後將三位中共的黨主席和總書記趕下臺，分別是華國鋒、胡耀邦和趙紫陽。其中後兩位還是他一手扶上去的。這顯示中共的最高權力交接的非和平和不穩定性。不解決這一問題，對中共將始終構成很大的傷害。因為最高權力的非和平交接，它不僅僅是一個人事問題，還有背後的路線和政策的鬥爭，誰在鬥爭中失敗，不單與最高權力失之交臂，也意味著國家發展方向的不同，往往會帶來巨大的震盪，嚴重損害中共甚至國家的元氣。好在鄧時期，最高權力競爭的失敗者沒有成為階下囚（趙紫陽僅僅是軟禁），這多少反映一點歷史的進步。

江澤民是鄧扶持的第三位名義上的最高領導人。據悉，當江在那種特殊的條件下出任總書記後，由於夾在鄧、陳（雲）兩位元老之間，而當時保守派藉著六四對改革派展開了清算，不管江是為了保位還是出於其他考慮，未能如鄧所願展現改革決心，一度讓鄧對他很失望，產生了換人想法，只是由於在他手上換了兩任總書記，再將江換掉，恐怕不好向全黨交代，也就作罷。可見，鄧也未能解決中共最高權力的交接問題，事實上，他本人就是這個問題的組成部分，由於他是中共事實上的最高領導人，在他在世時，中共不可能形成一個制度化的最高權力的交接模式，只能在他去世後才有可能。

陳、鄧等中共元老的先後過世，使江少了元老們的干預和掣肘。在他二〇〇二年卸任總書記後，順應黨內呼聲，把權杖交給了鄧指定的隔代接班人胡錦濤。這固然說明江在黨內沒有鄧那種威信，做不到一言九鼎，但也反映他某種程度的自覺或自知之明。做了中共十三年總書記，真正是媳婦熬成了婆，由於鄧較早就放手不管，等於把大權交給了他，所以在最後幾年，江在黨內的地位已經非常穩固，加上高層基本上江氏人馬掌控關鍵職位（這點下面專門會談到），他那時如要廢除胡錦濤，自己指定接班人，也並非完全不可能，否則他不可能再接著做兩年軍委主席。然而他沒有這樣做，反映他在任期制和接班人的問題上具有自覺性，明白黨內外需要什麼。

儘管中共黨章對最高領導人的任期沒有規定，但憲法規定了政府官員的任期，人們也普遍把總書記的任期等同總理和國家主席等，這也是全黨和整個社會對毛澤東、鄧小平等政治強人的終身制的危害的反思結果，江清楚這點，社會需要最高權力的有序和平交接，這就意味著必須有任期制的限制，不能再由某個人物指定接班人。可以說，經過了半個世紀的摸索後，中共至此才確立了最高權力的接班制度。這為中共此後的和平交接奠定了基礎，減少了中共和社會的震盪。此乃江澤民對中共的一大貢獻。

然而，江在為中共關上終身制的大門的同時，卻又在旁邊為老人干政開了一扇窗。這就是他沒有如期把最重要的軍委主席一職交給胡錦濤。在這方面，他甚至不如鄧做得好。老人干政自然不是起自江。鄧事實上的最高元首地位就是老人干政。但是，鄧時代的老人干政某種程度上有它不得已的因素。因為文革摧毀了中共的幹部體系，改革之初，中共幹部青黃不接，需要一大批在文革中靠邊站的老幹部出來工作，用當時的語言說，這些老幹部為年輕幹部起著把關和幫扶作用，「扶上馬，送一程」。在中央層面，老人干政的典型就是八老治國，即以鄧陳為代表的中共八位元老決定國家大事，而鄧作為八老的代表，又被賦予對黨內事務具有最後決定權，從而成為不是最高領導人的最高領導人。

但同鄧之後的中共老人干政不同的是，如果說後者更多的借重在位時的權力，鄧的地位用中共的話說，是歷史形成的，即不但曾是毛時期的重要成員，更有著文革時期的二號走資派的頭銜，以及文革後期重新崛起並再被打倒的傳奇經歷。既然文革被證明是錯誤的，那麼鄧所代表的路線自然是正確的，由他來監國和掌舵，別人自然沒有話說。即使如此，六四之後，當把江扶上總書記的位子後，鄧不久即把軍委主席一職讓於江，九二南方談話，鄧已完全是一介「平民」，之所以能夠再次掀起巨浪，還是同他的權威以及南方談話發出的改革呼籲契合社會的要求有關。在扭轉了中國發展的航向後，鄧九四年後基本不再過問任何事情，把權力完全交給了江。

江仿效鄧，保留軍委主席一職，直到二〇〇四年才交到胡手上，用他的話說，這樣做是要為胡「壓陣」，但這個「壓陣」其實是對胡的干預，是江用自己的權力強加給胡和中共的。江既無鄧的權威，而且此時中共亦走向正軌，各方面的發展都還不錯，其保留軍委主席無論從黨的事業的需要還是彼時的環境來說，都無必要，只能顯示他戀權，因此，遭到黨內外的普遍反對。不僅如此，在他兩年後辭去軍委主席時，他還通過早先的人事安排繼續構成對胡的牽制，成為中共政治幕後同胡分庭抗禮的重要勢力。江干政的後果直接在習近平當選中共總書記一事上反映出來。

習是中共小圈子選上來的。坊間傳說中共在六百人的範圍裡就胡之後的下屆總書記人選進行摸底調查。由於江派勢力最大，而江澤民希望下屆總書記由紅二代擔任，以確保共產黨的江山永不倒，但比起紅二代的另一位競爭者薄熙來的鋒芒畢露來，習的低調讓江誤以為可以控制他，從而最終圈定了習。若沒有江的幕後干預，以習之能力，很難坐上大位，從而也不會有中國今日的局面。這就是老人干政的惡果。

江曾說：「歷史上，無論是哪個時代，哪個社會，領導層的變動幾乎總是伴隨著衝突、鬥爭和激烈的反抗，有時甚至更糟糕。現在，全世界都看到了，中國已經實現權力向新一代領導人的平穩過渡。」他有理由為這點自豪，然而，個人的私心最終也為中共帶來巨大的危機。

江在高層建立起了派系政治的遊戲規則，中共紅色家族的形成加速了改革的利益集團化，但他沒有把它導向黨內民主

政壇派系在各類政權中，似乎都很難避免。中國古代皇權也有朋黨存在，用今天

的話說，就是派系。中共似乎很忌諱拉幫結派，搞小圈子，視之為對中央權威實則領導人權威的威脅，然而，證之中共歷史，早期就有明顯的派系存在，如國際派、本土派，紅區、白區，在中共全國建政後，一度所謂山頭是高層政治的突出現象。山頭者，即從紅軍時期歷經抗戰和國共內戰形成的以各軍頭為主帶有一定依附關係的派系，毛澤東是駕馭派系的高手，利用各山頭的相互制衡，來保證統治的穩定。所以毛不排斥派系政治，曾說黨內無黨，帝王思想，黨內無派，千奇百怪。

不過客觀地說，包括毛澤東在內，中共對派系政治的性質和作用認識不清，領導人對派系的使用更多地是在一種權謀的意義上，拉這派打那派。中共的理論和政策強調的還是幹部用人要五湖四海，拉幫結派是作為破壞黨內團結的違規行為而受打擊的。所以派系政治在中共那裡始終未得到正名。另外，雖然政治實踐中少不了派系存在，但派系的規模和層級也局限在一定程度。毛和鄧雖有自己的嫡系，但他們更多是以駕馭者的面目出現，他們本身不參與派系遊戲，或者他們是所有派系的共主，至少每個派系都認同他們的共主作用。

中共真正有意識地建立派系，以派系政治來運作的是江澤民。江所以這樣做，是因為他在中央處於兩派元老的夾擊下，在高層無班底和根基。他是因為在上海處理學運得到元老賞識而被突擊提拔上來的，連他自己都沒有這個「野心」和準備，因此隻身一人北上，上面還有鄧、陳看守，他必須小心翼翼地行事，哪方都不敢得罪，不敢建立自己的班底，也不能建立。轉機來自一九九三年，鄧徹底放權於江，使他能按照自己的意願建立一支執行隊伍。這之前，他已將自己的心腹、今後的「大內總管」曾慶紅從上海調任中辦副主任，只是此時江受限，曾也只能處於蟄伏狀態，一九九一年，和江在上海搭班的朱鎔基上調中央成為副總理，翌年在中共十四大當選政治局常委，實際主管國務院，是中國經濟的實際決策者，人稱「經濟沙皇」。朱的擢升不完全靠江，據說他的能力被鄧看中，但朱主管經濟以後當選總理和江再搭班子，至少有助於江的施政，因此，廣義而言，朱可以算作江派一員，或者上海幫成員。

一九九三年曾當選中辦主任，開始在中共政壇崛起，長袖善舞，成為江的左膀右臂，是江派最重要的成員，以後中共一系列重大的人事決策，都由他主導和參與。中辦在曾手上，管轄範圍亦拓展到經濟、反腐、國內安全等諸多領域。江派另一重要成員上海市委書記吳邦國於一九九四年成為握有實權的中央書記處書記，隨後當選為副總理。也是該年，從二十世紀八十年代中期起就同江一起工作的上海市市長、新任市委書記黃菊，進入了由二十一名委員組成的政治局。上述三人，在胡錦濤時代的中央，都進入最高決策層，成為政治局常委，分別主管黨建、人大和經濟，由此制衡胡。此外，江澤民在軍隊有張萬年、郭伯雄、徐才厚，前者在江時期掌管軍隊，後兩者在胡時期掌管軍隊，並在胡的第二任期，其麾下重臣周永康和孟建柱掌管政法和安全，一個進入常委，一個進入政治局。由於江派成員大都來自上海，又被稱為上海幫。

可見，在九三年後，在中央政治層面，形成了明顯的江派力量，他們分布於中共的核心部門，從而能夠保證江澤民的意志和決策不僅在江時代，而且在胡時代，至少在胡的第一任期能夠貫徹和執行下去。二〇〇二年江從總書記的位子上退下來，但退而不休，兼任兩年軍委主席，保證最重要的軍隊聽從自己的指令，並在隨後通過安排代理人，讓軍隊繼續架空胡錦濤，又在政治局常委裡部署自己的人馬牽制胡，使自己繼續能夠在胡時代發號施令。胡時代的前一階段，中共實際的最高領導人是江，即使後一階段，也通過在政法口安插江氏人馬，來監督胡。直到周永康案發，江派或上海幫才逐漸退出高層，影響漸消。

就江派對中共和中國社會產生的影響和所起作用而言，它要超過以往的「山頭」等派系。江澤民在此實際是促進了中國政治的派系時代，在江時代及之後，派系就成為中共高層政治的一大特色。與此同時，升起了以胡錦濤為首的團派，習近平上臺後，又形成了習派。江開啟的派系政治和此時改革的加速利益集團化，構成了中國政治既相互聯繫又有所不同的兩個現象。

上世紀九十年代的經濟改革，已經明顯出現了利益集團化的現象，也即中共的權貴開始以改革之名直接插手或通過代理人瓜分國有資產，在朱鎔基推行的「抓大放小」改革中，數量眾多的國企成了大大小小權貴的蛋糕，改革實際成了切割國企蛋糕的盛宴。九十年代改革的一個顯著特徵就是改革推進的速度很快，稱得上是狂飆突進，這確實是中共改革史上的黃金時代。改革顯示出的殘酷與國有資產的瓜分程度是相輔相成的。事實上，權貴階層瞄準國有資產，化公為私在八十年代即已開始，但那時改革剛啟動不久，尚未大規模鋪開，九十年代鄧南巡後在市場化的名義下國企紛紛改制，從公有制變成私有制，權貴階層利用權力和信息的優勢全面介入這一進程，以各自的主管領域「搶灘占地」，成為自己的「領地」。在上層形成了幾大紅色家族，例如鄧小平家族經營有色金屬和軍火，陳雲家族經營銀行，江澤民家族經營電信，李鵬家族經營電力，朱鎔基家族經營券商，溫家寶家族經營珠寶等。這種利益集團化一直延伸到胡時代，由於金融成為造富機器，紅色家族也從原來的領域進入金融領域，甚至變成外國資本在中國的代理人，和它們合謀掠奪中國資產。

改革的利益集團化的後果是改革的成果被以紅色家族為代表的權貴階層攫取，導致社會的貧富差距急劇拉大，最終削弱了改革的合法性，使中國改革長期停滯不前。從改革的利益集團化和派系政治的關係說，前者支撐了後者，使後者的紐帶更牢固。本來，兩者在合理的政治構架下，是可以發育出黨內競爭和黨內民主來的，再由黨內民主走向社會民主。這原本是它們具有的進步功能，因為在中國，黨太強大，要從社會開啟民主太難，容易遭到黨的扼殺，而如果黨內存在不同力量的派系，它們互相競爭，是有可能慢慢發育成黨內競爭的一套正式規則從而導向民主。然而，由於江派力量太強其他派系太弱，它們構不成互相牽制，以及中共本身的集中制強調最高權力的唯一性，導致這個機會消失。

江也有意放縱腐敗，中共腐敗在其任內達到階段高點，致使習成功利用反腐建立起了極權統治

腐敗亡黨亡國，這是中共的一向宣示，江澤民自我評價在任內做了五件事情，其中之一是解決了解放軍的經商問題。然而，恰恰在他統治時期，中共的腐敗全面爆發，達到一個階段高點。

腐敗的定義是對公權力的不當使用，包括利用影響力謀取不當利益。從這個定義出發，腐敗之於中共，是皮和毛的關係，如影隨形，要想根除腐敗，根本是不可能的事情。毛時代就腐敗叢生，越是短缺，腐敗越是厲害。但毛時代的中共官員還保持著一份理想，加上群眾運動和物質短缺，雖然腐敗普遍，但都是一些小腐敗（從今天看來）。改革之初，為解決官多粥少的矛盾，同時換取官員對改革的支持，中共有意識地推進贖買政策，讓權貴子女下海經商，早期主要通過價格雙軌制，倒賣緊俏商品，官員則通過許可，索賄設租，六四的一個觸發因素，就是學生反官倒。當然，相對後來的腐敗，上世紀八十年代的腐敗只能稱之為腐敗的雛形。

九二年市場經濟的引入，商品關係的確立，為腐敗的盛行打開了通道。加上經濟學也為腐敗助威，將腐敗看作改革的潤滑劑，意思是沒有腐敗開道，很多改革措施和事情就推進不下去。因為改革是要打破舊的規矩和條條框框，如果沒有腐敗，握有命

令的官員就不會放行。從中國社會的實際情形來看，這確實有一定道理，但這是屬上不了檯面的交易，可在那時竟由經濟學公然為腐敗背書，從一個側面反映此時的腐敗是多麼氾濫。

腐敗廣泛地發生於各領域和層面。其中特別讓人詬病並產生嚴重社會後果的，就是國企改革。大大小小的國企，除了央企和地方的支柱企業外，幾乎一夜間都變成了私企。從提高效率看，這種私有化是有必要的，但由於私有化的方式基本是採取暗箱操作，由少數幾個人決定，而購買者要麼是本企業的管理者，要麼是同決策者有關聯的親人或朋友，其要害還不在於賤賣賤買，國資流失，而在於過程的不公開、不公正，利益為少數人獲得。對於國企的職工，則採取以少量補助買斷工齡的粗暴做法，將他們掃地出門。改革在這裡顯示出非常殘酷的一面。這也是九十年代出現工人大規模抗議的原因。上節提到的改革的利益集團化就是一種典型腐敗。

對江澤民來說，放縱腐敗是其政治之需，某種程度上也是不得已。一方面，讓權貴子女特別是元老們的子女有一個出處；另一方面，其時的任務是發展經濟，解決因六四而導致的經濟停滯、民生凋敝對中共統治的衝擊，如果中共統治因此受損，江的總書記的位子可能也就不穩。而要發展經濟，靠國企萬萬不行，只能指望外資和私營企業，但後兩者在當時還小打小鬧，要有大發展，除政策鼓勵外，少不了腐敗這個「潤滑劑」。所以，比起工人的大規模失業引發的鬧事來，經濟停滯帶來的問題顯然要嚴重得多，因為前者可以通過維穩控制住，而且經濟發展了，最終將能把國企的失業工人消化掉，後來的事實也是這樣，但如果經濟停滯，國企照樣存在內部的隱形失業，同時普遍的貧困更會造成人心不穩。以後江提出「三個代表」理論，允許私營企業主和資本家入黨，客觀上亦必須容忍腐敗的存在。

可以說，解放軍因經費短缺而經商是腐敗，江遏制解放軍經商只是解決了小腐敗的問題，事實上，正因為他放縱了大腐敗，使得財政有餘錢投入國防，才能不讓解放軍去經商。

江時代的腐敗因為中國的入世經濟加速發展導致在胡時代也跟著成比例的膨脹，它給中共帶來的後果終於在習上臺之時壓倒了其所謂的積極成果，成為一個很可能致中共死命的「腫瘤」。打一個不大貼切的比喻，此時的腐敗已經到了中晚期，將「腫瘤」整個切除可能還能保命，否則就只能任其擴散直至死亡。對習近平來講，他接手的攤子就是這種情形。

習反腐很大程度上是不得不如此，但反腐也給了習一個意外的「好處」，即他可以利用大眾對腐敗的痛恨獲得支持，從而縮短新君繼位時通常具有的過渡期，迅速確立自己的權力，穩固地位。與胡接大位時更不利的是，他頭上有兩個「婆婆」，且胡是鄧欽點的隔代接班人，習在儲君的位子上時間又比胡短，尚未建立自己的治理班子，因此他雖然當上了總書記，但也必須小心行事，繼續夾著尾巴一段時間。

好在胡沒有效法江也無法效法江繼續擔任軍委主席，把它讓給了習。但反腐給了習一個打開局面，迅速穩固權力的切入點，因為以中共的腐敗程度，上至最高領導層，下至芝麻小官，幾乎沒有不腐敗的，每個人尤其是中央領導，屁股都不乾淨，習打著反腐救黨的旗號，立足道德高點，使所有的黨內大佬無話可說，只能表態支持。在具體的反腐過程中，他採取策略性的手法，先拿周永康這個官憤太大（因為他管政法得罪了太多同僚）的過氣政治局常委開刀，敲山震虎，再接著用剪裙邊的方式將大佬們小圈子中有腐敗嫌疑的親信或下屬一個一個剷除，打破以大佬為核心的利益集團，從而快速穩定了權力，建立起了自己的政治根基。但習反腐有兩點不觸動，一是大佬自身，除了個別直接威脅自己權勢和利益的人外，如兩個前軍委副主席郭伯雄、徐才厚，習儘量不將反腐的矛頭直接對準他們；二是和習處於同一陣營的紅二代，後者是習早期的權力基礎，這就使得習不至於和這兩個最重要的權力階層公開決裂，如果他把反腐之手伸向他們，很可能會拚個魚死網破。

江當初把習這個在摸底調查中排名靠後的人扶上總書記寶座，以為能夠拿捏他，繼續做隱形太上皇，統治中國，但不料看走了眼，習竟是一個胸有城府的狠角色，在玩權和弄術方面，江遠不是習的對手。習利用反腐，成功地打掉了以紅色家族為代表的黨內利益集團，建立起了自己的極權統治，同時也將中國帶進一個和世界作對的危險境地，使江好不容易從西方打開的局面被毀掉。在這個意義上，江因自己的私心毀了中國。

鄧小平的政治遺產與未完成的改革

二〇一四年八月二十二日是中共第二代領導核心鄧小平誕辰一百一十週年紀念日。對當代中國來說，無論從哪個角度看，鄧小平都是一個繞不過去的存在。

在紀念鄧小平誕辰一百一十週年座談會的講話中，習近平對鄧小平進行了高度評價，指出鄧小平留給中國的最重要的思想和政治遺產，就是他帶領中共和人民開創的中國特色社會主義，就是他創立的鄧小平理論；鄧小平最鮮明的思想和實踐特點，就是從實際出發、從世界大勢出發、從國情出發，始終堅持中共一貫倡導的實事求是、群眾路線、獨立自主。並進而總結說，中國近代以來的全部歷史告訴我們，中國的事情必須按照中國的特點、中國的實際來辦，這是解決中國所有問題的正確之道。這是習在上臺不到兩年對鄧的評價，那時他立足尚不是十分穩定，沒有現在這樣的權威，還須借助維護鄧小平路線的改開派力量來治理國家。如今或許他不會這麼評價鄧。儘管如此，當時他對鄧的評價還是恰如其分的。

從文明史角度認識鄧小平

但這並不意味著今天我們評價鄧小平，不會產生分歧。要準確客觀地認知和評價鄧，就需要我們不局限於一些具體事件，受其束縛。這當然不是說對具體事件的評價不重要，如六四，這是當代中國的一起重大事件，對鄧評價的分歧很大程度上就來自如何看待他對六四學生運動的鎮壓。但一來歷史距離越近，對具體事件的看法越會摻雜個人情感和色彩在內，二來歷史人物都免不了個人局限，所以，陷入對歷史人物的具體事件的糾結中，難於做到理性和客觀。

對鄧小平而言，從大歷史即文明史和中國現代化的角度去認知，可能會是一個好的視角。他的歷史貢獻和歷史地位，可用一句話概括，他扭轉了國家的發展方向，使中國和世界主流文明接軌，走向正途。

鄧出生於一百一十多年前。那正是晚清末期，是中國皇權社會和帝制走向最終解體的前夜。傳統中國在有明一朝其實就在開始緩慢發生變化，一些類似於資本主義萌芽的因子已經出現，但直到十九世紀中期，隨著東西方文明以戰爭的形式相遇，特別是隨著甲午戰敗，這個老大帝國才被驅趕到近代文明的軌道上，開始真正的變革。可以將之稱為中國現代化的第一波，它以洋務運動為起點，中間經歷了晚晴的改良與革命之爭，繼而民國建立和五四運動，一直到國民黨政權對大陸的短暫統治，抗日救亡。這段歷史大約近百年，它是中華民族的一段苦難史，外侮與內亂交織，而從文明的角度看，則表現為儒家文化澈底臣服於西方文化，從西方尋求救國救民之真理，然傳統文化的深層結構仍然沒有遭受大的破壞。

中國現代化的第二波是共產中國的建立，直到上世紀八十年代初期的改革開放，時間跨度約三十年。中國結束了外侮的歷史，但國際環境仍然險惡。由於急於趕超，澈底擺脫落後就要挨打的歷史認知和命運，以及實現領導人心目中純而又純的烏托邦共產主義理想，中國在這一階段文明的選擇上，倒向了蘇聯，全盤借鑑和接受蘇聯式的社會主義，並和中國傳統文化的專制因子結合起來，建立了一個高度集權的體制，以計劃機制、國有企業、分配上的平均主義、城鄉隔離、戶籍和單位體制以及權力壟斷為特徵。在文化上，表面是要打碎和破壞一切舊的傳統文化，包括資本主義文化，實際上是以另一種形式復辟了傳統文化最腐朽的部分，即封建的人身依附關係和血統論。文革是它登峰造極的表現形式。這段歷史可以說是中國在探索現代化過程中走過的歧路，是一種以現代形式的對現代文明的背離。

現代化的第三波是上世紀七十年代末八十年代初開啟的改革開放，至今也走過了三十多年。這一段歷史以改革開放和社會走向正道為標誌，用中共的語言說，改革開放是它最鮮明的時代特徵，這是對前一段歷史的糾錯，是對蘇聯式社會主義的拋棄。將過去束縛生產力發展的各種舊制度和舊體制，主要是計劃體制打破，引入市場機制，解放和發展了生產力，同時打開封閉的國門，向西方世界開放。從文明史的角度看，這段歷史雖然強調仍然要堅持社會主義的基本制度，但引入資本主義的生產和分配方式，與西方文明接軌，致使西方的知識和文化得以廣泛傳播。自由和人權因而受到一定程度的尊重和保護。

鄧小平參與了中國現代化這三個階段的大部分，是一個重要的歷史見證人。但在每波現代化中，角色和所起作用不同。在第一波中，用他自己的話說，是一個「跟隨者」；在第二波中，是一個重要的參與者；到了第三波，則變成了一個主要的決策者和設計者。他對中國的貢獻主要表現在第三階段。具體而言，做出了三方面的貢獻：一是撥亂反正，二是減貧，三是引入了市場機制，初步建立起了市場經濟。

撥亂反正不但指的是解放了當時被打倒的一大批中共老幹部，和廣大知識分子，更指的是思想路線的撥亂反正，恢復了毛澤東的實事求是的思想路線，將在文革發展到極致的階級鬥爭為綱扭轉到經濟建設上來，從此中國告別了以階級鬥爭掛帥的歷史，走向了務實的以經濟建設為主的發展道路。這是對國家發展方向的撥亂反正，把被扭曲了的歷史再扭轉過來，從文明史的角度看，就是將中國帶入了一個正常的發展道路，國家步入正軌。

減貧是撥亂反正和推進經濟建設的結果。中國在改革開放的三十餘年，貧困人口從改革前的六億多（當時的總人口是八億）降低到目前的三千多萬——按照中國自己的減貧標準，這是人類減貧史上了不起的奇蹟和貢獻。這個功勞很大程度上也要歸於鄧小平實行的改革開放和以經濟建設為主的發展道路。

市場經濟是鄧小平的又一貢獻。沒有對市場機制的承認和引入，就不可能有中國快速的發展，也不可能有這麼大的減貧成就。新舊時代的一個顯著區別，就是市場。承不承認市場的作用，並讓市場發揮它的作用，決定著社會能否擺脫貧困和走向現代化。就此而言，市場是通向富裕和繁榮之路，也是通向民主和自由，擺脫奴役之路。沒有市場，不可能發展出現代意義的自由和民主。所以市場還具有文明史的意義，而不單純只是個經濟問題。

鄧小平帶領中國進入了現代化的發展正軌，和人類的主流文明，同自由、民主、法治和市場相擁抱，這是衡量一個國家能否實現現代化，具有現代性的幾個最重要的標準。儘管中國距此還有很長的路程要走，但畢竟開弓沒有回頭箭——不管如何反覆，中國終究不可能重回改革開放前閉關鎖國，與人類普世文明相拒斥的狀態。

我始終堅信，每個國家的現代化目標是一致的，即都是為了實現自由、民主、法治和市場，且這幾個目標的內涵在每個國家也是相通的，但實現這個目標的形式和途徑則必須根據本國國情去闖去試，尤其對中國這樣一個有著五千年文明、國土廣大、人口眾多、內部差異很大的國家來說，更不能脫離本國歷史和國情去發展，在這一點上，是有路徑依賴的。這也是中國在百多年現代化中會有反覆，走過很多彎路的原因。

理論上說，人類的歷史不止一條發展道路，否則，歷史也太單調和灰暗了。從歷史本身來考察，不同文明也曾開創了不同的發展道路。故目前西方的發展道路和西式文明不會是歷史的終結。但歷史會殊途同歸，因此，作為一個相對獨特的文明體，中國要想對人類有較大貢獻，就必須在西方道路之外，開闢出另一條實現自由、民主、法治和市場的道路來，這不是要中國另搞一套自由、民主、法治和市場的標準，但中國可以在同一標準下，以不同的方式來實現之，如果中國走通了，這條道路就具有普世的實踐意義和文明史的價值，合乎歷史發展的多樣式。

因此，所謂中國特色社會主義——這條由鄧小平開闢的發展道路——應該這樣來理解，它的價值和生命力，就在於能否為我們提供有別於西方但同樣是高質量的自由和民主。

鄧小平是中國第三波現代化的主要奠基者。現在，第三波現代化已進入了它的第二個發展階段，也即習在中共二十大提出的中國式現代化發展階段。中國式現代化和有中國特色的現代化，其本質特點是不同的，如果說後者並沒有完全阻斷導向現代化共有的自由民主之路，前者則不過掛了一個「自由民主」的招牌，而實際上距真正的自由民主越來越遠。鄧小平留給中國最寶貴的政治遺產和啟迪，就是繼續堅持改革開放，賦予社會和市場更多的自由、民主、法治權重，但在中國式現代化中，看不到這些內容。

國家治理體系新常態：鄧小平未完成的改革

鄧小平開創的中國特色社會主義，從現代化角度說，乃是使中國走向了國家發展的常態。他作為這條道路的主要創立者，為它搭建了框架，並提出了方向。但是，由於年齡和實踐的關係，鄧不可能去完成這個過程，這只能留給他的繼任者去完成和完善。

中共十八屆三中全會提出的推進國家治理體系和能力的現代化，是對中國特色社會主義的深化和發展。它用更明確的語言宣示和表明鄧小平道路的現代化性質。

然而，就中國當下的國情而言，要推進和實現國家治理體系的現代化，法治必須先行。在中國幾千年的歷史上，雖然制定了無數法令，但這些法令只是用來治民而非治官的，尤其是最高統治者總是作為例外而免受法令的約束與處罰。所以，古代中國只有人治而非法治。這種情況一致延續到改革前，文革的「無法無天」對人權和國家的破壞之大有目共睹。

深受沒有法治之害的鄧小平對此也深有體會，故在其復出後，一直強調要加強法制建設。對四人幫的審判就是嚴格按照法律程序進行的。撥亂反正不僅是對過去錯誤的思想理論和路線的清理，也是法律和秩序的重建過程，是使國家重新走向常態發展的過程，這個常態發展與過去的最大區別，就是中共的執政要依法，政府管理要依法，社會各方面都要依法而行，國家的秩序受到法紀保障。

在法制建設方面，改革以來取得了很大成就，用中共的語言說，中國初步建立起了有中國特色社會主義的法律體系。依法治國有法可依非常重要，但有法並不等於就是一個法治國家，還存在有法必依、執法必嚴，以及法律本身的公正性等問題。在上述幾個方面，中國還存在很大缺陷，就是在有法可依上，也存在法律不健全的問題，這也就是今天中國特權盛行，大小「周永康們」不斷出現的原因。

法治的要處，在於法律之上沒有黨派、政權和特殊公民，法律的制定是以公民而非權力意志為準繩，不通過審判不能隨意給一個公民定罪。不如此理解和踐行法治，就不是真的以法治國。

為此，首先需要制定和完善將各種公權力關進籠子裡的法律。這方面的法律中國還很稀缺；其次，憲法規定的各種公民權利也應該通過具體法律的制定落實下來；第三，各種法律和政策的出臺必須有公民參與，要體現足夠的公民意志，只有這樣，法律和政策才合乎多數人利益，才具有法的正義性；第四，法律和制度的執行還必須嚴格、公開和透明，要有廣泛的監督；第五，當公民的利益受到侵害時，法律必須能夠給公民「保駕護航」，所以，司法獨立必不可缺；第六，執政黨和政府的各種決策還須於法有據，合乎法律的要求，不能與法律有衝突。

由此來看，在法治建設和依法治理上，中共曾經破題，但習現在又把它倒回去了。

與法治建設一樣，經濟改革也是當下中國改革的重點。自改革以來，經濟改革就一直占據著主要地位，也確實取得了很大成就，但是，它也有很大的再改革空間，尤其是近十多年來，經濟方面有實質意義的改革舉措推出不多。在中國經濟轉型升級的歷史關口，經濟改革如果不能深入，就會半途而廢。

經濟改革最重要的是處理政府與市場關係。如何使市場在經濟發展中起決定性作用，這是今後經濟改革的難點所在。市場既是具體的，又是抽象的，但它的決定性作用，則需要通過實實在在的制度安排來予以體現。

就影響中國經濟未來發展並體現市場作用而言，當下乃至今後可見未來的改革，應該把重點放在以下幾個方面：

一是改革中國的計劃體制和行政審批體制，下放和取消非必要的行政審批，轉變政府職能。需要強調的是，習的十年，中國政府雖然取消和下放了一大批行政審批權限，但是保留的行政審批依然很多，而且這些行政審批都是具有利益剛性的，但它恰恰束縛市場主體積極性的發揮；另一方面，中央下放的很多權力，被各級地方所截留和繼承，凡此種種，對市場都是約束。在這方面，必須有大膽的突破。

二是國有企業的混合所有制改革要真正做到有利於民企參與對國企的改造，而不是藉機為國企脫困，或者反噬民企。中國的國企改革一直是一大難點。通過上世紀九十年代的「抓大放小」後，目前的國企雖然日子比過去好過，一些國企尤其是壟斷國企成為巨無霸企業，利潤和市場雙豐收，但仍有很多國企處於困難之中。如何使國企改革做到有利於市場公平競爭，同時使國企有益於全體國民，是經濟改革乃至中國改革的一大挑戰。

三是財稅體制改革必須有實質推進。財政體制在國家治理現代化中占有重要地位，是推進國家治理體系現代化的一個重要槓桿。財稅體制中的公共財政和預算改革，以及央地分配關係，又尤其重要。它們不但於經濟起促進作用，而且於反腐、民主、環境保護乃至中國作為一個現代國家的建立，作用都很重要，甚至是突破口。例如，在中國目前的形勢下，預算改革對政治改革和民主化就是一個很好的切入點。

此外，金融體制改革也是經濟改革的一個重要組成部分，需要大力推進。沒有金融體系的強大不可能有經濟的真正強大。金融體系改革，重點應放在減少金融管制，激發金融創新，在金融企業建立現代治理制度，以及金融為實體經濟服務，和做大做強資本市場等方面。

經濟改革沒有政治改革做依託，是不可能澈底的。從中國的情況看，越往後，經濟改革受政治的羈絆越大。不僅如此，事實上，一些經濟改革舉措從形式而言屬經濟改革，但就其所起作用及內容而言，卻是不折不扣的政治改革，所以，經濟改革要成功，必然觸及政治改革。

政治改革的目標，是建立一個與自由開放競爭的市場經濟相適應的政治體制。這個體制既促進市場自由和人權，又能有效維護社會秩序。

改革以來，中國的政治改革也有很大進展，但相對來說，政改的步伐還是緩慢，許多政改措施沒有推出來，或淺嘗截止。

中國是一黨執政的國家，因此，黨的改革與建設具有極其重要的牽一髮而動全身的作用。對黨的改革，鄧小平曾非常關注。他在一九八二所做的〈黨和國家領導制度的改革〉講話至今仍是中國關於政改的最重要文獻。該文對黨和國家領導體制中存在的官僚主義、權力集中等現象進行了深刻的剖析，提出了黨政分開、退休制和任期制、黨內民主等許多有針對性的制度舉措。

今天黨內領導體制已經形成了一整套的制度規範，應該說制度化已經很完備。但權力高度集中在一人手上，黨內民主的微弱火焰早已被掐滅，依法執政的能力還有待提高。要建設法治國家，黨首先應依法執政，遵守和尊重法律，使黨的意志變成法律。從這個意義說，執政意識就是法治意識，執法思維就是法治思維。

中國不是多黨制國家，也不實行西方式的三權分立，可這並不等於說，中國不需要分權和制衡。所以，中國特色的政改，關鍵就是要形成適應中國國情但卻也能起到西方多黨競爭和三權分立之效果的分權和制衡機制。這個分權和制衡機制，就是在完善黨內民主的基礎上，將黨委變成決策機構、政府變成執行機構、人大變成監督機構、政協變成建言機構的分權和制衡模式。黨處於決策地位，通過人大讓黨的意志變成法律，政府則執行黨的決策和人大法律，並對人大負責，人大除制定法律，進行重大人事的選舉和任免外，日常最重要的功能就是監督黨和政府的決策和執行是否有違法之處，而政協集中社會各方面菁英，為國家的發展建言獻策，提供資政參考，確保國家政策能夠反映多數民意。這其實也是從另一個側面對權力進行制約。此種國家治理結構，是建立在中國歷史和現實基礎上，目前可以推進的政治改革。

中國推進的改革應該是五位一體的，即政治、經濟、文化、社會和生態。其中社會改革具有基礎性作用。社會改革多與公民的權利和利益直接相關，它受到民眾的關注度也最大。因此，社會改革搞得好，對政治改革和經濟改革有助推作用，能夠為政治改革和經濟改革贏得時間；反之，則會阻礙政改和經改。

社會改革的內容也非常廣泛，但對廣大民眾而言，以及從中國未來的發展看，關鍵是要建立社會自治，推進社會民主。如果說，黨內民主著眼於黨的領導體制和決策機制，屬自上而下的民主，那麼，社會民主主要針對公民對社會事務特別是公共事務的參與，它是自下而上的民主。黨內民主和社會民主的結合，也就是高層民主和基層民主的結合，這種上下結合，能夠形成一種廣泛的對公共權力的制約和監督。

要推進社會民主，前提是培育人們的自治意識，建立和發展各類自治組織，學會自我組織，自我管理。沒有自治，何來民主？如果人們能夠管理一個社區，就能管理一個街道；能夠管理一個街道，就能管理一個城市；能夠管理一個城市，就能管理一個國家。因此，自治意識和自我管理的培養，對形成民主意識和建立民主機制，非常重要。自治意味著必須尊重他人權利，遵守規則，並在規則之下相互妥協和欣賞。所以，自治本身包含著民主的因素在內，它實際上是一種對民眾的民主訓練。

社會民主能激發公民為爭取個人權益而投身公共事務和公益事業。當將一個社區、一條街道、一座城市乃至一個國家交給公民管理時，將有助於政府改變職能，推進政府轉型，承攬過多的自己處理不了的社會事務，從而避免矛盾集中在自己身上；將有助於執政黨集中精力和時間，思考一些關乎國家發展的重大問題；也將有助於形成現代公民，建構和諧社會。

社會民主的遠期目標是建立一個定期選舉的民主制度，近期目標是加強民眾對公共事務的參與。選舉固然是公民行使民主權利的方式，但在選舉後，公民也不是無所作為，也有一個如何監督政府公正行使權力以及提高效率的問題。這就需要公民對社會事務積極參與，在這裡，協商民主的價值就體現出來了。所以，在非選舉時刻，尤其在當下的中國，需要大力強調發展協商民主，它也是為將來建立選舉民主做準備。

法治為核心、發揮市場決定作用、中國式的分權和制衡體制、黨內民主與社會民主的結合，是中國未來相當長一段時期改革需要面對的重大問題。這些問題，是鄧小平想解決但未能來得及解決的重大問題，是鄧小平留給中國的未竟的改革大業。做好這些，將構成國家結構的新常態，但是，在習近平時代，談論中國的改革當然是很奢侈的事情，只能留待後習時代去完成。

中國政改：歷程、原則、方向與可能性[1]

中共十八屆三中全會所做的深化全面改革的決定，開啟了中國未來十年的改革路線。不過，〈決定〉雖然號稱全面改革，但從嚴格的意義上講，並不包含政治改革在內，儘管〈決定〉對民主政治建設做出了某些部署。

筆者不去猜度三中全會不推行政改的原因。然而顯然，迴避政改不是一個解決問題的辦法。從學術的角度看，研究政改，進而為政改尋找一條代價較小的途徑，是學者當仁不讓的使命。

在中國這樣的國家進行政治改革，是一項前所未有的社會工程，除一定的經濟和社會條件外，還需要相應的理論和思想準備。從認識論的角度說，改革的理論和思想準備無非兩方面：一是借鑑人類已有的理論、思想和探索，尤其是先行國家已經走過的道路，作為行動的嚮導和參照；二是從本土資源、經驗、實踐和歷史中吸取營養，

1 本文是筆者參加澳門大學二〇一三的年度課題《中國政改：時間表和路線圖》的理論寫作部分，後發表於《領導者》雜誌。雖然在習開啟第三任期的當下再看當年的研究，顯得有些天真，但是本文對二〇一三年之前中國社會現狀的描述與分析，對中國政治改革的原則、路徑和困難的闡釋，還是有文獻參考價值的。習近平之後中國若要平穩轉型，少不了中共的政治改革，因此如何從理論上思考和設計政改，仍有必要。

在此基礎上前行。

就中國而言，其獨特性和複雜性罕見，因此，要設計和推進中國的政治改革，不是簡單地照搬西方的理論和做法，成為西方現行政治模式在中國的翻版，即使它們在西方是正確和成功的；當然，也不是要拒絕西式文明和價值，只在本土的思想資源中進行改革的理論準備。中國的政改和民主化，一定是個普世價值和本土思想資源和經驗結合的過程。換言之，政治改革和民主化的方向，它的精神以及它最終建立的政治體制，一定不能違背現代民主的一般價值、原則，符合歷史發展的方向；但同時，它的具體道路和政治設施，又是中國的，體現了中國政治現實和國情。

本文將從中國改革的歷史、現狀與問題；政改的原則與路徑；改革的阻力與動力等三個方面來闡述。

中國政改的歷史、現狀與問題

1、對中國改革的回顧

任何改革都不是在真空中進行的，歷史上帶有理想主義的推倒重來的改革和制度建設最後多半失敗，原因就在於無視現實。中國政治改革要順利推進，需要回顧以往走過的道路，並從中總結經驗教訓。

般認為，中國的改革開放是從一九七八年底開始的，標誌性事件是中共十一屆三中全會。三中全會果斷停止使用「以階級鬥爭為綱」的口號，全黨全國工作的重心轉移到經濟建設上來。這次會議留下的最重要的歷史文獻，是鄧小平在為這個會議做準備的工作會議上的講話——〈解放思想，實事求是，團結一致向前看〉。今天再來看這篇文獻，它最重要的作用是恢復了中共實事求是的思想路線，解放了人們的思想，促使人們大膽地思考問題，大膽地進行改革嘗試。因此，說十一屆三中全會開闢了中國發展的新航向，並不為過。

從一九七八年到現在（二〇一三年），中國改革大概進行了三十五年。在這三十五年中，改革大體沿著經濟改革、社會改革和政治改革的路徑推進。中國改革不單純是一個從計劃經濟向市場經濟轉型的過程，它還是一個從農業文明向工業文明、從鄉村中國向城市中國、從一黨專政的威權體制向大眾民主的民主體制的轉軌過程，是這多種轉軌的交織，因而，它顯示了中國改革的複雜性和艱巨性。在這樣一個轉型過程中，要保證轉型的平穩和發展，不出現大的社會動盪，理論而言，改革的一般順序是先改不合理的經濟體制，釋放人們的創富欲望，解決迫在眉睫的大眾貧困問題。當溫飽問題解決後，人們有了更高的需求，就應適時啟動社會領域的改革，建立和完善於社會發展至關重要的基本社會制度和社會保障網絡，解除人們發展和創業的後顧之憂。在經濟與社會改革及發展的基礎上，最後再推進政治領域的改革，解決人們的政治參與問題，還權於民，讓人民真正當家作主。

這個順序當然不是絕對的，經濟改革的同時也可以開啟社會改革，甚至政治改革，如果它們阻礙生產力發展的話。就中國改革的實際進程來說，撥亂反正和工作重心的轉移既是經濟問題，也是社會特別是政治問題，所以，中國改革大幕初起時既是經濟改革，也是社會和政治改革。一直到二〇〇二年的中共十六大，由於利益的快速膨脹乃至固化，經濟改革雖然仍作為中國改革的主線，但實際已經推不下去了。實際上，在過去十年，中國制度意義上的經濟改革基本停滯。這一階段社會改革開始走向前臺。因為社會領域的矛盾和問題不斷爆發出來，而且趨於嚴峻和激烈。社會改革一個最明顯的標誌就是十七大提出的社會管理體制的創新。至於政治改革，前期改革的力度還是很大，但自「六四」後，基本陷於停頓，甚至原來推出的一些政改措施也回潮，比如黨政分開自此以後，重又形成黨政一體。

對於中國改革的這段歷史，學者們基本按年代和事件來劃分，雖然有些出入，但只是時間上的一些差別。比如，經濟學家吳敬璉把自一九七八年以來的中國改革分成三個階段，分別是「摸著石頭過河」和「雙軌制」的形成（一九七八至一九八三年）、經濟改革體制目標的逐步明確（一九八四至一九九三年）、建立新經濟體制對於經濟發展的推動（一九九四至二〇〇九年）。[2]中央黨校在有關文章中，則將中國三十年的改革開放史，劃分為五個階段。第一階段，從一九七八年十二月十一屆三中全會召開到一九八四年十月十二屆三中全會做出關於經濟體制改革的決定，為改革的

[2] 吳敬璉：〈中國經濟改革三十年歷程的制度思考〉，《中國改革論壇網》二〇〇九年九月十六日。

初步探索和局部試驗階段；第二階段，從一九八四年十月到一九八八年九月中共中央做出關於治理經濟環境整頓經濟秩序全面深化改革的決議，是以城市為中心全面改革的探索階段；第三階段，從一九八八年九月到一九九二年初鄧小平南巡談話的發表，為總結經驗、整頓調整階段；第四階段，從一九九二年初到二〇〇三年十月中共十六屆三中全會召開，為整體推進，重點攻堅，以創立社會主義市場經濟體制的基本框架為核心內容的綜合改革階段；第五階段，從二〇〇三年十月至今（二〇〇八年），是以完善社會主義市場經濟體制為基本內容的制度創新階段。[3] 時任國家發改委改革司司長的范恆山在香港演講時把截止到二〇〇六年的中國改革分成四個階段。第一個階段是改革啟動和局部試驗階段（一九七八至一九八四年），第二個階段是改革全面探索階段（一九八四至一九九二年），第三個階段是初步建立社會主義市場經濟體制階段（一九九二至二〇〇〇年），第四個階段是完善社會主義市場經濟體制階段（二〇〇〇年至現在（二〇〇六年）」。[4] 還有學者以一九八九年的「六四」為界限，把中國改革分成二個階段，前一階段稱之為綜合改革階段，經濟、政治和社會改革同時推進；後一階段基本上就變成經濟改革唱獨角戲了。

上述對中國改革的不同劃分並無本質差別。從制度意義以及對中國經濟社會所起的作用來看，在中國三十多年的改革中，有幾件事需要提及。一是上世紀八十年代初

3 中央黨校：〈中國改革開放的歷史進程與基本經驗〉，人民網《理論頻道》二〇一〇年二月九日。

4 范恆山：〈中國經濟體制改革的歷史進程和基本方向〉，《發改委網站》二〇〇六年六月五日。

的以「包產到戶」為主的農村聯產承包責任制的實行，在不改變土地集體所有制性質的前提下，改變了農村的生產方式，創新了農村土地制度，開啟了中國的改革進程，其意義是巨大的。二是一九八四年頒布的〈中共中央關於經濟體制改革的決定〉和十三大報告。前者是中國經濟體制改革的一個指導性文件，創造性地提出了社會主義經濟是有計劃的商品經濟的新論斷，為經濟體制改革提供了理論指導。後者系統地論述了社會主義初級階段理論，明確概括和全面闡發了中共在社會主義初級階段的基本路線；並闡述了政治體制改革的方針、內容和實施方案，從而把政治體制改革提到了議事日程。三是一九九二年的鄧小平南方談話和根據南方談話精神召開的中共十四大。南方談話是中國新一輪改革潮的理論準備和思想動員，使長期困擾和束縛人們思想的許多重要思想理論問題得到了解決。而根據南方談話精神召開的中共十四大，提出了社會主義市場經濟體制的改革目標。四是一九九四年實施的分稅制改革。從一九九四年開始，為治理當時的經濟過熱，中國啟動了財稅、金融和外匯管理體制改革，尤其是分稅制改革，改變了中央與地方關係及其治理模式。之後，中國改革雖然還在向前推進，局部的制度變革和創新也在進行，但全域性、整體性的制度創新，基本停滯。

由此可見，雖然整個三十多年被統稱為改革年代，但實際上並非每個階段都在真正推進改革，從而出現了對不同階段改革的評價差異。總的來講，對上世紀「六四」之前的十年和鄧小平九二南巡談話之後的十年這兩個階段的改革評價較高，而對一九八九至一九九二年的三年治理整頓以及二〇〇三年後尤其是金融危機的最近五年的改革，則評價不高。前三年，改革向後倒退；後五年，改革也實際已經停止。經濟學家張維迎就認為自二〇〇五年開始，中國改革進程逆轉。以經濟改革為例，二〇〇五年開始，國資委的工作重心轉向了「做強做大國有企業」，而不是改革國有企業；絕大部分地方政府官員也因擔心背上「國有資產流失」的罪名而停止了地方國企改革。民營企業成為宏觀調整的整治對象，民營企業家群體不斷被妖魔化。二〇〇八年全球金融危機發生後，中國政府採取的大規模刺激政策和措施，被張批評為用凱恩斯主義來指導中國宏觀經濟政策，開始了事實上的「國進民退」浪潮。[5]

2、前期政治改革的特點

在前三十年的改革中，中國改革無疑是以經濟改革、發展生產力為主。但是，正如上文指出的，經濟改革並不表示這期間就沒有政治改革。從更廣闊的角度講，從一個傳統的封閉的指令性計劃經濟向一個現代的開放的市場調節的經濟轉變，沒有政治改革相配套是不可想像的，事實上，生產關係的變革本身亦看作是廣義政治改革的一部分。而且，隨著改革新思想的提出和一系列重大舉措的實施，經濟改革所面臨的任務已經不可能僅在經濟領域解決，必須著力解決舊體制遺留的深層體制矛盾，必須在

5 張維迎：〈改革進程開始逆轉〉，《財經網》二〇一二年十二月十九日。

政治體制方面進行創新。所以，經濟改革的進一步推進，必然提出一個政治改革的任務。

鄧小平講過兩句話，一句是，中國改革最終能否取得成功，取決於政治改革；另一句是，中國改革深度和廣度的標誌是政治改革。[6]作為一個高度政治化的社會，嚴格說來，沒有純經濟問題，經濟問題的背後是政治，政治問題的背後也是經濟。政治體制不變，僅有經濟體制變革，改革最終是不可能取得成功的。

今天回溯中國改革的實際進程，雖然冠以經濟改革之名，但其實是從政治改革起步的，而且在「六四」之前的整個前十年，政治改革一直在推進，且在一些階段，力度還相當大。十一屆三中全會的政治意義就非常之大。關於實踐是檢驗真理的唯一標準的討論，對「兩個凡是」禁錮的突破，以及鄧小平所說的「必須使民主制度化、法律化，使這種制度和法律不因領導人的改變而改變，不因領導人的看法和注意力的改變而改變」等，都已觸及了政治體制改革的本質內容，拉開了政改的序幕。三中全會做出的黨和國家工作中心的轉移，不再堅持「以階級鬥爭為綱」，不僅體現了中共已經意識到要從傳統意義上的「革命」政黨轉變為現代意義的「執政」黨，而且預示著執政方式將要發生極其深刻的變化，意味著黨的政治價值觀念也發生了重大轉變，為中國政治體制改革奠定了堅實的思想基礎，指出了明確的價值導向。

[6] 王懷超：〈堅定不移地推進改革開放〉，《中共中央黨校學報》二〇一二年第六期。

可以說，在整個一九八〇年代，鄧小平並沒有迴避政治體制改革。正如一些學者指出的，一九八〇年代早期，鄧小平對政治體制改革的關注和推進更多著眼於總結黨和國家歷史上——特別是文革——的重大經驗教訓，從國家權力結構體制的層面，把「在政治上創造比資本主義國家更高更切實的民主」政體，作為政改的總體、長遠戰略目標；後期則從適應市場化經濟改革的緊迫需要出發，把轉變政府職能，精簡政府機構的行政管理體制改革，作為政改的現實操作性目標，換言之，是從提高政府效能的角度來推進政治體制改革的。

六四之後，中共接受六四教訓，雖然在歷次黨代會和黨的其他重要會議上將政治體制改革列為重要議題，但無論從對政治改革的論述還是實際推行來看，基本是沿襲鄧小平有關政治改革的思路和設想，沒有超出鄧直接指導下的十三大對政改的部署。十三大提出中國政治體制「改革的近期目標，是建立有利於提高效率，增強活力和調動各方面積極性的領導體制」，並認為「政治體制改革的關鍵是黨政分開」。十四大把政治體制改革的重點放在「使社會主義民主和法制建設有一個較大的發展」上，並「下決心進行行政管理體制和機構改革，切實做到轉變職能、理順關係、精兵簡政、提高效率」。十五大提出「依法治國，建設社會主義法治國家」的目標，強調「當前和今後一段時間，政治體制改革的主要任務是：發展民主，加強法制，實行政企分開，精簡機構，完善民主監督制度，維護安定團結」。十六大指出發展社會主義民主政治，建設社會主義政治文明，是全面建設小康社會的重要目標。十七大提出人民民主是社會主義的生命的論斷。十八大把發展更加廣泛、更加充分、更加健全的人民民主，作為政改的任務，並強調注重發揮法治在國家治理和社會管理中的重要作用。

客觀地說，中國的政治體制改革取得了一定成效。如黨的執政基礎有所擴大，將一部分社會文化菁英和社會賢達吸引到體制之內，黨內上層領導職位繼承制度化、打破領導幹部的終身制、實行任期制，黨內監督和黨內民主有一定加強等。但和它要實現的目標相比，中國的政治體制改革又有非常大的局限性。由於過於強調穩定的重要性，中國的政治改革呈現出這樣一個特點，即最高決策層有意在宣傳層面上淡化政治體制改革的主題，而把許多具有深刻政治改革內涵的改革舉措，在積極推進經濟體制改革的前提下，通過市場經濟發展的必然邏輯，在不斷理順政企關係，轉變政府職能，加強法制建設，提高人大權威，擴大基層民主等途徑的情況下，漸進地推出。高層此種將政改隱於經改的做法，被一些學者認為體現了中國式智慧的選擇，有助於配合經濟體制改革的發展步驟，並極大地緩解了政治體制改革的阻力。[7]

然而，這種政改方式造成政改只能小心翼翼地在外圍摸索，而無法深入到核心地帶。人們看到，當下政治體制改革的重心還基本徘徊在行政體制層面，人事制度改革還停留在「鐵飯碗」時代，黨政關係難以界定，對領導幹部的權力約束偏弱，等等。政改形勢嚴重適應不了經濟和社會的發展，與人們的期望相比，更相差甚遠。

7 楊繼繩：〈中國改革進程中的主要問題與改革前景來源〉，《開放導報》二〇〇八年第三期。

3、政改滯後會導致嚴重後果

政改落後導致的一個嚴重後果，也是目前中國社會的一個關鍵問題，是社會不公已趨於極限。從經濟角度看，社會不公表現為貧富差距的不斷擴大；從政治角度看，社會不公表現為不同群體所擁有的政治經濟權利高度不平等。由於權利不平等，造成對改革的代價承擔和對改革的收益分享不對稱。改革中獲益最大的是各級掌權者及其親友，改革收益較小的是工人和農民，而對改革的成本和風險的承擔，後者比前者大得多。如果中國政府在未來幾年無力縮小嚴重的收入分配差距，補上民眾權利短板，那麼，極可能釀成社會危機。

目前看來，形勢不是很樂觀。在中國經濟經過持續三十年的高增長後，追求速度的粗放式發展模式的致命缺陷，終於在金融危機爆發五年後的二〇一三年暴露出來。二〇一三年是中國經濟的一個轉折點，由以前的高增長，轉而進入中速甚至低速增長時期。較低增速帶來的一個直接結果，就是政府將要承受就業、財政收入、民生建設等方面更大的壓力。

除經濟形勢異乎尋常地嚴峻外，環境壓力比預想的也要嚴重得多，生態危機隨時有可能爆發。而且，單經濟問題也就罷了，最怕的是社會問題與經濟問題疊加，激化矛盾。社會問題中最突出的是腐敗、官民的對立和社會流動的停滯，它們直接會導致底層民眾對未來產生絕望心態。所有這些經濟和社會問題，都與既得利益的野蠻生長和壯大有關，是**既得利益挾持了改革**。

既得利益的存在與壯大，與腐敗的加劇有著直接的關係。經濟學家吳敬璉曾言，中國改革從一開始採取了一種不是整體變革，而是在維持原有主體經濟不做根本性變動的條件下，在國有經濟以外推進的增量改革戰略。這種做法能夠較好地保持經濟在改革過程中的穩定增長，但也帶來了雙重體制並存，行政權力干預交易活動的尋租條件廣泛存在的問題。在確立社會主義市場經濟體制的改革目標時，相當多的人把東亞國家的「政府主導型的市場經濟」當作社會主義市場經濟的常態。因此，中國在世紀之交初步建立起來的市場經濟體系，帶有濃厚的政府強力干預經濟活動的重商主義色彩。吳引用布坎南等主編的《關於尋租社會的理論》中的觀點指出，重商主義社會乃是一個腐敗的尋租社會。在這樣的社會中，腐敗行為必然出現在有尋租條件的每一個角落。那些能夠從尋租活動中獲得利益的既得利益者不願意繼續朝法治市場經濟的方向前進，他們採取各種各樣的手段來阻止進一步的經濟和政治改革，以免自己的尋租和設租權力遭到削弱；甚至假借「改革」、「宏觀調控」等名義擴大權力的干預，以便擴大尋租活動的空間，使自己能夠攫取更多的財富。[8]

對此，還可從政治學角度加以解釋。在一黨執政的條件下，當一個社會關鍵的組

8 吳敬璉：〈中國經濟改革三十年歷程的制度思考〉，《中國改革論壇網》二〇〇九年九月十六日。

織和資源由執政黨和政府控制，那麼，新生的企業家和中等收入者雖然對民主和法制有相應的要求，但出於對「利維坦」的畏懼，即他們中的大多數對以黨和政府為中心的權威體制產生與生俱來的畏懼感，只能採取與這種體制合作的態度，並與體制內的個體行動者（黨政幹部）建立某種聯盟，以合法、制度化的（或非法的、非制度化）方式獲取利益最大化。在這一過程中，就會產生權力和資本的勾結，即資本所有者（並非僅僅民營企業）利用強大的資本實力收買掌握核心權力的官僚，從而左右著政府政策的出臺，以實現兩者利益的「最大化」。同時，文化領域的一些知識菁英在市場經濟趨利的背景下也屈服於權力和金錢，選擇與政治菁英和經濟菁英進行合作，從而形成「經濟菁英、政治菁英和知識菁英三大群體實現同步化發展，改變以往政治菁英群體一枝獨秀的局面」。這樣，缺乏有效監督的權力、膨脹的資本和壟斷的話語權緊密結合在一起，最終演變成具有「霸權」性質的菁英聯盟。無疑這會侵蝕到社會底層民眾的經濟利益和政治權利，並加劇不同階層之間的矛盾，進而「對民主構成一個結構性束縛」。[9]

確實，中國經濟粗放式發展方式歷經三十餘年而不倒，產業結構無法有效升級的根源，就在於受既得利益的強力牽制，使得金融、土地、資源、利率、人力資本等生產要素的改革遲遲推進不下去。

[9] 史成虎、張曉紅：〈當代中國政治體制改革的困境與進路〉，《西南大學學報（社科版）》二〇一三年第二期。

還應看到，以互聯網為代表的新技術發展正在改變政治民主的內容和形式，對國家政治秩序與政治穩定構成了嚴峻挑戰。由於制度化的表達渠道缺乏，公眾對網絡的作用日益看重，借助網絡和社交媒體表達自己的訴求和不滿，已成為多數人尤其是弱勢群體主張自身權益，監督政府的方式。可以說，網絡已經並將繼續改變中國社會的輿論生態，如果政府仍然延續著過去意識形態的管制方式，利用國家機器嚴厲打擊所謂的網絡造謠傳謠，壓制網上輿論，不向民眾開放輿論空間和維權渠道，那麼，只會進一步激化和加劇民眾不滿。

這些問題都是政治改革沒有突破的結果。而最後，又都反饋到政治領域，以政治的形式表現，或者變成政治問題。從中國社會的現實來看，公眾對執政黨和政府的政治信任和政治認同已嚴重流失，反體制傾向增強，尤其對地方政權的信任已降到冰點，無論地方政府怎麼努力去改善形象，基本都是徒勞。而任何一件微小的事情，公眾也都習慣性地與體制掛鉤，認為是體制所為，從而使社會出現了鮮明的反體制傾向。它的極端表現，就是各種群體事件的爆發。包括由國企改制和勞資矛盾引發的群體事件，由土地、拆遷引發的群體事件，由政府管理和執法不當引起的群體事件，以及由產業規劃不當引起的環境群體事件等，大大小小每年都要發生幾萬起。而且今天的群體事件，已超越早期單純的經濟訴求，出現一些政治性要求，其表現方式也越來越激烈和暴力化。群體事件一旦演化成社會運動，將是社會大動盪的開始。

所以，我們今天必須承認政治體制改革的現狀遠未能適應市場經濟的發展要求和人們權利意識提升的需要。迄今為止的政治改革，主要圍繞著政府與企業、政府和社會，以及人治與法治的關係來進行，是非常淺層次的，改革必須深入到國家權力體制安排的核心環節和制度中去，否則，就不能保障人們業已取得的經濟和社會自由權，及財產，就不能使經濟改革繼續向前推進，就會阻礙生產力的進一步發展。一句話，政治改革猶如逆水行舟，不進則退。

政治體制改革的原則和路徑

1、中國的社會思潮與左右之爭

在闡述中國政治改革的原則和路徑前，先簡單梳理一下中國當下的社會思潮，因為這些社會思潮蘊含著中國未來發展走向的主張和觀點。大致說來，可以把中國思想界的各種主張和觀點歸納為三類：現狀派、新左派和自由主義。如果細緻一點，可以分為官方正統的鄧小平理論、老左派、新左派、新權威主義、自由主義、民主社會主義、憲政社會主義、儒家憲政主義、民族主義、新儒家、民粹主義等。各種不同的主義有些既有共通之處，但更多的是相互對立。

在這些不同的主義中，現狀派也即目前官方主張的這一套，借助於國家權力和意識形態的宣傳機器，雖然看起來在社會占據了主導地位，但實際上除了官僚隊伍中的一部分外，它在民間和思想界的影響力是很小的。現狀派認為目前的這套體制最好，最適合中國國情，無須進行改革，或不進行大的改革。它既反對走西方的「邪路」，也反對重回文革的「老路」。現狀派表面上對一些學者提出、隨後被左派加以利用以證明目前體制優越的「中國模式」不表看法，然實際上是肯定存在這一模式的。

在中國民間和思想界，這些年占據主流地位的，實際是左右兩派，即新左派和自由主義。它們是兩種傾向截然對立的思想和價值觀，在關於中國要走什麼樣的道路，實行什麼樣的政治制度上，其觀點和主張完全相反。

左右是中國社會改革和轉型的產物，並被主流意識形態所批判。一九七八年開始的中國改革和社會轉型，無論從理論還是從實踐來說，一直都存在著一種內部的張力。特別從上世紀九十年代以後，在中國社會的轉型當中，由於一系列新問題、新挑戰的出現，兩種主張——建立自由市場的經濟社會體制和實現社會公平的基本準則——之間的張力不斷凸現，矛盾越來越突出。圍繞著這種張力，思想界形成了所謂的「新自由主義和新左派」，政府的宏觀政策也在平衡這種矛盾和張力時進退失據。可以說，「新自由主義和新左派」是九十年代以來中國思想界兩個最醒目和最活躍的陣營，他們針鋒相對的思想交鋒構成了中國改革進程中兩條道路的論爭。

左右之爭是從文革結束之後開始的，當時是黨內的爭論。左派代表人物是胡喬木、鄧力群，堅持傳統的馬克思主義教條，並按照這些教條來批評胡耀邦、趙紫陽的市場經濟導向的改革。他們是思想理念之爭。但爭論由執政黨內部轉化到學術界，出現了一個「新左派」。近十多年來，左右之爭以「國有產權改革」為起點，中間經歷

「物權法」、「普世價值」之爭，一直發展到圍繞重慶模式和薄熙來的「唱紅打黑」而掀起高潮，並延續到二〇一三年的憲政之爭。雙方之間的爭論不僅是思想和觀點之爭，也是制度路徑之爭，目的是爭奪對中國社會的話語權和解釋權。

根據一些學者的解釋，左右對中國社會發展和政治改革的分歧主要體現在如下幾個方面：

一是在價值觀上，自由主義擁抱普世價值，認為自由、民主、憲政、法治、市場經濟、全球化是一個整體。中國已經實行市場經濟，下一步應該全面落實其他普世價值。新左派認為，中國當下的問題是全球資本主義的一個組成部分，中國必須在反思資本主義的基礎上，走一條超越資本主義和傳統社會主義的「制度創新」道路。

二是在對腐敗的診斷上，自由主義認為，腐敗產生於政府這隻「看得見的手」對市場這隻「看不見的手」的介入。要剷除腐敗，就得限制政府權力，澈底推進市場化。新左派認為，在經濟市場化的過程中，腐敗正是打著自由主義和私有產權的旗號進行的，自由主義和市場經濟不過是為權貴掠奪國有資產、化公為私提供了合法化的論證而已。自由主義強調起點的公平和程序正義，新左派認為僅有這兩點是不夠的，應該追問並落實結果的公平，而經濟民主就是實現結果公平的有效手段。

三是在政治改革的路徑問題上，自由主義認為，當今中國所有問題的癥結是尚未進行政治體制改革，改革的目標應該是建立代議制政府，通過代議制落實公民權利，實現權力制衡。新左派認為，自由主義倡導的自由的實質是「貴族的自由」，與老百姓無關，以「間接民主」為特色的代議制民主不過是「選主」，他們要落實的是「積極自由」和真正的民主，甚至是「直接民主」，在現實形態下，民主應該通過執政黨的群眾路線和協商民主的形式來實現。[10]

除左右外，另外幾種思潮也開始形成自己鮮明的特色。這裡就不再贅述。

2、政改需要深刻把握歷史和現實

筆者認為，在中國要設計政治改革，除了梳理各種思潮，取得改革的基本共識之外，必須有對歷史和現實的深刻把握。從歷史來看，迄今為止的人類歷史表明，社會的發展是從個人獨裁和寡頭專政走向自由民主的，從皇權走向公民權的，歷史上的帝國不論其在當時如何強大，最後無不走向衰敗。上世紀出現的社會主義，曾被認為是改變人類發展方向的一股力量，而且在一段時期內，確實表現得比資本主義更優越，更有生機和活力。但後來在長達半個時期的冷戰中，在和資本主義的全面競爭中，社會主義最終失敗。原因當然非常複雜，但最根本的，是沒有給予人民自由和民主，違背了人類歷史發展大方向。其實，人們看到，在社會主義的上升期，它打出的旗號也是自由民主和憲政，同資本主義爭奪群眾和合法性，只是後來在很多社會主義國家，

[10] 蕭三匝：〈下一步如何改革？思想界毫無共識〉，《共識網》二〇一三年七月九日。

實際表現出來的與它宣稱的恰恰相反，因而社會主義在許多國家也就理所當然地被人民所拋棄。這說明，無論哪種主義，只要背離了基本的民主自由這個大趨勢，就不會得到多數人的擁護。原因很簡單，自由民主是出自人的本性需要，就好像人一生下來，需要陽光和空氣一樣。當今世界，除了少數社會主義國家和君主世襲國家外，絕大多數是民主國家，實行的是民主制度。就連中東北非這樣看起來專制思想和傳統深厚的地區，也在二〇一〇年出現了茉莉花革命，如今這股民主化潮流還在進行。雖然並非所有的民主國家都取得了成功，相反，多數民主國家的經濟還很落後，甚至其公民享有的民主權利也不多，然而，民主體制在世界上大多數國家落地生根這一事實，又不能不說明，自由民主是人類歷史發展的大勢，否則，無法解釋這麼多國家為什麼最後都選擇民主體制而不是其他體制。

再從中國改革開放的歷史來看，雖然執政黨宣稱走了一條中國特色社會主義道路，刻意避免與民主掛鉤，好像中國不走民主道路，不實行民主體制也能取得比民主國家同樣甚至更大的成就，但其實，拋開官方的說詞，那些能夠體現中國進步的東西，恰恰也是民主和自由。為什麼這麼說？中國奇蹟也好，中國模式也罷，它的一黨專政（執政）、政府主導這些基本的元素沒變，變的只是管理經濟和社會的體制和機制，讓人們擁有財產權、有一定的經濟、社會乃至某種程度上的政治自由，人們就迸發出了創富的熱情和能力，創造了所謂中國的奇蹟。而最近幾年，這些方面又關緊了點，經濟和社會的活力馬上就降下來。所以，這個奇蹟不是來自別處，正是社會的自由度擴展以及隨自由而來的權利觀念和意識的生成。假如有中國模式的話，它與其他國家的發展道路沒有什麼本質不同。

換言之，自由、民主、人權、憲政這些價值理念，並非只屬資本主義，只要中國願意擁抱它，它也屬中國。在改革開放中，中國其實只釋放了一點點的自由、民主和人權，生產力就取得了如此巨大成就，人民的生活就有很大提高，想想看，若將自由和民主之門完全打開，會發生怎樣的變化？而這個打開門的過程，就是下一步政治體制改革需要做的事情。

可以講，從人類歷史看，迄今為止，自由民主憲政是最好的或最不壞的政治制度。其實，從共產黨信奉的指導思想——馬克思主義來看，也不否認自由民主的價值，馬克思設想的共產主義，某種程度上，就是一個自由人的聯合體。中共在其創黨後的一段時期裡，也把自由、民主和憲政作為自己追求的價值與目標。例如，中共在執政前為了同國民黨政權爭奪天下，打出了自由民主這張牌，這雖然有策略方面的考慮，但也不排斥中共的領袖確是懷著這樣的想法。執政後，雖然中共很快拋棄了自己的承諾，但至少從理念上並不完全否定自由民主的價值。鄧小平就曾設想：「大陸在下個世紀，經過半個世紀以後可以實行普選。」[11]中共後來的三代領導人——江、胡、習——也都說過，民主是社會主義的本質，儘管他們理解的民主含義也許與人們

[11]《鄧小平文選》第三卷（人民出版社，一九九三年），第二二〇頁。

不同。

筆者的看法是，中共對自由選舉、多黨競爭、三權分立的西式民主肯定是持反對態度的，但對民主本身，它並不一定反對，只是要在自己的主導下搞民主。也就是說，無論實行何種形式的民主，只要能夠保證中共的執政地位，它都會願意去試一試。

所以如此，也有著現實的考量。上世紀八十年代趙紫陽在推進政治體制改革時，當時政改的設計者有一個觀點，在中國要推進政治體制改革，必須得經鄧小平同意，用他們的話說：「鄧小平就是中國的最大實際！」忽視這個最大的實際，任何改革都無可能性。[12]今天中共沒有鄧小平式強勢人物，最大的實際就是中共本身。換言之，在中國進行任何形式的政治改革，如果有損中共的利益特別是執政地位，都是行不通的。這不是一個講道理的問題，而是客觀存在。因此，在設計政治改革時，必須把這個「最大實際」考慮進去，有助於加強和改善共產黨的領導和執政地位，至少在設計政治改革時，要這樣去說服中共。

當然，也可以不去「迎合」中共，等社會出現大的政治經濟危機，中共不得不妥協以換取統治時，再來推進政改，但這種政改，就不是主動進行的，而是被動開啟的，中共屆時不一定會妥協和讓步，即使妥協讓步，危機的發生本身，亦會造成社會

[12] 吳偉：《中國八〇年代政治改革的臺前幕後》（香港新世紀出版社，二〇一三年二月）。

的巨大破壞。所以，假如能夠主動推進中共的政改，雖然初期步子不大，但一步一步走，用若干年探索出一條適合中國國情，又合乎人類發展方向，符合自由、民主、人權和憲政等普世價值的政改之路，豈不很好？

3、政改的基本原則

那麼，在一黨執政（專政）條件下，如何推進政改？

大陸學者榮劍歸納了當今世界的三種政治轉型模式，分別是臺灣模式、緬甸模式、阿拉伯模式。臺灣模式指的是蔣經國在上世紀八十年代以來的主動轉型。上世紀八十年代末，臺灣當局做出了開放黨禁和報禁的決定。執政黨主動改革，雖然導致國民黨失去兩屆任期，但使得和平的民主轉型得以順利推進，現在（二〇一三年）國民黨重又奪得執政權。哈佛大學教授杜維明認為臺灣的民主轉型，已經達到了歐洲的中上水平。相比臺灣模式，緬甸模式則是國家在長期封閉、經濟落後的情況下的被動轉型，是在國際社會的巨大壓力下發生的。雖然緬甸只給反對黨百分之二十的議會名額，它後面的結果如何還不好說，但至少走出了第一步，將昂山素季（臺譯翁山蘇姬）放出來了，使國際社會對它的態度發生了翻天覆地的轉變。最不好的是阿拉伯模式，一個小販之死竟然引起阿拉伯世界的巨大政治危機，正是統治者拒絕改革和民主化的必然結果，統治者違背民意，倒行逆施，頑固守舊，拒絕改革，最後身敗名裂。

由此可見，貌似強大的專制政權是如何地脆弱。[13]

臺灣的民主轉型之所以風險最小，恰是臺灣統治者主動求變的結果，其經驗對中國大陸和中共都有很好的借鑑意義。首先，兩岸同為中華民族，有著相似的文化背景；其次，國民黨和共產黨都是按照列寧的建黨原則建立起來的政黨，嚴格說來，共產黨的組織結構和制度安排很大程度上是學國民黨的。既然國民黨能夠主動進行民主改革，共產黨為什麼不能夠有此種歷史擔當？更進一步，同為中華血脈的臺灣能，大陸為什麼不能？所以，中國沒有理由拒絕民主轉型。

當然，這不是要大陸完全照搬臺灣經驗，大陸有自己的情況，其人口和內部的複雜是臺灣無法比的，而且，時代也在變化。國民黨雖然是個列寧式的政黨，但在國民黨內部，歐美文化一直占主導，相對共產黨，國民黨更是一個菁英政黨。這些不同決定了中共可以參照臺灣經驗，建立自己的民主轉型模式，這就是筆者倡導的「一黨主導體制」，它包括以下制度要素：一黨主導、循序漸進、同步改革、公民社會、權力下沉、黨內制衡、黨政分開、司法獨立、落實憲法等。

第一，一黨主導。

這是筆者在設計中國政治改革時，最主要堅持的原則。所謂一黨主導，也就是在

13 榮劍：〈當前中國社會政治思想狀況〉，《愛思想網》二〇一二年五月二十五日。

中共的主導下推進政治改革。前面講了，共產黨的執政是一個客觀存在，要一個政黨放棄自己的執政地位和利益，需要黨的領導人有非常自覺的歷史意識和歷史擔當，並且還須有權威。國民黨在臺灣能夠做到這點，因為有蔣經國。鄧小平的權威性本來也可以使他做到這點，但可惜他沒有這樣的歷史自覺。在上世紀八十年代初，鄧小平雖然對政治改革的緊迫性有認識，但他設想的政治改革，出發點是調動廣大人民群眾的積極性，提高政府的行政效率，從而更好地發展社會生產力，鞏固社會主義制度。發展社會主義民主雖是政治改革的應有之義，也是為這一目的服務的，可是，鄧小平時代的政治改革，首要的是黨政分開，解決黨如何領導的問題；其次是權力下放，解決中央與地方的關係不順問題；再次是精簡機構——這跟權力下放有關係——解決政府機構的臃腫和效率不高問題。[14]這跟現代的政治改革不是一碼事。鄧小平之後，中共再無這樣的權威，即使領導人有這樣的歷史自覺，也不敢貿然進行這種政治轉型。因為沒有權威掌控著轉型過程，難免會出現風險。戈爾巴喬夫導致蘇聯分裂的教訓在前，中共領導人今天誰也不敢做戈氏第二。在這種情況下，要主動推進改革，只能是在一黨主導下，由黨的領導集體來掌控改革的進程。

14 蔡定劍：〈中國政治體制改革的現狀、阻力及動力〉，二〇〇八年十月四日在北京三味書屋的演講。

第二，黨政分開，以黨領政。

雖然黨政分開是鄧小平時代的改革主題，但在八九「六四」之後，這一改革停止下來，以後黨政重又合在一起，現在這一現象更加嚴重。中共之所以不再提黨政分開，說穿了，是擔心黨被架空。所以，黨政分開在當下仍有必要重提。

黨政分開的目的，是從當前的黨政不分，以黨代政，轉變為以黨領政。要解決黨政分開的問題，從制度上講，關鍵是確保黨對人大的控制。因為黨的政治主張和路線方針，以及人事安排，需要通過人大這個平臺進行轉換。所以，設計一個好的方案，讓中共不用擔心人大代表自由選舉後，會排擠出人大，失去對人大的控制，從而打通黨政分開的通道，確保政府職能的獨立，就顯得非常重要。此外，還要從法律上明確黨政不同的職能和職責，黨只管大政方針，以確保包括政府在內的各類社會組織能夠獨立地行使職權，不得干預它們在職權範圍內的事情；還有就是實行文官制度。

第三，落實憲法。

筆者所討論的改革是全面、有效實施憲法的第一步。中國的現行憲法是建立在普世價值基礎之上的，政治體制改革的具體措施就是憲法實施的具體措施，落實這些普世價值。

落實憲法，第一步就是要真正以法律作為全社會的最高準則，並在法治的基礎上行憲，使憲法在公民的政治生活中切實發揮作用，以此來約束政府權力及廣泛意義上的公權力，建立一個有限政府。

其次，還必須使憲法司法化。二〇一二年十二月四日，在紀念現行憲法頒布三十週年大會上，習近平指出：「憲法的生命在於實施，憲法的權威也在於實施。我們要堅持不懈抓好憲法實施工作，把全面貫徹實施憲法提高到一個新水平。」為此，需要在全國人大之下設立憲法委員會，建立違憲審查機制，對現行法律體系進行清理，剔除那些與憲法精神相悖的法律，立法過程遵循公開透明原則，並符合一定的程序，解決公民的立法參與問題，並加快制定約束公權力的法律。十八屆三中全會對此已有相關表述。

第四，實施黨內民主。

由黨內民主帶動社會民主，被認為是適合中國國情的民主之路。黨內民主就是在中共內部建立「黨內代議制」，把中共改造成一個按民主原則運行的執政黨。

黨內民主包括競爭性選舉制度、開放黨員的言論自由權、黨務公開、加強黨代表大會的作用、實行黨代表的常任制、縮小代表大會的年限等。但最重要的，是形成黨內的競爭機制以及建立在該機制上的「黨內代議制」。所謂「黨內代議制」，也就是借鑑民主國家多黨代議制的形式，在黨內至少形成兩到三個政治派別，以達成黨內的互相制衡與競爭。黨內不同政治派別是一個客觀存在。中共的民主化應該正視這一事實，並加以充分利用，使之從一種潛規則的競爭到明規則的競爭，即將黨內不同派別的競爭制度化。

從中國的實際來看，要想踢開中共搞民主，或者發展多個政黨同中共競爭國家政權，在可見之將來，可能性太小。因此，適合中共和中國的民主形式，就是在中共內部培植不同主張和觀點的派別，讓他們進行良性競爭和制衡，就像民主國家的政黨一樣。黨內的政治派別不能太多，在中共內部組成三個合法的政治派別最好，它們分別代表黨內不同的政治勢力以及與它們有聯繫的黨外力量，黨員則根據自己的政治主張，選擇其中一派，自然也可哪派都不選擇。三派政治勢力在黨的中央委員會自由競爭，多數派成為主導，另兩派則類似西方的反對派進行監督。但主導不等於一派獨占，畢竟這是黨的組織，黨的政治局尤其是政治局的常務委員會要體現勢力均衡的原則。

第五，司法要獨立。

從世界各國政治現代化的實踐來看，一個優良政體的基礎和前提條件是實行法治。絕對一點講，可以暫時沒有民主，但不能沒有法治。對中國民主化來說，法治應先行。對此，中共十八大對法治在政治改革和國家建設中的重要性也有突出表述，指出法治應成為中共治國理政的基本方式。

法治的一個重要組成部分是司法獨立，司法獨立還是分權制衡的主要體現。作為社會正義的最後保障，司法如果不能獲得最大程度獨立，法治和憲政也就不可能實現，所以必須保障司法的獨立地位和審判權。從中國目前情況看，要做到司法的完全獨立不大可能，但完全可以獨立於地方政府的控制。第一步，可將縣市兩級法院的財權和法官任命權上收省級法院，由省級財政來保障法院的運轉。同時，改革法官制度，法官終身任職，法院院長由有立法權的人大選舉任命。三中全會指出，要推動省以下地方法院、檢察院人財物統一管理，探索建立與行政區劃適當分離的司法管轄制度，以確保依法獨立公正行使審判權檢察權。這比過去的表述有所進步。

第六，重構人大。

中國的政治制度規定，人大既是中國基本政治制度，又是國家最高立法機構和最高權力機構。人大及其常委會有四大職權，即立法權、決定權、監督權和選舉任免權。在中國民主化過程中，如何把人大改造成最重要的行使民主的平臺，是衡量中國政治改革成功與否的一個標誌。因為現代民主是間接民主、代議制民主，民主的質量如何，很大程度上取決於議員和議院的功能能否得到正常發揮。

人大要改革的地方很多，包括實行人大常委專職化，大幅縮短人大會期，加強人大的質詢權等，但最關鍵的一點是人大代表的選舉。人大選舉無疑要實行普選，但在開始時，要打消中共被排擠出人大的擔憂，可以實行一黨執政制與普選制相結合的新型普選制度。一些專家為此設計了政黨比例席方案，可供參考。所謂政黨比例席，也就是在法律上規定人大百分之七十的席位為政黨席，專屬中共和民主黨派，百分之三十的席位為非政黨席，由公民自由選舉產生。由於中共在政黨席中占絕對多數，另外，中共黨員又可以普通公民身分參選非政黨席的人大代表選舉，這樣算起來，其當選代表人數將占到整個代表的至少七成，與目前中共在人大中的占比相差不大，但卻與現在的人大代表選舉有兩個本質的不同：一是目前的選舉只是形式，實質是指定，而新型普選制度則是自由競選；二是這種普選是選人而非選黨，在規定政黨席的前提下，哪位中共黨員當選人大代表，選民可以自由決定，這實際上就是今後普選的預演。[15]三中全會表示，要推動人民代表大會制度與時俱進，並對相關改革做了說明。

第七，新聞和表達自由。

表達自由是一種基本人權，也是現行憲法規定的公民基本權利。公民通過言論自由表達對公權力起到監督和約束作用，尤其是在社交媒體發達的今天，新聞自由是社會監督的主要方式。

各國民主化的經驗都表明，要落實憲法規定的公民言論自由，就必須取消報禁，放鬆對媒體的管制，允許私人辦報辦刊。如果媒體都控制在執政黨和政府手上，就不可能有真正的表達自由和監督，所以，政治民主化伴隨著開放報禁。對中國而言，由

15 王占陽：〈政改路線圖與人大改革路線圖〉，《美國僑報》二〇一三年三月十日。

於行政力量的強大，同時對新聞進行嚴格管制，因此，新聞和言論自由對政治改革的重要性更突出。

第八，建設公民社會。

優良的民主必須有一個負責、理性的公民社會。它和民主的關係是，公民社會是實現優良民主的一個基礎條件，同時，民主的推行也有助於公民社會的建設。

從臺灣民主化的經驗看，臺灣在上世紀八十年代開放黨禁的同時，有一個「黃金十年」的公民社會運動。臺灣是通過建立農民協會，搞鄉村自治來培養和壯大公民社會的。有了十年公民社會的成長，才有了他們後來的政黨政治。[16]中國大陸缺乏公民社會運動，這對中國政治民主化是一個不利條件。所以，從現在起，應加速培養公民社會，特別是社會組織的發展，培育公民的公共參與和自我管理能力。現代民主的一個基本含義就是自我治理。自治雖然和民主並不必然等同，但現代自治組織內部的權力配置、議事方式和運作機制，基本上是以民主為基礎的。所以，應該通過大力發展社會組織培養公民的民主意識和精神。

16 榮劍：〈當前中國社會政治思想狀況〉，《愛思想網》二〇一二年五月二十五日。

第九，權力下沉。

權力下沉是民主的一個基本原則，最徹底的權力下沉就是把權力交給公民，由公民來選舉國家領導人。本文指的權力下沉是社會的治理權力不能被國家——政府是其代表——壟斷，而應該把權力下放給各類組織，讓人們自我管理，自己負責。從這個角度看，權力下沉跟公民社會的發育有關，但又不限於此，它還包括政府縱向的權力配置。也就是，中央政府不能壟斷所有或大部分管理經濟和社會的權力，地方政府僅僅作為中央政府的一個派出機構行使管理權。換言之，權力下沉也是個如何處理中央與地方關係的問題。因此，權力下沉包含兩層含義：一是國家的權力向社會開放，二是政府的權力向地方開放，兩個權力越沉到下面其合法性就越充足。

關於公民社會的建設問題，上面已經談了，本部分談談央地關係。上世紀八十年代中國改革的一大任務就是改善中央與地方關係，中央要向地方讓渡權力。從民主的本質角度看，中央與地方的關係，其實不是一個上下級的關係，而是互相平行的政治實體，中央並無權力命令地方政府執行屬地方自治的事情。換言之，地方的合法性來自地方政府為民眾提供的公共服務，或者來自民眾的授權，而非中央的授權。地方之間當然也是這樣的關係。不過，考慮到中國是一個大一統的社會，地方完全不聽中央的指令是不可能的，所以這裡就要規範中央與地方以及地方與地方之間的關係。三中全會在央地關係上也有所涉及。

4、政改「三步走」

上面提出了中國政治改革和民主化的一些要素和原則，缺了這些要素和原則，中國的政治改革和民主化就是殘缺的、不完善的。但是，如何把民主的這些要素和原則貫穿和落實於政改的實際中，卻是有講究的。筆者認為，中國民主轉型應該分三步走，即先法治，落實憲法，實行憲政；再步入低度民主階段；最後進入全民普選的高度民主階段。

法治和憲政的含義大家都清楚，這裡解釋一下低度民主。所謂低度民主，也就是民主的主要要素具備，但在一些權利的行使上，可能還要受到一定限制，比如，直選國家領導人這個權利尚不開放。從這個意義上講，低度民主也可稱之為可控民主，可控不是控制民眾對民主的追求，而是指在這一階段，民主儘量能夠按照設置的方向推進，而不出現大的民主災難。在中國這樣的國家，避免民主災難非常重要，所以，中國的政治改革和民主化應該是有計畫、有步驟、有秩序的過程。

在筆者設想的政改和民主化路線圖中，關鍵在於前兩個階段，尤其是低度民主階段。這兩個階段的任務，前者主要是培養公民一種法治的政治文化和廣義的契約精神，讓公民尤其是政府學會尊重法律和規則，權力的運行按照法制的要求進行；後者首要解決的是公民的民主參與問題，公民有普選權利，但這個權利在自由度上還受到一定限制。之所以要設計這兩個階段，從中國目前的狀況來看，直接推進民主改革，有些困難。因為民主是需要訓練的，在中國這樣一個缺乏民主和自治傳統的國家，民眾普遍沒有契約觀念和妥協精神，抱著一種非左即右、非黑即白的對立思維方式，一下子進入民主，很難講不會形成大規模的社會分裂、對抗和動亂，何況中國本身存在分裂的因素。而民主訓練的一個重要內容，就是對法律和規則的尊重，形成一種契約觀念，培育一種妥協文化，在法治框架下進行競爭。中國的民主化需要這樣一個階段，它其實是為奠定一個優質的民主打基礎。否則，如果全民中的多數沒有形成對法治的信仰，貿然推進民主，代價將會太大，甚至可能會出現民主暴力，以民主的方式扼殺民主。而要實現這一點，在這兩個階段，就需要一個主導力量，這個主導力量只能來自中共，這就是一黨主導下的改革的含義。

改革是為共產黨闖出一條生路，使黨的運作與世界政治文明接軌。臺灣的經驗證明，「在一定的歷史條件下，威權體制下的主政團體如果主動推動漸進式的政治體制改革，不一定會導致很快失去政權的危機」，「反而有可能讓自己的執政地位重新獲得鞏固。國民黨的轉型經驗也顯示，政黨有可能在主導民主轉型過程的同時，營造一個『支配性一黨體制』」。[17]這也是很多發展中國家的實踐，通常被稱為「一黨支配體制」。而這種體制又必須以意識形態的包容和組織結構的開放為其基礎，也就是鄭

[17] 馬國川：〈臺灣轉型：「不向歷史交白卷」〉，《財經雜誌》二〇一一年第十六期。

永年所講的「一黨主導下的開放性體制」。[18]將其稱為「一黨主導體制」或許聽起來好一些，也簡練一些。「主導」和「支配」相比，少了一些「專制」的色彩，多了一些談判、妥協、協商、合作。

這樣的制度設計，體現了以下兩個原則：一是「循序漸進」，也即上述改革措施並不要求一步到位；二是「同步改革」，也即各個部分的改革需要協調推進。政治改革和民主轉型是一個牽一髮而動全身的過程，既要力求穩妥，循序漸進；又要求各方面的改革同時進行，不能單兵突進，否則改革很難成功。

政治改革的阻力與動力

1、推進政改的四大阻力

正如前述，作為一項前無古人，恐怕也是後無來者的大業，在中國推進政治體制改革無疑會遇到巨大困難。

鄧小平曾說，改革是中國的第二次革命，這個第二次革命是就改革的性質和引起的結果而言，也即改革對中國社會的改變堪比當年的中國革命。既如此，改革遇到的阻力和挑戰也會非同小可。事實上，中國改革進行到今天，三十多年過去了，可最重

[18] 鄭永年：〈中國可能發展出一黨主導下的開放性體制〉，《社會科學報》二〇一三年一三四一期第三版。

要最核心的改革還未實質性起步，這從一個側面已說明改革之難了。已故憲法學者蔡定劍對當下改革的評估是，比當年鄧小平搞改革時的難度還要大，而且大很多。因為當年的障礙主要是意識形態障礙，沒有多少利益障礙在其中。那時黨內外的總方向是支持改革的，改革陣營的力量是強大的，當時的體制機制也比較適合改革。相比之下，現在的改革難度顯然是前所未有的。[19]

對改革可能遇到的阻力和困難，許多學者從多方面和多角度進行了分析。新加坡國立大學鄭永年教授將改革遇到的困難分成高層、中層和民眾三個層次，高層主要是缺乏對改革的頂層設計，沒有提出改革大目標，而且也缺乏像鄧小平這樣能夠超越自身利益的政治強人去推動。中層即龐大的官僚階層，由於厭惡風險，天然地缺少進取心，安於現狀，抵制改革。他們作為社會的管理者也會出臺一些改革措施，但這樣的改革只是以「改革」名義追求部門利益，所以改革越多，問題也越多。至於民眾，由於對改革獲益甚少，也產生了強烈的改革疲乏症，對改革沒有什麼熱情，而且對政府發動的改革基本是採取不信任的態度，其結果就是政府的每一個改革舉動，必然都會遭致社會的強烈反彈，以致使任何改革都變得不可能。[20] 國家行政學院教授竹立家則認為，中國未來會遇到四大挑戰：一是政府威信不斷下降而造成的治理能力和成效的下降，從而使未來的改革、發展、社會穩定等，都面臨著嚴峻考驗；二是有組織地不

19 蔡定劍：〈中國政治體制改革的現狀、阻力及動力〉，二〇〇八年十月四日在北京三味書屋的演講。
20 鄭永年：〈中國體制改革為何困難？〉，《聯合早報》二〇一三年八月二十日。

負責任現象比較突出；三是理論的不在狀態和現實的不在場；四是社會主體意識的崛起將會加大社會治理難度。[21]而在政治學者蕭功秦看來，當前改革陷入了威權庇護網結構與威權自利化、利益壟斷造成的貧富兩極分化、高額稅收造成的國富民窮、「國有病」，以及社會創新能力弱化等五種困境，這是十年前已經逐漸邊緣化的左右激進主義思潮在今天重又崛起的根源。[22]

上述學者闡述的都有道理。作為中國改革最關鍵和最核心的部分，中國改革遇到的全部問題和困難，政治改革或多或少都會遇到。但相對於經濟改革和社會改革，政治改革又有自己的獨特性。如果說前兩者主要涉及利益分配的話，政治改革在進行政治利益分配的同時，還關係到政權的穩定和政治的性質，因而，也就涉及到意識形態的問題。對於中國來說，社會多數群體所主張的政治改革，其目標是政治民主化，這就意味著，政治改革有可能動搖現有執政格局；對既得利益集團形成衝擊；對重大歷史遺留問題的清算導致人們質疑原有政治體系的合法性；有社會分裂、動盪、報復和失序的可能；有加劇民族矛盾導致民族分裂的危險等。[23]所以，政治改革會遭受反對，是不奇怪的。

從大的方面來看，政治改革的阻力主要來自兩個方面：一是思想觀念上的，二是

21 竹立家：〈中國社會的五大顛覆性問題及其改革路徑來源〉，《京華時報》二〇一三年八月十五日。
22 蕭功秦：〈中國改革陷入了五種困境〉，《新浪網歷史頻道》二〇一三年八月二十日。
23 榮劍：〈中國還將跌倒在哪裡？〉，《愛思想網》二〇一二年十一月二十二日。

利益上的。當然，從實際來說，這兩者不是那麼截然分開，思想的背後是利益問題，利益問題也會以觀念的形態反映出來。但為了分析方便，還是把它區分開來。對於來自思想觀念方面的阻力，蔡定劍曾提到兩點：一是「穩定壓倒一切論」，二是「國情特殊論」，蔡定劍認為，它們都是託詞，禁不起推敲，是既得利益集團立起來的稻草人而已。[24]此外，還經常被人提到的有「中國人素質太差，不適合搞民主論」等。

思想觀念的衝突一個最鮮明的表現，就是二〇一三年以來關於憲政和反憲政的爭論。從四月《求是》雜誌下屬的《紅旗文稿》刊發人民大學楊曉青的反憲政文章起，大概有半年左右的時間，北京的官方媒體，接二連三地發表了一系列討伐憲政的文章。這些文章出籠後，遭到了主張憲政的學者和網絡輿論的狙擊，客觀上起到了傳播民主和憲政的效果。官媒對憲政的討伐人們憂慮的不是它們的「來勢洶洶」，而是來自意識形態主管部門甚至更高層領導的授意。因為迄今未公布的中共中央的所謂「九號文件」——〈關於當前意識形態領域情況的通報〉——就明確提到高校的思想政治工作要做到「七個不講」，即普世價值不要講、新聞自由不要講、公民社會不要講、公民權利不要講、中國共產黨的歷史錯誤不要講、權貴資產階級不要講、司法獨立不要講，並明確指出「要切實加強對當前意識形態工作的領導，把加強意識形態領域的工作列入重要議事日程，做到有載體、有活動，形成學習制度」，要求相關官員同「危險

24 蔡定劍：〈中國改革新動力〉，《燕山大講座》二〇〇八年十二月九日。

的」西方價值觀作鬥爭。涉及該通報的互聯網內容都被刪除或封禁。這使社會擔心中國的意識形態和思想狀況有全面左轉的趨勢，而上述反憲政的文章正是發出了這一信號。

現在看來，沒有明確證據表明反憲政的文章是經過官方宣傳部門授意的。但八月下旬召開的全國思想宣傳工作會議在時間點上說，確實罕見，不僅在胡溫當政的十年，即使改革以來，也少有在年中召開這麼高規格的宣傳思想工作會議。習近平在講話中明確指出，意識形態工作是黨極端重要的工作，宣傳思想工作就是要鞏固馬克思主義在意識形態領域的指導地位；並強調堅持團結穩定鼓勁、正面宣傳為主，是宣傳思想工作必須遵循的重要方針。[25]宣傳工作會議後不久，中國的公安機關發起了一場名為打擊網絡謠言，實則加強網絡言論和思想控制的運動，全國的宣傳部長都紛紛表態，要在意識形態領域敢於向憲政和普世價值「亮劍」。執政黨之所以對輿論和思想全面收緊，原因在於，這場憲政與反憲政之爭，因反憲政違背多數人認同的基本普世價值理念，從而遭到全社會的痛斥，在較量上敗北，這使得執政黨意識到放任這種爭論會動搖人們尤其是黨員幹部對馬克思主義的信仰和中國夢的傳播。如果不利用黨所掌握的強大宣傳機器，動用行政力量來收拾局面，在意識形態領域將會有失控的危險。

執政黨的這一意圖，筆者認為在互聯網普及的當下，基本不會有實現的可能。根源在於，對於憲政的主張是大多數人發自內心的需求。這不是用西方的陰謀和陷阱就

[25] 見習近平在全國宣傳思想工作會議上的講話，新華社，二〇一三年八月二十日。

能把人們打發走的。如果官方用一些毫無歷史經驗和邏輯根據的話語來繼續反憲政，動用專政機器打壓自己不喜歡聽的言論，向自己的人民來「亮劍」，「宣傳」和單向灌輸執政黨的意識形態，不管人們接受與否，只會引起更多人的反感，不可能做到入腦入心。

總之，對於中國當下的這場憲政之爭，正如一些評論指出的，從意識形態的本義來看，任何一個社會組織都需要意識形態的統合，通過意義、符號、儀式等方式將秩序合法化。就此而言，意識形態是對現有權力關係的確認與承認。如果沒有意識形態領域的妥協與共識，槍桿子將成為政權唯一的支柱，這將更壞。所以，一個良序社會需要一個烏托邦的未來圖景，否則意識形態就是僵死無效的。而官媒和反憲者們以捍衛傳統的意識形態的尊嚴自居，卻忽視了構建一個為受眾接受的烏托邦。因而，即便將「憲政」澈底汙名化，打入十八層地獄，也沒有解決一個核心的問題：如何構建一種為民眾所信服的意識形態和烏托邦。[26]本文中關於意識形態轉型的文章，就力圖構建一個包括執政黨都能夠信服的意識形態和烏托邦。

比起思想觀念方面的阻力，來自利益的阻力或許更根本。改革三十多年來，各個方面、各個領域、各個行業和各個部門，都積累了大量的利益。有些利益是從計劃時期延續下來的，並在改革中通過改頭換面得到進一步強化。有些利益則是在改革中新

26 孫興傑：〈構建中國憲政共識〉，《FT中文網》二〇一三年七月八日。

生的，它包括前期的一些改革者。

對於改革中的利益阻力即既得利益問題，近年來學者們也進行了充分的研究。例如，汪玉凱把利益集團看作是在社會經濟活動中利用權力和壟斷取得巨額利益，並由此形成相對穩定的一種群體聚集效應。他認為利益集團在當下中國有四個基本特徵：足夠的權力資源、足夠的壟斷能力、有影響政府政策制度的滲透力甚至決斷力，以及通過利益形成邊界獲取集團利益。按照上述標準，中國已經形成了三大利益集團，第一是以官方為代表的權貴利益群體，第二是以官員壟斷企業為代表的壟斷利益群體，第三是以房地產和資源行業為代表的地產資源利益群體。與之相對應，中國社會實際上產生了三大富豪群體：權貴富豪、經營壟斷富豪以及地產資源富豪。[27]

筆者認為，汪玉凱的三大利益集團的劃分還是有些粗糙，按照權力的大小及與權利接近的程度，把利益集團分成七類更確切。第一類是中央部委特別是有很大審批和管制權的部門，即所謂的強力政府部門及其官員；第二類是地方政府及其相關官員；第三類是國有壟斷企業特別是央企和地方重要國企及其高管；第四類是跨國資本及其國內代理人，即俗稱的「洋買辦」；第五類是房地產開發商；第六類是大的民營企業和民營資本，包括民營房產商、煤老闆等實業資本家和金融資本家，他們是目前富豪榜的主要成員；最後一類是依附於上述各類利益集團的部分專家學者和專業人士，他

27 汪玉凱：〈中國已形成三大利益集團〉，《財新網》二〇一二年一月九日。

們主要在體制內供職，也包括一些所謂體制外學者。這七類利益集團還可以進一步歸類，分為權貴資本利益集團，包括前述的一、二、三類，其組成人員是政府官員和國企高官；金融資本利益集團，包括前述的第四類和第六類一部分，其組成人員是「洋買辦」、民營金融資本家；實業資本利益集團，包括前述的第五類一部分和第六類一部分，其組成人員是從事實業的民營企業家；知識資本利益集團，包括前述的第七類，其組成人員是專家學者和專業人士。他們基本囊括了中國現有的既得利益集團，是中國改革最大的受益者。

利益集團的大量存在無疑是改革不澈底的產物，是市場化改革的同時未能配套推進政治體制改革的結果。按照奧爾森在《國家的興衰》中的論述，任何一個國家，只要有足夠長時間的政治穩定，就會出現利益集團，而且，它們會變得越來越明白、成熟、有技巧。然後它們就會對這個國家最重要的公共政策，國家的經濟發展、社會發展、政治機器，尤其是行政和法律，會越來越知道該怎樣操縱，懂得在操縱時怎樣找到好的理由。由於他們的技巧越來越嫻熟，因而獲得的利益也就越來越持續、越多，慢慢導致這個國家的經濟、社會、行政、法律等方面的體制、政策、組織，變成最符合特殊利益集團的安排，使得該國發展的新動力越來越被抑制，各個部門越來越僵化，最終，導致國家的衰落。[28]

28 奧爾森：《國家的興衰》，李增剛譯（上海人民出版社，二〇〇七年三月）。

從中國的情況來看，利益集團發展壯大到現在，終成氣候，它給中國社會帶來了以下幾方面的嚴重影響。首先，利益集團使有利於社會整體和長遠利益的改革舉措出不了臺或延宕出臺，或者使已經實施的改革措施發生變異，成為維護其既得利益的工具。無論哪種情況，結果都會導致嚴重的社會不公。其次，利益集團侵蝕公共權力，阻斷國家與人民的聯繫，從而侵蝕執政黨的執政基礎。伴隨國家形式出現的公權力，本是維護社會公平及社會和諧有效運轉的保證。但現在既得利益以特殊的權力身分，合法的政治決策參與，以巨大的政策影響力來達到和實現將公權力私有化之目的，侵蝕了每一個公民的權益。既得利益還滲透執政黨內，借助執政黨的執政權威，將黨從全民利益出發制定的改革發展決策實際導向有利於其自身，使民眾享受不到改革和發展的收益，黨實際只代表某個或某幾個階層的利益，從而孤立黨、政府和民眾之間的聯繫，造成民眾與國家政權處於對立狀態，從根本上有損執政的合法性基礎。再者，利益集團還損害經濟體制的整體有效性，導致經濟發展的不可持續。利益集團在機構改革、國企改革、壟斷行業改革、價格改革、金融體制改革、要素改革、教育改革、住房分配制度改革等一系列改革上對改革措施的扭曲，影響了資源配置的效率，使得中國目前的發展只靠透支未來、透支資源、透支人口紅利來維持增長，嚴重陷入依賴投資與出口的經濟增長模式，經濟發展從而變得不可持續。最後，利益集團把持公共政策的制定和執行過程，將弱勢群體排斥在國家的政策和公共參與之外，使得人數龐大的後者只能被動接受加諸於自身的不利影響，日益對既得利益形成一種依附型關係，這種依附關係實際是封建社會人身依附關係的回歸，有違歷史的進步。一句話，利益集團嚴重阻礙改革的進行尤其是政治改革的推進。中國有實質意義的改革實際上到上世紀九十年代末就已停滯了。

對利益集團的強大、頑固及對改革的扼殺，經濟學家周其仁曾做過精闢分析。他指出，把維繫老體制的既得利益歸咎於太頑固，並未觸及到問題的本質。中國權力高度集中的計劃命令體制，事實上建立和鞏固的時間總計二十年，但改革已進行三十多年，今天的改革改起來還特別難，根子就在於計劃命令體制不是從實踐中自發建立起來的，而是按照一種理論構想、按照一個理想社會的藍圖構造出來的體制。它把整個國民經濟作為一家超級國家公司來處理，那完全超出了所有人的經驗，特別是把這個超級國家公司說成是「社會主義」的唯一形態，無法對這個體制，這家「超級國家公司」動手術，因為一改就碰上「主義」的大詞彙，碰不得，只好拖來拖去，把毛病越拖越大。周其仁認為這不是一般的既得利益，而是包上了「大詞彙」的既得利益，才特別頑強，特別難觸動。誰也碰不得，一碰就成了「反社會主義」，觸犯了制度底線。[29]

除思想觀念和利益的阻礙外，對政改的阻力還表現在如何達成一個次優的政改路徑上，社會特別是菁英之間對此沒有一個基本共識。這是筆者要講的第三個阻力。中

[29] 周其仁：〈為什麼中國的體制改起來特別難？〉，《財經網》二〇一三年七月三十一日。

國的政治改革和民主化該怎麼走，如何在中國特定的國情下，尋找一條代價較小、成本較低的次優民主化之路，避免中國在政治現代化過程中出現很多國家曾經或仍在出現的大的民主災難，這是執政黨在設計政治改革時需要慎重考慮的。因為中國畢竟是一個複雜的大國。迄今為止，世界民主化在不同國家出現了不同結果，在多數發展中國家，民主化並未給其人民帶來幸福。假如中國在民主化中出現大的民主失誤，不僅對中國是災難，對世界也是悲劇。因此，需要為中國設計一條代價較小、成本較低的次優民主化之路。

然而，對政治民主化的「設計」不是一個完全脫離客觀實際的理性建構的事情。對什麼是「客觀實際」，不同的人會有不同的認識和解讀。這就需要社會尤其是菁英之間能夠就一些基本的事實、原則和政改的目標模式達成一個大致的認識，不能分歧太大。否則，連基本的共識都不具備，如何推進改革？

可現在問題恰恰出在這一點上，菁英之間很模糊。如前所述，左和右雖然都認為要改變現狀，但對未來的設想背道而馳，不僅如此，他們之間缺乏對話和溝通的興趣，只是隔空對陣。新左派要求跳過歷史發展階段，超越資本主義和傳統社會主義，主張經濟民主和直接民主，拋棄代議制民主，認為市場和自由主義應該為腐敗負責；自由派則極力主張把目前西方的一套民主運作方式引入中國，如選舉民主、多黨制、三權分立、司法獨立、言論自由、公民社會、市場經濟。這就導致兩者在下一步如何推進改革上，毫無共識。

其實，不僅左和右在未來道路的選擇上缺乏基本共識，即使在左右各自的內部，不同觀點和主張也不盡同。以這次反憲爭論為例，對要不要憲政這個問題，憲政派內部是沒有異議的，分歧在於憲政道路以及中國的憲政資源方面。西方的憲政歷史、中國古代政治傳統以及民國的憲政經驗，每一派別各執一端。右派有所謂的憲政社會主義、民主社會主義、儒家社會主義以及作為主流的自由民主派。這些不同派別的觀點有些相差不大，有些就相差很遠。[30]可以講，此種對未來政改路徑的不同看法，無疑會影響到政改的推進。

中國政改的第四方面阻力，來自於執政黨——具體地說，是執政黨高層——對開放公眾參與的憂慮。美國政治家家亨廷頓（臺譯杭廷頓）曾說，一國政治現代化最大的挑戰，是處理好公眾參與和政治穩定的關係。一方面，後發國家的現代化，包括政治現代化，需要在一個穩定的環境中才能比較順利地推進。歷史經驗說明，沒有穩定，「什麼事都辦不好」，已經取得的成果可能也會失去；另一方面，現代化本身，就是一個動員大眾的過程，尤其是政治現代化，沒有公眾的廣泛政治參與，喚醒其公民意識，很難實現。但是如果公眾動員和參與的過程超出了執政黨和政府所能掌控的範圍，出現了對執政黨來說超越現階段的目標和要求，執政黨很可能擔憂會導致動亂等不穩定的局面。

30 孫興傑：〈構建中國憲政共識〉，《FT中文網》二〇一三年七月八日。

從前現代國家向現代國家轉型的歷史來看，多數都曾出現過這種不穩定的形勢。有些雖然建立了民主體制，但由於政治動員的幅度過強過大，直到現在還陷於混亂之中。從公眾參與的角度講，極權體制下，由於信息的相對封閉和高壓政策，很少會發生大規模的社會動員和群體事件，社會運動的發生，多半出現在一國現代化中，因為現代化意味著社會控制的有限放鬆，信息的適度開放，財產權的部分獲得，因此，為保衛這些政治和經濟權利，人們自然就會萌生公民意識和政治參與要求。而對執政黨來說，賦予民眾的這些政治經濟權利同樣是贏得自己統治合法性的基礎。只要開啟了這一政治現代化過程，執政黨可以在某個時候阻擋該趨勢，但不可能從根本上扼殺該進程。

所以，執政黨如何去引導公眾的政治參與熱情和要求，對保證社會的穩定和良性發展至關重要。而這實際上有賴於執政黨在觀念上對公眾參與的認識和實際進度的判斷。如果執政黨認為公眾的政治參與和要求會破壞社會穩定，從而威脅其統治，那麼，多半不大可能有意識地開放公眾政治參與的空間，同時讓他們擁有一定的公民政治權利，此時，公眾為了保住已有的成果，同時爭取更大的政治權利，會發起抗爭，抗爭的規模化和持續性，就會演化成社會運動。相反，如果執政黨和政府認為公眾一定的政治參與有利於改善社會治理，改進自身形象，不會形成對社會穩定的威脅，那麼，執政黨向公眾開放政治參與的空間就會大一些，至少不會把參與之門關上。

中國當前正處於這樣一個階段。三十多年的改革開放和經濟的高速發展，為民間積累了大量財富；同時，在全球化和信息化的背景下，公眾已不滿足於經濟和社會方面的一定自由，而希望擁有與財富相配匹的政治權利，參與國家的決策和政策制定，以更好地保護自己的財產和自由。坦率地說，中國民眾目前所擁有的政治權利還不是很多，對政府決策的影響力也不是很大，人們很擔心自己的財富——不管以什麼形式獲取——哪天被強大的公權力掠走了。這些年移民國外的企業家和中產階層專業人士比較多，原因即在於此。而公眾進一步的權利要求就向執政黨提出了一個分權問題，即執政黨需要向公眾部分開放政治權利，將自己壟斷的國家權力部分與公眾分享。但同樣坦率地說，在理念和思想上，執政黨尚未做好與社會分享權力的心理準備。原因部分歸咎於當下貪腐加劇和貧富差距擴大所導致的公眾與國家政權的緊張關係。鑑於文革和「六四」事件的教訓，執政黨認為若向社會放權幅度太大，步子太快，人民會向執政黨提出更高的要求，進而社會就很有可能脫離執政黨的領導和掌控，而如果執政黨的權力和權威弱化，掌控不了整個大局，在執政黨看來，社會會陷入失序和混亂中，以中國人口之多和社會之複雜，後果就很堪憂。

因此，執政黨希望用一種有序民主和政治過程來引導公眾的參與要求，力圖保持政治現代化的穩定。這個願望不能說不好，可在實際中，為了維護官僚階層的利益，往往把秩序理解成一種政治控制藝術，從而導致面向公眾的政治開放在某個階段反而收窄。這是人們對現狀越來越不滿的原因。而大眾對政治參與的不滿反過來又使得執政黨做出錯誤的判斷，更加關緊政治參與之門。這樣就形成惡性循環。

2、政改的動力

有阻力就有動力，阻力的反面就是動力。今天中國推進政治體制改革，雖然阻力很大，但動力也很大，最大的動力，就是人心思改革，思真正的改革。共產黨不是講究辯證法嗎？從馬克思主義的辯證法來看，阻力和動力的區別，只是看問題的角度不同，它們兩者是互相轉化的，關鍵在於站在哪個角度去看。

這些年來，一些地方改革久議不決，一些部門改革決而難行，一些領域改革行而難破，追根溯源，無非或是囿於既得利益的阻力，或是擔心不可掌控的風險，或是陷入「不穩定幻象」，於是，在一些人那裡，改革的「漸進」逐漸退化為「不進」，「積極穩妥」往往變成了「穩妥」有餘而「積極」不足。但正如《人民日報》二〇一二年刊發的一篇引起關注的評論所說：若因此不改革，不光在道義上講不過去，而且風險可能更大，這就是「改革有風險，但不改革黨就會有危險」。[31] 回首當年的經濟體制改革，就是冒了很大政治風險的。

具體來說，中國政治改革的動力來自以下兩個方面：

一是觀念的改變。

[31]〈寧要微詞，不要危機〉，《人民日報》二〇一二年二月二十三日。

本節第一部分曾指出三種錯誤觀念對改革的阻擾，但也應看到，三十多年改革帶給中國社會的一個最大變化，其實也是在觀念領域。如果說二十多年前，舊意識形態尚有一定魅力，在社會中能得到相當數量民眾的支持，那麼，在經過開放和市場經濟的洗禮後，私人產權、市場、法治、民主、憲政等觀念，通過諸多新興媒體，尤其是網絡媒體，廣泛地傳播。它們已經在構成中國人的主流觀念，即使是那些發表反憲政的官方媒體，也相當積極地參與過這種主流觀念的塑造。即使在官僚隊伍裡，也有相當多官員在擁抱自由民主。本書中關於黨務改革的章節也用對黨員幹部的調查數據證明了這一點。這種主流觀念具有道德優勢，人們普遍相信，時間在主流觀念一邊。這樣的信念，具有自我實現、並在現實中構造制度的能力。[32]此次憲政之爭反憲政者在民間和知識界中之所以近乎完敗，最重要的原因，就在於市場經濟的發展和思想的長期啟蒙帶給人們觀念的改變。社會不可能再輕易被蒙昧主義所洗腦。

二是社會已經成長起來，中產階級和企業家階層自我意識的覺醒，使他們成為維護憲政、力主改革的最主要力量。

從社會結構角度看，中國的社會結構在改革以來也發生了根本性變化。這就是中產階層興起並成為中國社會之支配性階層。在這輪憲政與反憲政的較量中，一些學者認為，中產階層在三十多年的改革開放中已從市場化、社會自治和個人自由之擴展中

32 秋風：〈今日中國與一九九二年時有何不同〉，《FT中文網》二〇一三年八月九日。

享有巨大好處，他們都希望自己新近獲得的財產受到保障，希望享有更多自由，希望更有力地參與公共事務。由於社會各個重要的部門幾乎都有這一階層的人員，所以他們雖然人數不占優勢，但獲得了最重要的影響力。社會結構的這個巨變也引發了政治結構的巨變，導致各個層級權威的分散。權威的分散雖然讓反憲政的言說有一定空間，但也讓憲政的聲音仍有相當廣泛的表達空間。因此，正如人們看到，官方越是批判憲政和普世價值，反而越刺激了社會普遍的憲政意識覺醒，它不但促成了不同憲政流派在競爭中合作，也使得全社會關心起憲政來。凡此種種，都說明社會已經成長起來，並具有自己清晰的政治觀念和政治意志。換言之，社會已經有能力抵制、消解、反擊違背自己觀念、權利和利益的任何力量，它不但讓舊意識形態話語喪失了意義，也讓原有的政治動員機制無法有效運作。[33]

社會結構的這個巨變和社會力量的成長，也可從以下事實中得到印證。在過去十多年來，中國的體制並沒有發生多大變化，但整個社會的生態已經發生了變化，最簡單的事實是，政府感到隊伍不好帶了，民眾不好管了，政府說的話，民眾也不信了。這被一些學者稱之為一場悄悄的革命。也即是，中國在靜悄悄地發生著變化，這種變化看似不明顯，但從一個較長時間段——比如十年——來看，則會感到有一個非常明顯的改變。它們是逼迫中國進行變革的真正動力。現在政府官員還沒有走在這個變化前，可它無論

33 秋風：〈今日中國與一九九二年時有何不同〉，《FT中文網》二〇一三年八月九日。

如何要對這樣的危機和矛盾做出反應，這個反應的過程就是改革的過程。

在上述各種促使社會變革的力量中，最值得一提的或許是企業家群體的政治覺醒。重慶打黑，以及二〇一三年七月湖南企業家曾成傑的被祕密處死，直接使得成長了二十多年的中國企業家群體，面對身家性命之憂，被迫思考自己與政治的關係，用中國地產界大佬王石的話講，有「兔死狐悲」之感。王石說：「我們不能為了避免引火燒身而選擇沉默，不能覺得沒有損害到我，我惹不起還躲不起嗎？」作為一個人，作為一個公民，作為一個工商業者，作為一個有點名氣的工商業者，他呼籲工商業界要自救，先自贖再說他贖。作為一個人，要先保有生存的權利。「躲避沒有出路。該說的時候一定要說。」[34]

中國企業家群體隱然的政治覺醒的一個鮮明表現，乃是由企業界另一位大佬柳傳志的「在商言商」講話而掀起的對企業家該不該談政治的討論。柳在一次私人場合告誡：「我們要在商言商，以後的聚會我們只講商業不談政治，在當前的政經環境下做好商業是我們的本分。」柳的這個講話，和另一位企業家王瑛的「退島」風波，[35]促

34 王石：〈躲避沒有出路　工商界要自救〉，《共識網》二〇一三年八月十六日。

35 所謂「退島風波」，這裡的「島」指的是企業家的社交平臺「正和島」。「正和島」是由原《中國企業家》雜誌社社長劉東和創辦的一個專門服務於企業家的高端社交網路平臺，參加這個社交平臺的企業家一般自稱「島民」。王瑛就是一位素喜「談論政治」的活躍「島民」。柳傳志在商言商的講話傳出後，引發了她在第一時間發出「退島」聲明：「我不屬於不談政治的企業家，也不相信中國企業家跪下就可以活下去。我的態度在社會上是公開的。為了不牽連正和島，我正式宣布退出正和島。」

使社會開始深入思考和探討企業家階層在社會轉型期的作用和角色，包括一些活躍和知名的企業家及學者都參與了這場討論。

不管柳傳志的「在商言商」和「不談政治」所指為何，在中國這種特殊的官商一體的商業環境下，企業家要想躲開官員，不談政治非常困難。正如王瑛所說，三十多年的改革開放在推動國家取得巨大進步的同時也造就了一個前所未有的龐大的工商業主階層。比起普通大眾甚至知識分子來，他們更有力量也有意願去改變目前這種官僚主導的、不公正的社會結構和商業環境。而當下正是一個重要的窗口期。在這段時間內，企業家們應該積極發聲，更加主動和有意識地與決策者形成互動，構建一種對企業家階層的權利保護有益的上下互動的博弈機制，和相對穩固的底線。否則，斷送的不僅是這個階層，也是這三十多年來已經開啟的歷史進程，使國家實現平穩轉型的希望最後落空。[36]

還有一些企業家不但參與爭論，甚至走得更遠，直接參與行動，比如發起公民維權運動，挽救那些深陷囹圄的維權人士。這樣進步、激進的企業家雖然還只是個別，但也形成了效應，漸有跟隨者。

企業家階層政治意識的覺醒，對中國的政治改革和民主化而言是一個很大的促進力量。回顧歷史，人們就能很清楚地明瞭這點。從西方來看，早在十三世紀初，英國

[36] 轉引自陳季冰的〈中國企業家的歷史性抉擇〉，見《經濟觀察報》二〇一三年八月二十三日。

地主、自由手工業者就開始了與王室在制度上的博弈，推進了《大憲章》的出臺，限制王權，並設立了「保護城市市民經營商業的自由」等法律條文。荷蘭、法國、美國等國的企業家階層也對構建社會秩序做出過類似貢獻。從中國來看，與西方企業家旨在維護自身利益不同，中國近代最早的企業家的訴求是「實業救國」，「這本身就是公民意識」。到了「五四」時期，中國早期的企業家們開始積極舉辦國是會議，擬出憲法草案，呼籲各方保持江南和平。「九一八」事變後，中國企業家群體又一次發起憲政運動，呼籲國民黨停止一黨專政，讓中國走向多黨執政的現代民主制。[37]可以講，中國企業家的早期政治實踐告訴我們，要發展企業，就要把中國帶上現代化的經濟之路，而走這條路，要有政治制度的保障。沒有這種保障，他們所做的一切，都是不可靠的，很快就有可能會化為烏有。只是這種政治意識和公民行動，隨著中共執政後對企業家的全面改造和計劃經濟的實行，而被中止。

二〇一三年以來中國企業家的政治覺醒，可以看作是對中國企業家這一歷史傳統的接續和恢復。企業是一社會組織。社會越是商業化，企業作為社會組織的作用就越重要。如果企業能夠利用自己的商業實踐、規則和力量去改變和塑造社會生態，推動制度轉型，介入公共生活和公民社會建設，促進真正意義上的市場經濟和法治社會儘早落實，這其實就為憲政做出了貢獻。而如果社會其他階層在企業家的帶動下也積極

37 陳建芬：〈企業家公民意識覺醒〉，《中國企業家》二〇一一年四月四日。

行動起來，那麼，利益集團的成員也不得不在這種情況下，改變態度。

除企業家外，一些公民和知識分子包括律師群體在內也在行動。各種維權者不必說，二〇一三年以來，少數草根民眾也勇敢地站出來，要求官員公開財產。在公民各種自發和自覺的行動中，近幾年的「公民運動」值得一提。許志永等發起的「公民運動」，倡導在憲法下理性爭取公民權利。還有律師群體，近年來也漸趨活躍，身分意識逐漸覺醒。在臺灣的民主轉型中，律師起了非常大的作用。中國的律師隊伍長期來邊緣化，成為政府的附庸。但從重慶「李莊案」發生後，中國的律師群體開始意識到自己的危機和作為法律人在法治建設中的作用，如果作為法律化身的律師都臣服於權力，自身的權利被公權力隨意踐踏，也不敢起來抗爭，那麼這個社會也就不可能有希望了。所以，意識到這一點，律師群體的角色意識甦醒了，並在「李莊案」中作為群體開始了「維權」行動。此後，在中國的大小案件中，包括二〇一三年八月發生的陳寶成案，律師群體都深度參與，展開自救和救人。至於以人學老師和傳媒界人士為主體的知識分子，這些年在自由、民主和憲政的宣傳乃至對公共事務的參與中，都起了相當大的作用。

需要指出的是，上述群體的一些代表儘管因其行動被開除公職或者多次被官方拘押，卻仍不改初衷，堅持理性維權與抗爭，體現了中國社會中間階層的覺醒和歷史責任感。正如華東政法大學老師張雪忠所說：「我們這一代中國人想要什麼樣的政治制度，完全是由我們自己來決定的；我們能夠建成什麼樣的政治制度，也完全有賴於我們自己的努力。」[38]誠然，中國有兩千多年專制統治的歷史，而且在近代以來的民主轉型中，數次失敗，但不能由此得出中國人不適合民主體制，或者今天實行民主體制還不是時候的結論。〈國際歌〉說，從來沒有什麼救世主，歷史由每個人自己掌握，在政治改革和民主化問題上，也是一樣。兩千多年專制統治的歷史，近代失敗的民主憲政建設，一個國家越是長時間受困於奴役、專制和不公，就越有理由期盼自由、民主和公正。如今，中國離建設一個自由、民主和憲政的國家可以說只有一步之遙，儘管外在的打壓還在加強，但越來越多的公民已走在通往自己理想的路上。對中共改革者而言，應該感覺到了這種歷史的趨勢和力量。

最後，在行文結束前，筆者引用中共總書記習近平在二〇一三年十月APEC會議期間有關改革的講話。他說：「人無遠慮，必有近憂。」長遠發展的關鍵，在於改革創新。改革之路從無坦途，無論發達成員還是發展中成員，都要做好為改革付出必要成本的準備。惟其艱難，才更顯勇毅；惟其篤行，才彌足珍貴。又稱，要堅持改革開放正確方向，敢於啃硬骨頭，敢於涉險灘，敢於向積存多年的頑瘴痼疾開刀，切實做到改革不停頓、開放不止步。政治體制改革，無疑是中國的千秋大業，然正因事關千秋，所以又是最艱難的事業。對執政黨而言，尤其對執政黨的領導人而言，人們要求其要有為全體中國人民的福祉和中華民族光明未來而放棄一己私利，勇於擔當的歷

[38] 張雪忠：〈中國人配得上民主嗎？〉，作者博客。

史自覺性。但同時，對整個社會而言，在設計和推進政改時，也必須考量各種具體情形，切忌走激進路線。政改不能期望畢其攻於一役，在中國還有繁重的發展任務，且當前存在深刻而尖銳的官民矛盾、城鄉矛盾、階層矛盾、民族矛盾的情況下，任何激進主張和做法都會給中國帶來災難性後果，這裡最根本的原因，就是中共在長達半個多世紀的執政中，把除執政黨之外的各種社會力量和組織，基本摧毀乾淨，因此，假若政改導入激進軌道而使社會陷入分裂，將沒有任何力量能夠把中國整合起來。所以，一黨主導，循序漸進，認識上的自覺與行動上的穩健，是政治體制改革取得成功的關鍵。

中國民主革命的策略：先反習，再反共，兩步走

當下正處於社會巨變的歷史關口，對中國的民主轉型事業來說，這是一個有利時機。我在二〇一八年十月底的紐約講座中提出，海外民運力量需要抓住這一機會，調整策略和戰術，採取「先反習，後反共，兩步走」行動，將矛頭對準習近平，而不是籠統反共，以打破民運遲遲不能有所進的狀態。

我提出這個策略，是基於習已成為所有矛盾的焦點，以及他綁架中共的事實，自由民主的目標當然是推翻中共一黨專政的體制，至於中共作為一個政黨本身是否要被推翻，是可以討論的。如果它自身分裂，或在反極權的鬥爭中邊緣化為一支民主的力量，對中國的民主轉型是好的。這種情況雖然很難，但並非完全不能。然而，在中共目前還顯強大的態勢下，把反習和反共混在一起，會激起體制內眾多黨員幹部對這個政權的保護，對習近平反而是有利的。故民運需要把中共和習近平做適度切割，集中力量對準習近平個人。這裡的效果還在於，習近平若被趕下臺，中共內部的不同勢力會重新分化組合，這個過程本身會弱化中共，也許經過這個搏鬥，中共的元氣會有大損害。

在過去六年裡，習近平對中共的改造，以及由此導致的中國的變化，都是外界所

未曾料到的。儘管在習上臺前，有學者預估到了他會把中國打造成一個超級的「紅色帝國」利維坦，但也認為這是一條走不通的路。然而，幾年下來，他基本上接近了目標，至少在國內，已經建立起了一個黨權絕對覆蓋的體制，可以把這個體制稱作「黨國絕對主義」。習近平採用的手段，就是一手治官，一手治民，兩手都要硬，兩個拳頭打人。

對民主轉型來說，這自然是一種不利局面，因此也使得許多投身民運的人士產生焦慮急躁情緒。這可以理解，可是，也應看到，作為攪動棋局的那個人，習近平為自己製造了眾多敵人，他如果不能控制棋局，海嘯隨時會將他吞噬。從此角度看，他的不安感非常強烈。所以他需要黨來為他的極權「背書」，把中共緊緊地綁在其「戰車」上。民運當下的策略，就是從過去籠統地反共，具體指向反習，把九千多萬黨員和習的小集團區別開來，為民主轉型爭取更多的同盟軍，積蓄力量。

為使人們更好地認識這一問題，目前還要對中國國內各政治勢力有一個清醒判斷，並具體評估習近平的權威是否受到美中貿易戰的影響和削弱，其政策調整和轉向的可能，中共內部分裂的程度，以及民主革命高潮是否或將要到來等。我想說的是：第一，中美對抗並未動搖習近平的權力和地位，但包括中共內部反習在內的社會力量在增長。

習近平權力是否在貿易戰中受損，很難有一個客觀的評估指標。由於中共的決策體制是一個高度集中的黑箱作業的小圈子體制，局外人甚至層級不高的體制內人士也難一窺內部狀況，但這並不是說，沒有一些信號可以捕捉到。從高層特別是習近平的親信和投機者是否集中表態，以及媒體宣傳力度是否減弱兩點看，倘若兩者沒有明顯變化，基本可以斷定習近平的權力和地位比較穩固。

自二〇一八年六月貿易戰啟動以來，除北戴河休假前有兩天習近平的報導在《人民日報》「神隱」外，黨媒對習的宣傳和吹捧從來沒有停止，另外，高層也未見集中對習表態效忠。如果習近平的權力受到黨內挑戰，根據中共人事鬥爭規則，其親信或政治投機者是會出來「護主」，迫使挑戰者認輸，除非已到眾叛親離程度。可這段時間沒有看到此種表態現象。所以結論是，貿易戰對習近平的權力會有影響，但不足以動搖其地位。

事實上，這種影響主要表現在反習力量的增長上。對黨國政治勢力和派別的劃分，一向以左右或開明保守與否作標準。但在習近平已成眾矢之的情況下，以反習或擁習來劃分可能更恰當。根據這種劃分法，可將目前的中國政治力量分成五類，即反習改良派、反習擁共派、反習反共派、擁習擁共派以及態度不確定派。

反習改良派包括大部分知識分子、企業主、黨內開明官員和中產階級的多數；反習擁共派包括黨內被習以反腐名義清洗或感覺會被清洗的官員、利益集團；反習反共派包括主張激進革命的極端人士、民族分離主義者、政治維權人士；擁習擁共派包括以中下層為主體的民族主義、國家主義者，黨內軍內的強硬派，部分知識分子和官員，信奉斯大林體制的左派，毛派和既得利益者；態度不確定派則包括獨立於上述各派的人，他們沒有特別的價值觀，是人數眾多的底層民眾。

從這五派看，掌握權力的是反習改良派和擁習擁共派中的官員。在對待共產黨的態度上，兩派都不希望共產黨垮臺，但反習改良派希望共產黨變成一個民主的政黨，擁習擁共派則希望保持共產黨的一黨執政。在對待習近平上，前者不喜歡，後者喜歡，習的支持力量主要來自後者。

反習改良派和反習反共派的不同則在對待共產黨的態度上，一個漸進，一個激進，但由於對習的失望，更多的人也開始選擇激進，不過總的來說，前者的人數要大於後者，對輿論的影響也大於後者。

儘管社會和黨內的反習力量要大於擁習力量，但鑑於掌權者為黨內開明派和強硬派，雖然開明派不喜歡習，但它也不喜歡共產黨被推翻，在保黨上和強硬派具有很大共同性。就此而言，習的地位至少在短中期不會動搖。這一點還可結合下面的分析。

第二，中共在可見未來出現分裂的可能性不大，習近平會進行一定程度的政策轉向，但毛的底色注定了他走不遠。

在中共近一百年的歷史上，多數時候派系林立，毛澤東自己就說，黨內無派，千奇百怪。儘管如此，派系和路線之爭並未造成中共分裂。一方面是因為中共是一個列寧主義的政黨，黨內還存在著很強的紀律約束；另一方面也是因為在各派之上有一個相對具有權威的共主。以毛鄧時期為例，前者的派系有蘇區黨和白區黨，蘇區黨又存在紅一、紅二、紅四方面軍三個山頭，白區黨則以劉少奇為代表。各山頭和派系之上的共主是掌握絕對權力的毛。後者有處於一線的胡趙和處於二線的所謂八老。胡趙的改革色彩明顯，八老除鄧之外，以陳雲為代表保守色彩濃厚。而鄧在經濟改革方面則支持胡趙。所以就形成了改革和保守的分壘。但都尊鄧為共主，雖然程度不如毛。

到江胡時期，派系也很多，有以曾慶紅為首的太子黨，以胡錦濤為首的共青團系，如果按保守和改革來劃分，則有以溫家寶為代表的黨內改革派和太子黨為代表的保守派。太子黨內部也不是鐵板一塊，薄熙來就是作為挑戰者而出現。另外，也出現了以周永康為首的政法系。相對來說，江胡時期沒有明顯的共主，這使得各派系少了節制力量。而這一時期不同派系之間的你爭我鬥沒有造成中共分裂，很大程度上歸於中共處於上升期。

習用反腐和政治紀律基本消滅了江胡時期的派系，現在黨內沒有明顯派系，或者只有習派。雖然黨內反習勢力也在醞釀和聚集，但短期形成抗衡習的力量應該沒有。還要看到，當外部危機威脅中共統治時，共產黨的危機意識和團結意識會被激發起來，這不利派系產生。故在習時期，中共分裂的可能性不大。

習近平是一個集毛鄧於一體的矛盾混合體，毛是體，鄧是用，他兩者都想要，魚和熊掌兼得。換言之，習並非不想要改革，但毛的「體」決定了改革限度，即改革只能在毛的底色的基礎上進行，同時只能以他的行事方式推進，這就導致體用衝突，並使其政策和路線常以一種反改革的面貌出現。

從近期來看，由於改革開放四十週年的慶典臨近，加上貿易戰的壓力使黨內和社會已經形成只有進一步深化改革開放才能化解這種壓力的高度共識，習近平在經濟上會改變前期的一些僵硬政策和做法，改革開放會有所進展，但政治會繼續當下的緊縮狀態。

第二，美中貿易戰雖然給中共製造了不少困難，但不等於民主革命高潮已到，且中國國情的特殊性阻礙了民主轉型。

中共目前的形勢可用內憂外患形容，但從長歷史判斷，民主革命的最有利時機尚未出現。

根據民主轉型的一般理論，一個社會的宏觀結構對民主轉型會帶來影響，但民主轉型要成功，必須有政治反對派的出現及其強有力抗爭，還有政權內部的分裂。習近平上臺前以及上臺初期的情況似乎具備了轉型的要件，包括經濟和社會自由對政治自由的需求，以維權組織為代表的公民社會的初步出現和抗爭，以及高層權力鬥爭的加劇，對治理變革達成共識等，期間也爆發了薄熙來事件，涉及路線之爭，但並不具有強硬派和改革派鬥爭的含義。另外，社會也沒有形成強大的反對派。所以，雖對中共構成的壓力很大，但還不足以動搖其統治。

現在，這些有利民主轉型的因素在習近平的打擊下，都基本消失，中國在江胡時期取得的一點有限自由向極權方面倒退，即從胡時代的淺極權主義（也有大陸學人叫威權主義）轉向目前的深極權主義或晚期極權主義。如果按照威權─自由化─鞏固─成熟這樣一個經典的轉型過程看，中國目前是在威權前面還加上一個極權階段，第一步尚未邁開，未來會不會直接從極權階段跳過威權階段向自由化階段邁進，有這個可能，但從理論分析，要做好從極權轉向威權的準備。

除此外，中國國情的相對獨特性也不利反極權爭民主，可從四個方面看：

一是歷史包袱太重，傳統皇權思想和意識對國家結構和國民意識的深層影響，文革造反所導致的極端混亂；中共對八九「六四」的鎮壓對知識分子產生的心理陰影，三者的疊加共同生成了國民的奴性人格，以及求穩怕亂心理。

二是中產階級對體制依附的特殊性，中產階級的壯大被認為對民主轉型有促進作用，但中產階級也有保守的一面。中國中產階級的保守性更明顯，因為中產階級依附體制，和體制有密切的互動關係，這點比其他國家突出。

三是中國地區差異和貧富差異的擴大對民主運動似乎是一個有利因素，但也要看到，當中共去解決這兩個差異時，它就會變成促進穩定的因素，也即地區差異和貧富差異自身含有消解革命的因素。

四是中共的民族主義話語體系和敘事策略，民族主義是支持中共的一支重要力量，民主運動在這個問題上出現了不該出現的失誤，過於追求純粹民主，不能包容一點民主的雜質，包容民族主義甚至民粹主義的缺點，對它們的批判多於理解，特別是海外華人民主力量中的一些獨立行為，將民族主義者推向中共懷抱。

總的來講，貿易戰和美國對中共的圍堵對中國的民主轉型有幫助，但如果因此判斷中共撐不了多長，屬盲目樂觀。中共能否撐下去取決四個變量：可動用的財政和資源狀況，警察和軍隊的鎮壓力量，社會的反抗程度，以及國際社會的反應。美國的圍堵只是因素之一，而且必須導致在國內發生裂變才有作用。

有鑑於此，目前海外民運打出反習旗號，先反習，再反共，兩步走，對推進民主轉型可能更好。分化中共和習的關係，團結一切可以團結的反習力量，特別是黨內開明派，並盡可能去影響廣大底層的立場不堅定的民眾，是民運要做的事。

Do人物85　PF0343

不合時宜的人民領袖：

習近平研究

作　　者／鄧聿文
責任編輯／尹懷君
圖文排版／黃莉珊
封面設計／王嵩賀

出版策劃／獨立作家
發 行 人／宋政坤
法律顧問／毛國樑　律師
製作發行／秀威資訊科技股份有限公司
地址：114 台北市內湖區瑞光路76巷65號1樓
電話：+886-2-2796-3638　傳真：+886-2-2796-1377
服務信箱：service@showwe.com.tw
展售門市／國家書店【松江門市】
地址：104 台北市中山區松江路209號1樓
電話：+886-2-2518-0207　傳真：+886-2-2518-0778
網路訂購／秀威網路書店：https://store.showwe.tw
國家網路書店：https://www.govbooks.com.tw

出版日期／2023年5月　BOD一版　**定價**／450元

|獨立|作家|
Independent Author

寫自己的故事，唱自己的歌

讀者回函卡

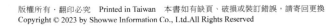

不合時宜的人民領袖：習近平研究 / 鄧聿文作. -
- 一版. -- 臺北市：獨立作家, 2023.05
面；　公分. -- (Do人物；85)
BOD版
ISBN 978-626-96628-8-3 (平裝)

1.CST: 習近平 2.CST: 政治
3.CST: 領導者 4.CST: 中國大陸研究

574.1　112003953

國家圖書館出版品預行編目